Hagen Seehase und Axel Oprotkowitz

Die Highlander

Die Geschichte der schottischen Clans

Die Deutsche Bibliothek verzeichnet diese Publikation in der Deutschen Nationalbibliografie; detaillierte bibliographische Daten sind im Internet abrufbar über
www.dnb.ddb.de

Das Verzeichnis lieferbarer Bücher (VLB), die umfangreichste Datenbank für den deutschsprachigen Buchhandel, verzeichnet diese Publikation im entsprechenden Sachgebiet; detaillierte Bestell-Daten sind im Internet abrufbar über
www.vlb-katalog.de

Für Privatkunden und Interessenten hält der Buchverlag König ein umfangreiches Angebot von Publikationen und wichtigen Zusatzinformationen im Internet bereit unter
www.buchverlag-koenig.de

Mit Abbildungen, Exkursen zum mittelalterlichen Kriegertum, Kurzbiographien, Reisevorschlägen, Chronik der Herrscher, Könige und Königinnen von Schottland, Sach- und Literaturverzeichnis, Schottische Geschichte in Daten, Quellennachweisen, Anmerkungen und Erläuterungen.

ISBN 978-3-9806185-1-9

9 783980 618519

Titelbild: Drum Castle Foto: Antje Mismahl
Gestaltung: Buchverlag König, Layoutstudio, billy
Satz,Layout: Buchverlag König, Layoutstudio, billy
Druck & Verarbeitung: Printing Solutions, Printed in Europe

Hagen Seehase und Axel Oprotkowitz

Die Highlander

Die Geschichte der schottischen Clans

mit Fotografien von Antje Mismahl

KÖNIG

Castle Tioram

Inhaltsverzeichnis

Danksagung

Wenn wir uns auch für diese epochale Leistung in aller Bescheidenheit am Liebsten selbst stundenlang auf die Schulter klopfen möchten, wollen wir uns doch bei allen denen herzlich bedanken, die das Zustandekommen dieses Buches möglich gemacht haben.

Zuerst sind dies unser Verleger Gerd Elmar König und seine Mitarbeiter, die von Anfang an viel Vertrauen in uns gesetzt haben (was wir dann auch rechtfertigen konnten).

Weiterhin unsere Photographin Antje Mismahl, die das Wagnis der Recherche vor Ort auf sich nahm und mit Bravour gemeistert hat.

Fernerhin ist das Thomas Kaczorek, der es immer bewerkstelligte, die Literatur aufzutreiben, die wir nie gefunden hätten.

Last, but not least wollen wir noch Rainer Schlick als Musterbeispiel akademischen Denkens erwähnen.

Nicht vergessen wollen wir die Verdienste von Tom Clancy und Frederik Forsyth (gute Bücher), John Moses Browning (die Colt Government) und Elmer Keith (die 44 Magnum). Und nicht zuletzt die gute Beratung während der Endfertigung des Buches von Herrn Chev. Basil Henry Connor Wolfrhine of Stuart CSA Laird of Kintail, Ullapool, Camster, John O'Groats etc.

Vorwort

Sehr geehrte Leser,

wenn Sie Schottland nicht nur für ein reizvolles Reiseland halten, sondern auch für ein interessantes historisches Sujet, dann lesen Sie bitte weiter.

Wer würde auch nach Schottland fahren und die überwältigende Landschaft, die Zeugnisse einer originären Kultur und die Überreste einer glorreichen Vergangenheit auf sich wirken lassen, ohne nach den Hintergründen, den Geschichten, den Ereignissen zu fragen? Ich erinnere mich noch recht gut an meine erste Schottlandreise.

Vor allen Dingen die Castles zogen mich an. Wenn ein Guide Auskunft gab, so erzählte er oft von ruhmreichen Episoden und gab launige Anekdoten wieder. Und in den Gemäldegalerien dieser Schlösser hingen gleich reihenweise die Porträts der großen Heroen, 'Bonnie Dundee', Gentle Lochiel, Lord Lovat, und wie sie auch immer heißen mögen. Ins heimatliche Deutschland zurückgekehrt, führte der Weg in die Buchhandlung, denn ich wollte genau wissen, wer eigentlich diese MacLeods waren, wer sich aus dem Schädel eines Stewart-Earls einen Trinkbecher anfertigen ließ, was mit diesem Rob Roy geschah usw. Gute Englischkenntnisse vorausgesetzt und mit einem ganzen Stapel Bücher aus dem Vereinigten Königreich, lassen sich diese Fragen auch beantworten, doch es war bis jetzt reichlich mühevoll.

Da gibt es Bücher über die Grundzüge der schottischen Geschichte, über Schauplätze und Ereignisse derselben, solche über die einzelnen Clans und leider nur recht wenig zu den launigen Anekdoten, die mich so fasziniert hatten. Das Buch, das ich suchte, mußte demnach erst noch geschrieben werden, und da sich sonst niemand fand, schrieben wir es eben selbst.

Man mag uns mit Recht vorwerfen, dass Schottland mehr ist als die Highlands, aber wir wollten und mußten uns einschränken. Da die schottischen Highlands einzigartig sind, haben wir uns auf sie konzentriert. Auch so blieb vieles ungesagt, mit Recht wird mancher Leser nach den Sutherlands fragen, nach den MacKays, den Lamonts, den MacAuleys und anderen. Der Anspruch auf Vollständigkeit hätte aber an dieser Stelle nur mit einem Lexikon verwirklicht werden können, wir wollten aber etwas anderes. Ein wenig wie ein Lexikon kommen die Geschichtstabelle nebst dem Sachverzeichnis zum Nachschlagen am Ende des Buches daher. Und ein bißchen wie ein Geschichtsbuch ist das erste Kapitel über die MacDonalds aufgemacht, um Ihnen einen groben Überblick über die schottische Geschichte zu geben.

Wir dachten aber auch an die Leser, die sich in erster Linie für die Geschichte der einzelnen Highland-Clans interessieren, die großen Persönlichkeiten, wie Rob Roy oder Flora MacDonald.

Wir dachten weiterhin an die Leser, die an den großen Ereignissen, Wendepunkten und Glanzlichtern der schottischen Geschichte interessiert sind (um es vorwegzunehmen: meistens, aber nicht immer, sind das die Schlachten gegen den mächtigen Nachbarn im Süden).

Wir dachten außerdem an die Leser, die an den vielleicht nicht wissenschaftlich korrekten, nicht immer verbürgten kleinen Episoden und Anekdoten Gefallen finden. Und wir wollten auch diejenigen nicht vergessen, die jenseits aller Buchweisheiten das tun wollen, was ohnehin das Beste ist: hinfahren und anschauen.

Wenn Sie also Interesse haben an den wichtigsten Clans der schottischen Highlands, dann lesen Sie bitte deren Familiengeschichte vom Kapitel MacDonald bis Campbell oder umgekehrt.

Wenn Sie Informationen wünschen zu den großen Höhe- und Wendepunkten der schottischen Geschichte, dann finden Sie in den einzelnen Kapiteln im Druckbild abgesetzte Exkurse, die wichtige Ereignisse schildern, an denen der jeweilige Clan beteiligt war. Wollen Sie sich so richtig gruseln oder amüsieren, dann finden Sie - ebenfalls im Druckbild abgesetzt - in den jeweiligen Kapiteln eben jene originellen Anekdoten, die kaum ein Geschichtsbuch bietet. Und suchen Sie Anregungen für Ihre geplante Schottlandreise, so lesen Sie bitte die touristischen Hinweise am Ende jedes Kapitels.

Sie können natürlich auch alles lesen.

Viel Vergnügen
Hagen Seehase und Axel Oprotkowitz

Schottischer Dirk (Dolch), aus dem 17. Jahrhundert. Abb.: Reid, W.: Buch der Waffen.

„Mons Meg", die Riesenkanone von Edinburgh Castle. Abb.: Parker, G.: The Cambridge illustrated history of Warfare, London.

Abb.: R.R. MacIan und D. Logan: The Clans of the Scottish Highlands.

Die Herren der Inseln
Die MacDonalds

Es war im Winter 1812-1813, als Boten mit seltsamen Gegenständen in einigen Siedlungen im südlichen Kanada auftauchten: hölzerne Kreuze, verbrannt an einem Ende, mit einem blutigen Stoffetzen an dem anderen... Der Chief aller hier siedelnden MacDonells of Glengarry bot seinen Clan auf, um eine Gruppe amerikanischer Eindringlinge, die die Grenze nordwärts überschritten hatten, zu bekämpfen.

An allen Brennpunkten der schottischen Geschichte taucht der Name MacDonald bzw. MacDonell auf. Kaum ein anderer Clan hat die politische und soziale Geschichte Schottlands so geprägt wie die MacDonalds. Thema dieses einleitenden Kapitels ist die Geschichte des Clans von den sagenhaften Ursprüngen bis zur Gegenwart.

Notwendig zum besseren Verständnis ist eine Auseinandersetzung mit dem Begriff Clan. *Waren die Mitglieder eines Clanverbandes wirklich alle miteinander verwandt?* Die Antwort ist nicht ganz eindeutig. Im vor- und frühmittelalterlichen Schottland hatte sich ebenso wie in Irland eine keltisch geprägte Gesellschaftsstruktur entwickelt. Das war durch die Tatsache bedingt, dass beide Länder von der römischen Herrschaft kaum (Schottland) oder gar nicht (Irland) betroffen waren. Auch das Christentum haben beide Länder in ganz eigener Adaption übernommen. Politisch betrachtet war die Zentralgewalt (so überhaupt vorhanden) in Schottland und in Irland nur sehr schwach, dafür existierte eine Unzahl von Kleinkönigreichen, deren Oberhäupter als kriegerische bäuerliche Großgrundbesitzer bezeichnet werden könnten. Ihre Macht beruhte auf den Sippenbeziehungen, was in Schottland durch die Geographie begünstigt wurde. Die Familie (im engeren Sinne) eines Clanoberhauptes war tatsächlich mit vielen Angehörigen des Clans direkt verwandt oder verschwägert. In den Tälern der Highlands oder auf den kleineren Inseln der Hebriden setzte die Geographie dem sozialen Umfeld der Menschen eben enge Grenzen. Hier genügte es auch, wenn sich jemand als Iain der Schmied oder Colin der Rothaarige identifizierte. Verließ er aber aus irgendeinem Grund zeitweilig den Herrschaftsbereich seines Clans, so war es dringend notwendig, die Zugehörigkeit zum Clan zur Schau zu stellen, um so jeden Angriff abzuwehren. Kleinere Familien schlossen sich aus diesem Grunde mächtigen Clans an, nahmen deren Namen an oder (wenn sie den alten Namen behielten) bekannten sich auf andere Art zum Clanverband.

Eine weitere Erklärung bietet die Sprachwissenschaft. Im frühmittelalterlichen Königreich Alba, der Keimzelle Schottlands, bezeichnete das gälische Wort *Clann* eine Einheit von fünf Haushalten. Jeder *Clann* wurde von einem *Gilfine* geführt, der dem *Ri* (dem König) verantwortlich war[1].

Das Schicksal eines Clans hing sehr von der Politik und dem Charisma des Chiefs ab. Er verwaltete den Gemeinbesitz eines Clans (die Ländereien und den Viehbestand) und führte in Kriegszeiten das Clanaufgebot. Auslöser militärischer Aktionen waren zumeist Viehdiebstähle. Die kriegerische Geschichte der Highlands war viel stärker vom Vieh- und Landraub der Hochländer untereinander geprägt als von den Rivalitäten der schottischen und der englischen Krone. Trotzdem darf man sich das Mittelalter nicht als Zeit permanenten Kleinkriegs in den Highlands vorstellen. Die Zeit der blutigen Clanfehden begann erst richtig mit dem 16. Jahrhundert. Gerade die Epoche der schottischen Unabhängigkeitskriege unter Wallace und Bruce war in den westlichen Highlands relativ stabil und friedlich, verglichen mit den Zuständen in Zentralschottland oder den Borders. Das lag im Wesentlichen an der Position des Clans MacDonald oder (auf gälisch) den *Domnallach*.

Im 12. Jahrhundert stand die Insel Man in der irischen See unter der Herrschaft der Norweger, die von dieser Basis aus Streifzüge nach Irland oder Schottland unternahmen. König Olaf von Man schloß Bündnisse mit wichtigen schottischen Dynastien, die er durch eine vorausschauende Heiratspolitik absicherte. Aus diesen Verbindungen gingen machtvolle Clans, etwa die MacLeods, die MacAlisters, die MacDougalls hervor, und auch die MacDonalds lassen sich in direkter Linie auf Olaf zurückführen. Seine Tochter Ragnhild wurde die zweite Ehefrau von Somerled MacGillebrigte, einem gewaltigen Krieger mit weitreichenden Ambitionen.

> *Somerled stellte gerade einem Lachs nach, als sich ihm eine Gruppe schottischer Krieger näherte. Das taten sie aber keinesfalls in unfreundlicher Absicht, im Gegenteil, sie baten Somerled, sie bei einem Überfall auf norwegische Krieger anzuführen. Somerled akzeptierte, allerdings mußte der Überfall solange warten, bis er endlich diesen Fisch dem Wasser entrissen hatte.*

Somerled war halb skandinavischer, halb gälischer Herkunft. In seinem Stammbaum finden sich Könige von Dublin und der Insel Man, die ihre Herkunft auf den sagenhaften König Ingiald von Uppsala zurückführten. Somer-

1 *Vgl. Prebble, John: The Lion in the North, One thousand years of Scotland's history, London 1971, Seite 29.*

led nannte sich „König der Inseln“ und hatte seine Machtbasis ursprünglich in Argyll. Im Jahr 1156 besiegte er in einer Seeschlacht den König der Insel Man Godred the Black. Somerled erhielt die südlichen Hebriden mit Mull und Islay. 1264 unternahm er einen Feldzug gegen die schottische Krone.

Malcolm IV. hatte kaum den Thron bestiegen, als Donald MacHeth (Nachfahre Lulachs, eines früheren Königs) nach der Krone griff. MacHeth bot seinen Anhänger in Moray auf und wurde von seinem Schwiegervater Somerled unterstützt. Somerled führte seine Krieger in das Clydesdale und wurde dort von Walter FitzAlan (dem Ahnherrn der Stewarts) geschlagen. 1164 starb Somerled, wahrscheinlich wurde er getötet. Gegen Ende des 11. Jahrhunderts hatte König Malcolm III. Canmore die Schwester des 1066 bei Hastings getöteten englischen Königs Harold, Margaret Atheling, geheiratet. Diese war mit dem Ritus der Columbanischen Kirche so gar nicht einverstanden und zog aus England und vom Kontinent bretonische und normannische Familien ins Land, hauptsächlich zur personellen Aufstockung der schottischen Kirche. So gelangten auch die späteren Herrscherdynastien, die Familien FitzAlan (später Stewart oder Stuart) und Bruce nach Schottland. Aber Schottland wurde nur zum Teil dem Lehnsrecht unterworfen. Jenseits einer Linie, die das Gebiet unter der Kontrolle des Königshauses von dem Territorium, das unter dem Einfluß von Somerleds Sohn Ranald stand, trennte, blieben die gälischen Traditionen weitgehend intakt. Diese imaginäre, aber für Schottlands Geschichte entscheidende Linie, war die Highland-Line, Schottlands Teilung in Highlands und Lowlands war geboren. Ranald hatte die Reste von Somerleds Macht zusammenhalten können. Nach seinem Tod 1207 erbte sein ältester Sohn Donald, nach dem sich der Clan forthin nannte, mit Islay und Kintyre den Großteil des Ranald-Imperiums. Donald begründete auch so etwas wie eine kulturelle Identität der MacDonalds. Anno 1213 hatte Muiredach O'Daly, Poet und Barde des Königs von Connacht, dessen Hof verlassen müssen, weil er einen unverschämten Diener erschlagen hatte. Muiredach, Abkömmling der berühmtesten Dichterfamilie des keltischen Kulturkreises, begab sich nach Islay, wo ihn Donald mit offenen Armen begrüßte. Muiredachs Nachkommen, der Clan Currie, bekleideten über Jahrhunderte das Amt der Hofpoeten der 'Lords of the Isles', in der Hierarchie des Lordship standen sie gleich an zweiter Stelle nach der Familie des Chiefs. Donald leitete eine stetige Expansion nordwärts ein, die sein Sohn Angus Mor (gestorben 1296) weiterführte. Dessen Sohn Angus Og war schon so mächtig, dass er ein entscheidender Machtfaktor im Kampf Bruces gegen England wurde. Angus Og besaß eine der stärksten Kriegsflotten Europas (Somerled hatte einstmals 58 Schiffe zum Kampf gegen die Norweger auf Kiel legen lassen), die er in einer ständigen, von einer Burg geschützten Basis, Lagavulin Bay auf der Insel Islay, stationiert hielt. Ganz in der Nähe, auf einer Insel im Loch Finlaggan tagte eine Art Parlament der Clanchiefs unter dem Vorsitz des 'Lord of the Isles'. Wenn auch dieser Titel erst 1354 von der schottischen Krone anerkannt wurde, regierte Angus Og doch autonom. Robert the Bruce tat gut daran, an diesem Zustand nicht zu rütteln, denn sein Bündnis mit Angus entschied den Krieg gegen England. Die weitaus meisten Clans der Highlands (mit den prominenten Ausnahmen der MacDougalls, der MacNabs, der MacNaughtons und natürlich der Comyns oder Cummings) schwenkten unter dem Einfluß von Angus Og auf die Linie von Bruce ein. Neben den Bruceschen Besitzungen um Carrick und der Gegend zwischen den Flüssen Spey und Dee waren die unter dem Einfluß der MacDonalds stehenden Territorien Hauptwiderstandsgebiete gegen die englische Herrschaft. Und weder Edward I. noch sein Sohn Edward II. kamen auch nur in die Nähe von Islay, der Machtbasis von Angus Og. Dafür hielt die englische Krone ein Bündnis mit den MacDougalls, die wie die MacDonalds aus der Verbindung Somerled-Ragnhild abstammten. John Dougall of Lorne hatte einem Abkommen mit dem englischen König zufolge, den See Loch Awe gegen den schottischen König zu verteidigen. Im Jahr 1309 schlug Bruce die MacDougalls in der Schlacht am Pass of Brander. Die Anführer der MacDougalls, Chief Alaisdair MacDougalls ältester Sohn Eoin Bacach oder 'Lame John' MacDougall of Lorne, entkam mit knapper Not. Im Jahr 1315 konnte er sich für kurze Zeit zum König der Insel Man aufschwingen. Bruce gelang es, ihn gefangenzunehmen, 1317 starb Lame John als Gefangener auf Loch Leven Castle. Mit der Niederlage der einstmals mächtigen MacDougalls war auch der Weg für den weiteren Machtzuwachs der MacDonalds geebnet. Der 'Lord of the Isles' selbst führte seine Flotte (die bei der Eroberung Berwicks eine Rolle spielte) und seine streitaxtbewehrten Krieger, die sogenannten *Galloglasses* (gälisch für 'fremde Krieger') ins kriegerische Geschehen. Die Highlander der westlichen Clans, namentlich die MacDonalds, die MacLeods, die MacLeans, die Campbells u.a. bildeten bei der Schlacht von Bannockburn (am Mittsommertag, Sonntag, den 24. Juni 1314) die Reservedivision, die unter Robert the Bruces persönlichem Kommando stand.

Angus Og starb im Jahre 1330. Sein Sohn John, der erste 'offizielle' 'Lord of the Isles', heiratete um 1360 die Tochter König Roberts II. von Schottland, Margaret. Das Bündnis mit dem Hause Stuart trug den MacDonalds die äußeren Hebriden und Garmoran ein. Die Expansion der MacDonalds rief natürlich Gegner auf den Plan, besonders den Clan der Mackenzies. Aber noch wirkte die Herrschaft der MacDonalds stabilisierend. Auch außerhalb ihres direkten Herrschaftsbereichs waren sie von großem Einfluß, der den der Krone oft übertraf. Die Charta aus den 30er Jahren des 14. Jahrhunderts, die den jeweiligen Chief des Clans Mackintosh als Oberhaupt der Clanföderation Clan Chattan bestätigte, wurde vom 'Lord of the Isles' inspiriert und später erst von der Krone bestätigt.

Seit dem 14. Jahrhundert siedelten die MacDonalds auch in Irland. Die Galloglasses, Krieger von den Hebriden, waren in den irischen Kriegen nicht mehr wegzudenken. Viele Anführer dieser Soldkrieger heirateten in mächtige irische oder anglo-irische Familien ein, dies geschah schon seit dem 13. Jahrhundert. Aber die MacDonalds ließen die Verbindungen nach Schottland nicht abbrechen, ihr Siedlungsgebiet in Antrim (Landschaft im Nordosten Irlands) wurde zum Bestandteil des 'Lordship of the Isles'. Sie nannten sich 'MacDonells of Antrim' (es besteht aber kein genealogischer Zusammenhang mit den O´Donnells, die auch in der Provinz Ulster siedelten). Nach dem Vorbild der MacDonalds kamen im Spätmittelalter viele Schotten nach Nordirland, und da sie ihre schottische Tracht beibehielten, nannte man sie 'Redshanks'. Im Jahr 1585 konnte Sorley Boy MacDonald 2000 Redshanks ins Feld führen, ein Jahr später landeten 3000 von ihnen in Antrim. Dann plötzlich, um das Jahr 1595, versiegte der Zustrom an schottischen Kriegern nach Irland. Der Earl of Tyrone, Hugh O'Neill, hatte seine Geliebte verstoßen (eine MacDonell), und mit der Unterstützung des Clans Donald war es nun vorbei. Der Lord of Tyrconnell konnte noch einige Leute in Schottland anwerben, darunter auch einige MacDonalds. Es waren diese Schotten in seinen Diensten, die 1598 die Engländer an der Yellow Ford besiegten. Ihr kriegerischer Ruf war in Irland legendär. Sir Francis Knollys berichtete schon 1566 Queen Elizabeth von England, mit 600 Iren würde man leichter fertig als mit 300 schottischen Söldnern[2].

Das schien Shane O'Neill, vormals Earl of Tyrone, vergessen zu haben. Er legte sich mit den O'Donnells of Tyrconnell und den MacDonells of Antrim an. Anno 1567 schlugen ihn die O'Donnells. Er flüchtete ausgerechnet zu den MacDonells, die ihn erschlugen und seinen Kopf dem englischen Vizekönig in Dublin schickten[3].

König James VI. von Schottland, der nach Elisabeths Tod auch die Krone Englands erbte, erhob 1620 Sir Randal MacSorley MacDonell zum Earl of Antrim.

2 *Vgl. Heath, Ian und Sque, David: The Irish wars, 1485- 1603, London 1993/ Seite 10.*
3 *Beckett, James Camlin: Geschichte Irlands, Stuttgart 1982, Seite 60-61.*

Im 15. Jahrhundert verschlechterte sich das Verhältnis zwischen den MacDonalds und der schottischen Krone. 1402 hatten die MacDonalds die Insel Skye erworben. Sie setzten sich zuerst in den Burgen Knock und Dunsgaith Castle im Süden der Insel fest. Später wurde Duntulm Castle an der Nordspitze der Insel der Hauptstützpunkt der MacDonalds auf Skye. Ihr Chief Donald erhob Ansprüche auf die Grafschaft Ross, die ihn aber in Konflikt zum Herzog von Albany brachten. Im Jahr 1411 kam es bei Harlaw (in der Nähe von Aberdeen) zur Schlacht, die unentschieden endete, aber den Vormarsch der MacDonalds und der mit ihnen verbündeten Clans stoppte. Auf beiden Seiten sollen in einem unbeschreiblich blutigen Gemetzel jeweils rund 900 Mann gefallen sein. Donald starb 1423. Sein Sohn und Nachfolger Alexander (oder auf gälisch *Alasdair*) probierte es mit Diplomatie und wurde tatsächlich als Earl of Ross bestätigt. Damit hatten die MacDonalds in nur 30 Jahren die Ausdehnung ihres Machtbereiches verdoppelt. Unter seinem Sohn John (oder gälisch *Iain*), 10. 'Lord of the Isles', erreichte die Macht des Clans ihren Höhe- und Wendepunkt. John stand in geheimen Verhandlungen zum englischen König. Er hielt in offener Herausforderung der Krone Parlamente ab. Deshalb entzog ihm der König das Lordship, gab es ihm aber nur wenig später zurück. Lord John nahm die Warnung nicht ernst genug. Sein Neffe Alexander MacDonald of Lochalsh unternahm 1491 von Ross-Shire aus einen Raid gegen Inverness, er besetzte Stadt und Burg und wurde beim Angriff auf die Mackenzies von diesen geschlagen. König James IV. entdeckte die geheimen Beziehungen der MacDonalds zur englischen Krone und beschloß zu handeln. Anno 1493 unterzeichnete er auf Castle Stalker eine Urkunde, die das 'Lordship of the Isles' der Krone zusprach. Das schottische Parlament bestätigte den König. Im Bündnis mit der Kirche isolierte er die MacDonalds von ihren Gefolgsleuten. Mächtige Clans wie die MacLeods standen dem Königshaus nur zu gerne zur Seite. Das war allerdings erst in größerem Ausmaß der Fall, nachdem Donald Dubh MacDonald, Enkel des 1498 verschiedenen John, dem letzten rechtmäßigen Chief, 1545 kinderlos im irischen Exil gestorben war.

Wenige Jahre vor der Aufhebung des 'Lordship of the Isles' hatten interne Machtkämpfe im Clan Donald die Grundlagen seiner von der Krone fast autonomen Herrschaft fundamental erschüttert. John (oder Iain) MacDonald, Lord of the Isles, lebte in tiefem Zerwürfnis mit seinem Sohn Angus Og MacDonald. Letzterer konnte die Chieftains der verschiedenen Zweige des großen Clans Donald für sich gewinnen. John, Lord of the Isles, genoß zwar die Loyalität der verbündeten Clans, namentlich die MacLeans unterstützten ihn, seine Flotte wurde allerdings besiegt.

In der Seeschlacht von Bloody Bay im Norden der Insel Mull schlug Angus Og, Master of the Isles, mit der Hilfe der ihm verbündeten Chieftains (u.a. MacDonald of Clanranald) im Jahr 1481 die Streitkräfte seines Vaters. Dessen Ansehen und Machtbasis hatten sechs Jahre zuvor, im Jahr 1475, mit der Einziehung des Earldom of Ross durch die schottische Krone einen empfindlichen Rückschlag erlitten. Aber die Familienfehde war der Anfang vom Ende des 'Lordship of the Isles'. Angus Og konnte seinen Vater trotz des militärischen Erfolgs nicht verdrängen.
Anno 1484 nahmen die Campbells unter Colin Campbell, dem 1. Earl of Argyll, Angus' kleinen Sohn Donald Dubh in Gewahrsam. Colin Campbell war der Großvater mütterlicherseits von Donald Dubh MacDonald und brachte vor, seinen Enkel vor der mörderischen Fehde innerhalb des regierenden Hauses des 'Lordship of the Isles' beschützen zu wollen. Der Junge wurde nach Innischonnail Castle am Loch Awe gebracht. Angus Og wurde 1490 erschlagen, sein Vater John starb 1498. Zu diesem Zeitpunkt lief die Militäraktion der Krone gegen die MacDonalds schon seit einigen Jahren, König James IV. wurde bei seinem Vorhaben insbesondere von den Mackenzies, von den Grants und den Campbells unterstützt. Mit dem Tode seines Großvaters fiel Donald Dubh das 'Lordship of the Isles' zu, allerdings befand er sich noch in der Gefangenschaft der Campbells. Erst 1503 kam er in Freiheit. Eine Kommandotruppe der MacDonalds of Glencoe stürmte Innischonaill Castle und befreite Donald Dubh, der zum König der Inseln ausgerufen wurde. Nach drei Jahren brach der Widerstand der von Donald Dubh gegen die Krone angeführten Allianz der Hebridenclans zusammen. Wieder wurde er inhaftiert, diesmal in Edinburgh Castle, diesmal für fast 38 Jahre. In einer für Schottland von politischer Diskontinuität geprägten Zeit zeigte die Krone beachtliche Konsequenz in der Behandlung ihres wichtigsten Gefangenen. In Freiheit wäre Donald Dubh sofort zum Kristallisationskern für hochverräterische Konspiration und damit eine echte Bedrohung für die Autorität der Krone im Westen Schottlands gewesen. In der Zwischenzeit proklamierte Donald 'the Grim' MacDonald of the Isles, Chief of Sleat, seinen Anspruch auf die Führung des gesamten Clans. Bei einem Angriff auf Eilean Donan Castle traf ihn sein Schicksal in der Gestalt der lächerlich schwachen Besatzung der Burg (nur drei Mann). Einer davon, Duncan MacRae, verwundete Donald the Grim mit einem Pfeilschuß. Donald verblutete auf einer nahen Sandbank.
Im Jahr 1543 gelang Donald Dubh MacDonald die Flucht, beinahe augenblicklich erhoben sich die Clans der Hebriden zu seiner Unterstützung. MacLean und MacLaine, MacLeod und MacNeil, MacQuarrie, MacFie

oben links: Well of the Heads; oben rechts: Duntulm Castle;
darunter: Dragoner stellen einen Verdächtigen; unten Tioram Castle

und Mackinnon traten wie ehedem an die Seite des Clan Donald bei dem Versuch, das 'Lordship of the Isles' wiederzuerrichten. Trotz englischen Geldes und englischer Waffen, die der aus dem Exil zurückkehrende Earl of Lennox den Mannen Donald Dubhs zuführte, brach der Versuch der Hebridenclans, ihre 'Home Rule' zu erneuern, zusammen. Der Erbe des letzten 'Lords of the Isles' starb 1545 in Irland. Er hatte 4.000 Krieger und 160 Schiffe aufbringen können, mit seinem Tod starb auch die Rebellion. Donald the Grims Sohn, Donald Gorm MacDonald, verbrachte noch einige Jahre in England, wo er die Krone zu einem gemeinsamen Vorgehen gegen das schottische Königshaus zu gewinnen suchte. Seine Spur verliert sich südlich des Tweed, wahrscheinlich starb er in England.

Für die Bevölkerung Schottlands war das unrühmliche Ende des 'Lordship of the Isles', dieses 'Königreichs im Königreich', eine Katastrophe. Unrühmlich war sein Ende deshalb, weil der Clan, weil die Familie der Lords selbst mit ihrem unseeligen internen Konflikt die Solidarität der Clansmen untergraben hatten. Katastrophal war diese Entwicklung deshalb, weil mit der Zerstörung des 'Lordship of the Isles' die Verteilungskämpfe um dessen frühere Macht und Besitz begannen. Zusammenstöße zwischen MacDonalds oder MacLeods beispielsweise hatte es schon in der Vergangenheit gegeben, aber selbst wenn sich die Clansmen der verschiedenen Zweige der MacDonalds respektive der Vasallen des 'Lord of the Isles' blutige Gefechte geliefert hatten, niemals war das 'Lordship of the Isles' als Institution in Frage gestellt worden. Sie sicherte den Clans des Westens ihre politische Unabhängigkeit von der Krone und war ein Ausdruck ihre kulturellen Identität. Nur ein machtvoller Clan Donald konnte diese Unabhängigkeit garantieren, solange die einzelnen Clans nicht stark genug waren, sich gegenüber der Krone zu behaupten. Das konnte bestenfalls noch der Clan Campbell für sich in Anspruch nehmen. Es war also keineswegs paradox, wenn sich ein Clan MacLeod 1543 für den 'Lord of the Isles' erklärte, wobei die MacLeods wenige Jahre zuvor eine verlustreiche Fehde gegen die MacDonalds of Clanranald ausgetragen hatten. Mit dem Tode Donald Dubh MacDonalds begann die Epoche der Clankriege. In der mündlichen Überlieferung der Highlands lebt diese Zeit fort als *Linn nan Creach*, Zeit der Überfälle, wobei anzumerken ist, dass in Sutherland und Caithness, nordwestlich der Einflußsphäre der MacDonalds, diese Entwicklung schon früher begonnen hatte. Einschränkend muß man sagen, dass es isolierte Beispiele für Clanfehden immer schon in ganz Schottland gegeben hat, wie erwähnt auch innerhalb des Machtbereiches der 'Lords of the Isles'. Nur wenige dieser Fehden (meist ausgedehnte Raubzüge zum Zwecke des Viehdiebstahles) gingen in die historische Überlieferung ein.

Im Jahr 1370 weigerten sich z.B. die MacPhersons auf dem Felde von Invernahavon, an der Seite der mit ihnen verfeindeten Davidsons zu kämpfen, obwohl beide Clans zur Föderation Clan Chattan gehörten. Die Camerons, im Krieg gegen den Clan Chattan, hatten leichtes Spiel. Im Jahr 1396 kam es zur direkten Konfrontation zwischen Davidsons und MacPhersons. Unter den Augen König Roberts II. sollten es 60 Krieger (30 jeder Partei) untereinander ausmachen. Als auf dem Felde von Perth nur noch 12 Mann am Leben waren, gebot der König Einhalt. Nur einer der Überlebenden war ein Davidson[4]. Die schottische Geschichte kennt noch andere Beispiele. Eine einmal begonnene Fehde konnte sich über Jahrzehnte hinziehen, kamen konkurrierende Ansprüche auf Territorium hinzu, leicht ein Jahrhundert. Anno 1411 bei Harlaw fochten die Camerons Seite an Seite mit den Mackintoshs für den Lord of the Isles. Wegen eines territorialen Disputes kämpften 1430 Camerons gegen Mackintoshs. Das taten sie noch zwei Jahrhunderte lang.

Der Beginn der Reformation und die sich daraus entwickelnden Glaubenskämpfe verstärkten solche Tendenzen noch. Die brennenden Kreuze, mit denen der Clan aufgeboten wurde, wurden zu einem fast alltäglichen Phänomen.

Anno 1544 fühlte sich ein Chieftain der MacDonalds von einem Angehörigen des Clan Fraser beleidigt. Der Überlieferung nach trafen sich 800 Krieger in Waffen, aber nur leicht bekleidet (es war ein heißer Tag) am Loch Lochy, um alle gegenseitigen Beleidigungen mit Blut abzuwaschen. Auf dem 'Felde der Hemden' (es war ein sehr heißer Tag) kämpften sie, bis nur noch 14 am Leben waren...

Der Clan Donald, ohnehin schon zerfallen in mehrere Zweige (Branches), zeigte Auflösungserscheinungen. Immerhin konnten einige Zweige das Bündnis mit den Stuarts wiederherstellen. Im Jahr 1615 scheiterte ein letzter Versuch, das 'Lordship of the Isles' wiederzubeleben. Malcolm MacFie of Colonsay, der Chief der mit den MacDonalds verbündeten MacFies, verlor nach dem Scheitern der Unternehmung seinen Kopf auf dem Richtblock. Eine unrühmliche Rolle hatte dabei ausgerechnet Coll Ciotach MacDonald, genannt 'Colkitto', ein abtrünniger Chieftain aus dem Clan Donald,

4 *Anderen Quellen zufolge waren es die Shaws und die MacMillans of Lochaber, die hier kämpften. Einig sind sich die Chronisten nur über die Anwesenheit des Königs und die Verluste, 19 Mann auf der einen, 29 Mann auf der anderen Seite. Sicher erscheint auch, daß mindestens einer der beteiligten Clans zur Konförderation des Clan Chattan gehört. Was heute barbarisch anmutet, war in der harten Realität des Mittelalters eigentlich noch eine sehr humane Erscheinung. Die alternative Option zum ritualisierden Waffengang der 60 Kämpfer wäre eine Clanfehde gewesen - die hätte möglicherweise mehr Opfer gefordert.*

gespielt. Er erhielt für seine Unterstützung der Campbells vom Earl of Argyll die Insel Colonsay. Um den Landbesitz des Clans MacDonald entbrannten heftige Kämpfe besonders auf und um die Insel Skye mit den anderen Clans, ganz besonders mit den MacLeods.

Eine nicht verbürgte Episode war die angebliche Landung eines Schiffes der MacDonalds auf Harris, einer Hochburg der MacLeods, im Sturm. Froh, sicheren Boden unter den Füßen zu haben, betraten die beinahe Schiffbrüchigen ein großes Haus. Die Stimmung erreichte schnell den Tiefpunkt, als sich Gäste und Gastgeber erkannten. Der Chief der MacLeods hielt jedoch das Gastrecht, bewirtete die MacDonalds und ließ ihnen durch einen Diener bei abflauendem Sturm mitteilen, sie könnten nun unbehelligt Richtung Skye dahinsegeln.

Der Wahrheitsgehalt dieser Geschichte ist eine Frage der Spekulation. Auf einer kleinen Insel südlich Skye erreichten die blutigen Wirren MacDonald gegen MacLeod mit einem wahllosen Massaker an der gesamten Zivilbevölkerung den traurigen Höhepunkt.

Die Bewohner der kleinen Insel Eigg gehörten zum Clan Donald. Als eine große Gruppe MacLeods auf der Insel landete, verbargen sie sich in einer Höhle. Doch man machte sie ausfindig und legte vor dem Höhleneingang Feuer, so dass alle elendiglich umkamen. Als Sir Walter Scott, der dieses Ereignis in seinem Roman 'Lord of the Isles' beschrieb, später die Insel besuchte, fand er in der Höhle einen menschlichen Schädel

Auch mit den Campbells lagen die MacDonalds in einem latenten Kriegszustand. Anfang des 17. Jahrhunderts übertrug die Krone die Ländereien der MacDonalds in Kintyre dem 7. Earl of Argyll, Archibald Campbell, was natürlich das Verhältnis beider Clans nicht verbesserte. Schwierigkeiten gab es sogar mit den MacLeans of Duart, vormals als 'Seneschals of the Isles' treue Vasallen der 'Lords of the Isles'. Um den Besitz von Mull, Ardnamurchan und Morvern kam es immer wieder zu Auseinandersetzungen. Der König sah sich genötigt einzugreifen. Im Auftrage des Königs lud Lord Ochiltree 1608 die Clanchiefs der westlichen Inseln zu einem Dinner auf Aros Castle bei Tobermory, Insel Mull. Bis auf MacLeod of Dunvegan und MacNeil of Barra erschienen die Eingeladenen und mußten feststellen, dass sie im Namen König James VI. nun Gefangene der schottischen Krone waren. Bis zur Erfüllung weitreichender Bedingungen (Ablieferung von Schiffen und Waffen, Begrenzung des persönlichen Gefolges) blieben die Chiefs als Gefangene in Dumbarton und Stirling Castle.

Eine verbürgte Episode ist das eigenartige Arrangement der MacLeans mit den MacDonalds of Clanranald. Ende des 16. Jahrhunderts befand sich Red Hugh O'Neill, Earl of Tyrone, im nördlichen Irland in offener Rebellion gegen Königin Elisabeth von England. Die MacLeans of Duart hatten noch eine Rechnung gegen O'Neill offen und boten ihre Dienste gegen gute Bezahlung der englischen Krone an. Eine Streitmacht von 900 MacDonalds of Clanranald wurde auf ihrem Weg nach Irland auf der Insel Mull von den MacLeans gestellt und gefangen. Es gab keine Verluste: Der Chief MacLean hatte mit dem Chief Clanranald alles sorgfältig geplant. Die Rechnung ging auf, London zahlte, das englische Gold wurde zwischen MacLean und MacDonald geteilt[5].

Erst 1688 hörten mit einer letzten Schlacht der MacDonells of Keppoch gegen die Mackintoshs die Clankriege auf. Das war aber keineswegs das Ende aller Kriege in Schottland. Und die Gegnerschaft bzw. Anhängerschaft zum Clan Donald gab oft den Ausschlag, welcher Partei sich der eine oder andere Clan anschließen sollte.

Vereinfachend kann konstatiert werden, dass neben den MacDonalds, die MacLeans und die Camerons in den Kämpfen des 17. und 18. Jahrhunderts zu den Anhängern der Stuarts gehörten, die Clans des äußersten Nordens und die Campbells zu den Gegnern.

Im Jahr 1644 stellte der Marquis von Montrose[6] eine Armee royalistischer Schotten und Iren auf, um für König Charles I. Stuart zu kämpfen. Montrose hatte noch wenige Jahre zuvor zu den sog. Covenantern gehört, Unterzeichnern einer Urkunde, die für die Freiheit der schottischen presbyterianischen Kirche und gegen jeden Rekatholisierungsversuch eintraten. Die religiöse Unduldsamkeit der Covenanter, die in puren Fanatismus umschlug, hatte Montrose enttäuscht, der auf die Seite der Royalisten wechselte. Der Kern von Montroses Truppe waren irische und schottische Veteranen des Dreißigjährigen Krieges, die auf dem Kontinent angeworben wurden. Die ersten Highlander, die zu Montrose stießen, waren Robertsons und Stewarts. Bald schlossen sich die Aufgebote der MacLeans, der Gordons und der MacDonalds an. Während die Iren konventionell, d.h. mit Piken und Musketen bewaffnet waren, führten die Clanaufgebote ihre traditionellen Waffen, Claymores, Broadswords und Lochaberäxte, mit sich. Nach Siegen bei Tippermuir

5 *Die MacDonalds waren tief in die Auseinandersetzungen der irischen Rebellen mit der englischen Krone verstrickt. Am 26. Juli 1575 wurden die schottischen Siedler auf Rathlin Island (meist MacDonells of Antrim) von englischen Truppen massakriert.*

6 *James Graham, Marquis of Montrose, 1612 - 1650. Es gab noch einen weiteren berühmten James Graham Marquis of Montrose. Der hatte Anfang des 18. Jahrhunderts Probleme mit einem gewissen Rob Roy MacGregor. Die Fehde dauerte von 1712 bis 1724, als Montrose erschöpft aufgab.*

und Aberdeen überraschte Montrose den Earl of Argyll und Chief Campbell in Inverary Castle. Argyll entkam, aber 1500 Campbells fielen auf dem tief verschneiten Schlachtfeld von Inverlochy. Montrose hatte nur 4 Mann Verluste.

Am 9. Mai 1645 marschierte eine fast 5000 Mann starke Armee der Covenanters gegen die knapp 2000 Mann von Montrose bei Auldearn. Montrose hatte 500 seiner besten Truppen, Gordons und MacDonalds unter Alastair MacDonald an der rechten Flanke positioniert, wo sie die Covenanter zum Angriff verleiten und dann solange aufhalten sollten, bis Montrose mit seiner Haupttruppe eingreifen wollte. Alastair MacDonald (genannt MacColla) war der Kommander der irischen MacDonalds und der Sohn des schon erwähnten berühmt-berüchtigten 'Colkitto'. Er hatte an dem 1641 ausgebrochenen irischen Aufstand teilgenommen und war im Juni 1644 mit drei Regimentern irischer Pikeniere in Schottland eingetroffen. Zu seinen Leuten gehörte auch eine Leibgarde aus Leuten, die von den Hebrideninseln stammten. MacColla sollte den erwarteten Angriff der Covenanter verzögern, er tat aber ein Übriges. Genau wie es Montrose vorhergesehen hatte, griffen die Covenanter an. Anstatt aber nun mit seiner Handvoll Highlanders den sechsfach überlegenen Gegner hinzuhalten (3000 gegen 500), gab Alastair den Befehl zum Angriff. Er ließ es sich nicht nehmen, persönlich diese Highland-Charge anzuführen. Der Zufall wollte es, dass diese furiose Attacke auf Clanregimenter in den Reihen der Covenanter traf, die böse zugerichtet wurden: Insbesondere die Campbells, die MacLennans und die Mackenzies erlitten große Verluste. Bis Montroses Eingreifen die Schlacht entschied, hatten MacColla und seine Leute aber noch einige kritische Momente zu überstehen. Von der Übermacht wurde er mehrfach zurückgedrängt, aber nur, um erneut anzugreifen. Seine Attacken trafen die Musketiere und Pikeniere des Campbell-Regimentes. Hinter den Campbells standen Bogenschützen aus Lewis, die über die Köpfe ihrer Vorderleute hinwegschossen. MacColla wurde mit seiner Leibgarde in die Häuser des Ortes Auldearn zurückgedrängt, wo es zu einem verzweifelten Nahkampf kam. Eine Flankenattacke der Kavallerie Montroses brachte den Sieg der Royalisten und die Rettung MacCollas. Bei Alford (2. Juli 1645) und bei Kilsyth (15. August 1645) errang Montrose weitere Triumphe, die das Schicksal des Königs aber nicht mehr wenden konnten. Montroses Hochländer aber verließen in beträchtlicher Zahl ihre Armee, bei allen ihren militärischen Fähigkeiten waren diese Männer Krieger, die von Zeit zu Zeit aufgeboten werden konnten, sonst aber als Bauern und Hirten ihren Lebensunterhalt bestritten. Mit seiner Restarmee wurde Montrose von General Leslie am 13. September 1645 bei Philiphaugh[7] im Süden

7 *Hundert gefangene Soldaten Montroses wurden danach auf Newark Castle barbarisch ermordet.*

Schottlands geschlagen. Montrose entkam und verließ Schottland 1646[8]. Im Jahr 1650 kehrte er zurück. Er hatte in Norwegen und auf den Orkneys 1.200 Mann rekrutieren können. Er landete in der Nähe von John O'Groats im äußersten Norden Schottlands mit nur 200 Mann, denn ein Sturm hatte seine Transportflotte zersprengt. Er erhielt begrenzten Zulauf, und seinem General Hurry gelang noch die Eroberung von Dunbeath Castle bei Wick. Montrose wurde im Mai des Jahres bei Carbisdale geschlagen. Auf der Flucht fiel er in die Hände der MacLeods of Assynt, die ihn wohl aus Mißtrauen zu den MacDonalds in Ardvrech Castle internierten und an die Covenanter auslieferten. Die Chiefs der MacLeods waren eigentlich keine Anhänger der Covenanter (im Gegenteil: Sie bemühten sich sogar von Dunvegan Castle auf Skye aus um eine Art keltische Allianz und schlossen Bündnisse mit irischen Adligen). Gegen eine stattliche Summe (von der aber nur ein lächerlicher Bruchteil ausgezahlt wurde) wurde Montrose nach Edinburgh überstellt, dort angeklagt, gehängt, der Leichnam gevierteilt.

Nach der Restauration der Monarchie 1660 wurden die Covenanter von regulären Truppen im Auftrag König Charles' II. verfolgt. Treibende Kraft hinter diesen 'Dragonaden' war der Bruder des Königs, James, sein militärischer Arm die Dragonerregimenter von John Graham of Claverhouse (später Viscount of Dundee). Die Brutalität der Auseinandersetzungen war unbeschreiblich. Obwohl niemand ihnen ihre Form der Religionsausübung versagte, sahen sich die Covenanter als Märtyrer ihres Glaubens und die Vertreter der Episkopalkirche als Feinde. Ihr Schlachtruf *„Jesus and no Quarter!"* muß nicht übersetzt werden. Im Jahr 1679 schossen sie Erzbischof Sharp von St. Andrews auf offener Straße nieder. Die den Dragonern Claverhouses nachgesagten summarischen Erschießungen sind bloße Übertreibung. Wahrscheinlich sind nicht mehr als 10 Covenanter vor die Wahl Abschwören oder Sterben gestellt worden - diese wurden im Falle der Weigerung dann allerdings erschossen.

Bemerkenswert ist ganz besonders die Tatsache, dass allmählich das religiöse Bekenntnis die Zugehörigkeit zum Clan als beherrschendes Strukturelement ersetzte, natürlich regional unterschiedlich stark ausgeprägt. Cum grano salis kann gesagt werden, dass sich eine konfessionelle Dreiteilung Schottlands herausbildete, mit der der anglikanischen Kirche verwandten

8 *Montrose unternahm noch den erfoglosen Versuch einer Eroberung von Inverness, während sein Verbündeter Lord Lewis Gordon in Morayshire mit seiner Strategie der verbrannten Erde gegen tatsächliche oder vermeintliche Anhänger der Covenanter vorging - und auf diese Weise auch gleich eine alte Rechnung mit den Grants of Ballindalloch beglich. MacColla verwüstete mit seinen MacDonalds die Ländereien der Campbells in Argyll. Unterstützt wurde er von den Mac Donells of Antrim, die in größeren Stoßtrupps aus Irland rüberkamen und vom Clan Lamont. Campbell of Ardkinglas schlug die Lamonts und verübte zusammen mit den MacLachlans das schreckliche Massaker von Dunoon, dem rund 150 unbewaffnete Lamonts, überwiegend Frauen, Kinder und Alte, zum Opfer fielen. Alastair MacColla wurde am 24. Mai 1647 bei Rhunahoarine geschlagen.*

Kirk of Scotland (im Osten, den Grampians und Aberdeen), außerdem noch den verschiedenen presbyterianischen Freikirchen (in den Highlands, in Glasgow und auf den Hebriden), daneben gab und gibt es katholische Enklaven im Westen und Südwesten. Es ist interessant, festzustellen, dass sich religiöse Unduldsamkeit, Fanatismus und Rigorosität besonders nach der Reformation ausbreiteten. Im katholischen Schottland des Mittelalters scheint es der Überlieferung nach kaum Hexenverfolgungen gegeben zu haben, nach der Reformation allerdings in großem Ausmaß (die letzte angebliche Hexe wurde in Schottland 1727 verbrannt). Vor allem die religiöse Unduldsamkeit der Covenanter war bemerkenswert. Nach dem Sieg von Philiphaugh ermordeten sie, aufgepeitscht von ihren Predigern, 500 wehrlose irische Gefangene aus Montroses Gefolge, darunter 300 Frauen und Kinder. Manchmal warf man einen Gefangenen in einen Fluß und hielt ihn solange mit einer Pike unter Wasser, bis er ertrunken war - natürlich im Namen des rechten Glaubens. Besonders stark war ihre Bewegung im Südwesten Schottlands, nach der Restauration der Monarchie unternahmen sie im November 1666 einen Aufstand, der sich von seinem Zentrum in der Grafschaft Galloway her ausbreitete. Der Einsatz regulärer Dragonerregimenter konnte den Aufstand zwar relativ rasch zum Scheitern bringen, trotzdem blieb die Krone besorgt. Als sich in den 70er Jahren des 17. Jahrhunderts die Anzeichen für einen erneuten Aufstand verdichteten, bot der König die Highlander auf, seit den Tagen Montroses die erbittertsten Feinde der Covenanter. Im Frühjahr 1678 wurden 4.500 Hochländer in Galloway und Ayrshire einquartiert und hielten die Gegend ruhig (bis sie von regulären Dragonerregimentern unter Claverhouse abgelöst wurden). Freunde unter den hiesigen Tieflandschotten machten sie sich freilich nicht. Die MacDonalds nahmen an der Besetzung Galloways nicht teil, man hatte Sir Donald MacDonald of Sleat mitgeteilt, er solle für Ordnung in den Highlands sorgen. Ein entsetzlicher Vorfall innerhalb des eigenen Clans hatte 15 Jahre zuvor das Eingreifen seines Vaters James MacDonald of Sleat nötig gemacht.

Alaisdair MacDonell of Keppoch wurde im Jahre 1663 von einer siebenköpfigen Bande ermordet. Sein Hofpoet Lain Lom MacDonell schwor Rache. Er komponierte ein bitteres Klagelied, „Murt na Ceapach“, und versuchte, den Chief der MacDonells of Glengarry zu einer Strafexpedition zu bewegen. Der zögerte jedoch und lehnte schließlich ab. Iain Lom begab sich zu Sir James MacDonald of Sleat. Sir James war außer sich und gab dem Dichter ein Kommando ausgesuchter Männer mit. Die Mörder wurden alle ge-

tötet, ihre Köpfe abgeschnitten. Iain Lom MacDonell wusch die grausigen Trophäen und präsentierte sie einem reuigen Chief MacDonell of Glengarry. An der Tobar nan Ceann, der 'Quelle der Köpfe', wurde zur Erinnerung an dieses Ereignis im 19. Jahrhundert von einem späteren Chief Glengarry ein Denkmal errichtet.

Im Jahr 1688 wurde König James II. in der 'Glorious Revolution' entthront und mußte England verlassen. Sein Übertritt zum Katholizismus und die Befürchtungen vor einer katholischen Thronfolge sowie die Stationierung irischer Truppen in England hatten das Parlament bewogen, Wilhelm von Oranien (oder William of Orange), dem Schwiegersohn von James II., die Krone anzubieten. Auf englischem Boden konnte James keinen Widerstand organisieren, in Irland und in Schottland fand er sogleich Unterstützung. Das schottische Parlament hatte sich der Entscheidung des englischen Parlaments angeschlossen und William als König anerkannt. Viscount Dundee, der James II. seine Loyalität erklärte, wurde seines militärischen Kommandos enthoben und zum Rebellen erklärt. Dundee antwortete auf Highlanderart. Er pflanzte die Standarte des Königs in Dundee Law auf und rief die Clans zusammen. König James konnte ihm nur 300 irische Soldaten unter Colonel Cannon schicken. Allerdings stieß Dundees Aufruf auf offene Ohren bei den Hochländern, die ihm in Scharen zuströmten. Darunter befanden sich auch die MacDonalds of Clanranald unter ihrem erst 16-jährigen Chief sowie die MacDonalds of Sleat und die MacDonells of Glengarry, das größte Kontingent stellten allerdings die MacLeans. Eine Regierungsarmee von 5.000 Mann, Engländer, Schotten und einige niederländische Soldaten unter General Hugh Mackay of Scourie zog den knapp 3.000 Anhängern König James' ('Jakobiten'), die bei Blair Castle in Zentralschottland lagerten, entgegen. Als Dundee davon erfuhr, ließ er das Lager abbrechen und näherte sich Mackay aus nördlicher Richtung. Beide hofften, sich in einer taktisch besseren Höhenposition des Killiecrankie-Passes festsetzen zu können. Dundee gewann das Rennen knapp. Mackay zögerte, seine Leute bergan attackieren zu lassen, und seine Artillerievorbereitung war lächerlich kurz (9 Schuß insgesamt). Zwei Stunden lang belauerten sich die gegnerischen Armeen, Scharfschützen der Jakobiten forderten die ersten Opfer bei der Regierungsarmee. Als nur noch eine Stunde Tageslicht blieb, entschied sich Dundee zur Attacke. Mit dieser berühmtesten aller Highland-Charges wurde Mackays Armee in nur wenigen Minuten das Opfer der traditionellen Kampfesweise der Hochländer. Die Highlander suchten den Nahkampf, in dem sie ihre kämpferischen Qualitäten ausspielen konnten und der innerhalb kurzer Zeit die Entscheidung brachte. Aus den besonderen Merkmalen der Lebensweise in den Highlands erklärt sich auch diese Taktik. Ein Chief konnte nie sehr lange seine Leute entbehren, die Ländereien eines Clans und das Vieh konnten sonst sehr leicht Beute eines mächtigen Nachbarclans werden. Die persönliche Führung eines Clans durch den Chief brachte leicht die Eifersüchteleien der sehr selbstbewußten Clanchiefs zur Explosion. Fast legendär sind die heftigen Auseinandersetzungen zwischen militärischen Beratern Charles Edward Stuarts während des Jakobitenaufstands von 1745/46.

Eine Logistik war bei den Clanregimentern praktisch gar nicht vorhanden. Jeder Jakobitenkommandeur mußte also schnell eine militärische Entscheidung herbeiführen. 'Bonnie' Dundee gelang das bei Killiekrankie am 27. Juli 1689 in überzeugender Weise. Die Regierungstruppen konnten gerade eine Salve abfeuern, die zwar rund 700 Hochländer niederstreckte, aber dann waren die Clansmen heran und begannen einen mörderischen Nahkampf, der auf Seiten der Regierungstruppen 3.500 - 4.000 Opfer[9], bei den Jakobiten gerade 500 Mann Verluste forderte. 'Bonnie Dundee' jedoch wurde tödlich getroffen, der genaue Hergang ist unklar, einer Quelle zufolge lag er schwer getroffen unerkannt am Rande des Schlachtfelds, bis ihn ein Plünderer ermordete. Nach Dundees Tod übernahm General Cannon das Kommando. Unter seiner schwachen Führung konnte der Sieg von Killiecrankie (an dem die MacDonalds of Sleat, MacDonells of Glengarry, MacDonells of Keppoch, MacDonalds of Glencoe, MacDonalds of Clanranald und MacDonalds of Kinlochmoidart beteiligt waren) nicht ausgenutzt werden. Am 18. August 1689 erlitten die Jakobiten bei Dunkeld eine herbe Niederlage. Auf Regierungsseite zeichnete sich besonders das aus Anhängern der presbyterianischen Sekte der Cameronians bestehende Regiment *Earl of Angus' Regiment of Foot* aus: Lowlandschotten. Die Clans zerstreuten sich nach der Niederlage, aber die Chiefs unterzeichneten eine Charta, die sie verpflichtete, König James weiter zu unterstützen. Das hatte tragische Konsequenzen für den Clan Donald. In Irland nämlich hatte die Sache der Jakobiten auch eine Niederlage erlitten (Battle of the Boyne, 1. Juli 1690). König James II. von England und Irland (und als James VII. König von Schottland) begab sich an den französischen Hof, gab aber seine ambitionierten Rückkehrpläne niemals auf. Die Londoner Regierung unter dem neuen König William of Orange beschloß, ein blutiges Exempel zu statuieren. Die vorgesehenen Opfer waren zunächst die MacLeans of Duart, allein traute man sich nicht so recht an diesen kampfstarken Clan heran.

9 *Diese Zahl ist vielleicht übertrieben. Andere Quellen geben die Gesamtstärke der Armee Mackays mit 3.500 Mann an, von denen nur ein Regiment (das Regiment Hastings, das einzige englische an der Schlacht beteiligte Regiment) entkam, zuzüglich einiger Versprengter. Eine mögliche Erklärung für den totalen Zusammenbruch der Armee Mackays, ist die Tatsache, dass die Soldaten mit (Spund- usw) und noch nicht mit Tüllenbajonetten bewaffnet waren. Ein Spundbajonett wurde in den Lauf einer Muskete gesteckt, die dann natürlich nicht mehr zum Feuerkampf eingesetzt werden konnte.*

Die MacDonalds of Glencoe galten als talentierte Bogenschützen und Poeten, sie hatten auch einen Ruf als Räuber. Für ihre Viehdiebereien waren sie berüchtigt. Das war jedoch in den Highlands keine besonders erwähnenswerte Ausnahme, eine ähnliche Reputation genossen die Camerons, die MacDonells of Keppoch und die MacGregors ...

Nach dem militärischen Sieg in den Highlands suchte William die Unterwerfung der Chiefs. John Campbell, Earl of Breadalbane, bot sich William als Verbündeter an und suchte auf diese Weise, Einfluß in den Highlands und das Amt des Chiefs Campbell zu gewinnen. Alasdair MacIain MacDonald of Glencoe, Chief des benachbarten und mit den Campbells verfeindeten Clans, durchschaute wahrscheinlich Breadalbanes Charakter, nicht jedoch dessen Absichten. Den Hochländern, d.h. deren Chiefs, war ein Ultimatum gestellt worden. Bis zum 1. Januar 1692 hatten alle den Treueid auf William of Orange abzuleisten. Nach Rücksprache mit dem im Pariser Exil weilenden James II. fügten sich die Chiefs. Nur zwei Clans kamen der Aufforderung nicht nach, die auf den äußeren Hebriden beheimateten MacNeils und die MacDonalds of Glencoe. Chief MacIain of Glencoe war in der Tat nach Fort William gewandert, um den Eid abzulegen. Dort hatte man ihn nach Inverary Castle verwiesen, wo er (die Pässe waren durch Schnee blockiert) erst am 6. Januar eintraf. Er leistete den Treueid und kehrte unbehelligt nach Glencoe zurück. Die Londoner Regierung ordnete (auf den Rat des Earl of Stair, Staatssekretär für Schottland) trotzdem eine Strafexpedition an, und am 1. Februar 1692 traf eine Truppe von 120 Regierungssoldaten unter dem Befehl von Captain Robert Campbell of Glenlyon in Glencoe ein. Verstärkungen von 400 Soldaten sollten folgen, blieben aber im Schnee stecken. Ein von König William unterzeichneter Befehl ordnete an, *alle Clanangehörigen unter 70 Jahren zu töten*. Glenlyon war mit einer Nichte MacIains verheiratet, die Soldaten wurden von den ahnungslosen MacDonalds gastlich aufgenommen und bewirtet (es war tiefer Winter). Zwölf Tage später wurden MacIain und Dutzende seiner Leute kaltblütig ermordet, insgesamt kamen 38 MacDonalds, darunter 2 Frauen und 2 Kinder, ums Leben. Die Söhne des Chiefs entkamen. Als später die Verwicklung hoher Politiker, ja des Königs selbst in das Massaker ruchbar wurde, löste das im Londoner Parlament und in der Öffentlichkeit (die sonst kaum Sympathien für die Highlander hegte) einen Skandal aus. Das Ansehen des Königs litt, besonders in den Highlands, denn dem kaltblütigen Mord waren fast 2 Wochen vorausgegangen, in denen die Soldaten von ihren ahnungslosen Opfern gastlich behandelt worden waren. Gerade die MacDonalds fühlten sich in ihrer Haltung gegenüber den exilierten Stuarts bestärkt, ebenso wie in der Feindschaft gegenüber den Campbells.

Bei den Aufständen von 1715 und 1719 waren die MacDonalds ebenso beteiligt wie an der letzten großen Rebellion von 1745/46.

Im Jahr 1715 stießen die Clans der westlichen Inseln (mit 2.500 Mann) relativ spät zu den vom Earl of Mar geführten Jakobiten. Dank der Limitationen ihrer Führung hinsichtlich operativer und taktischer Führungsfähigkeit brach der Aufstand dann auch zusammen. Die MacDonalds of Clanranald zündeten aus Furcht, ihr bedeutendster Stützpunkt Castle Tioram könnte in die Hände der Campbells fallen, die Burg selbst an.

Alan, der 14. Chief MacDonald of Clanranald, wurde von bösen Vorahnungen geplagt: Er hatte die Vision seines eigenen Todes. Da er aber Tioram Castle keinem anderen überlassen wollte, befahl er, es beim Abmarsch seines Clans zur Hauptarmee der Jakobiten anzuzünden.

Der Aufstand von 1745 begann operettenhaft. Mit französischer Hilfe war Charles Edward Stuart (*1720), Enkel König James', nach Schottland gelangt. In Moidart traf er den einflußreichen Chief Donald Cameron of Lochiel ('Gentle Lochiel'), der ihn zu sofortiger Rückreise aufforderte. Trotzdem schlossen sich die Camerons unter Lochiels Führung dem Prinzen an, als dieser beharrlich sein Vorhaben (nichts weniger als den Sturz des Königshauses und die Wiedereinsetzung der Stuarts) weiterverfolgte. Die MacDonalds of Clanranald schlossen sich an, dann die MacDonells of Keppoch, die auf ihrem Weg zum prinzlichen Quartier gleich zwei Kompanien Regierungssoldaten bei High Bridge zum einen Teil in die Flucht schlugen und zum anderen gefangennahmen. Den anfänglichen Erfolg der Kampagne begünstigten zwei Umstände.

Erstens hatten 1743 die Soldaten der Black Watch gemeutert, das Regiment (das übrigens heute noch besteht) war zum Zeitpunkt der Rebellion nicht einsatzfähig. Die Black Watch bestand aus Soldaten, die in den Highlands angeworben worden waren, und dank ihrer Ortskenntnis und ihrer gälischen Sprachkenntnisse für Einsätze in den Highlands geradezu prädestiniert waren. Im Jahr 1725 hatte man (zumeist aus Angehörigen der Clans Campbell, Grant und Munro) einige unabhängige Kompanien aufgestellt, 1739 waren sie zum Regiment Black Watch zusammengelegt worden.

Zweitens schlossen sich (neben anderen) die zahlenmäßig starken Zweige des Clans Donald der Rebellion an. Als Prince Charles ('Bonnie Prince Charlie') am 1. November 1745 Edinburgh mit einer Invasionsarmee Richtung England verließ, waren von seinen 7.587 Soldaten rund 1.100 Mann MacDonalds: 300 Mann im Regiment der MacDonalds of Clanranald und MacDonalds of Kinlochmoidart, 400 Mann im Regiment der MacDonells

oben links: Alastair MacDonell of Glengarry; oben rechts: Alexandre MacDonald, Marschall von Frankreich; unten Armadale Castle;

of Keppoch (darunter auch die MacDonalds of Glencoe) und 400 Mann im Regiment der MacDonells of Glengarry (dabei die Grants of Glen Moriston und Glen Urquhart). Später stießen noch die MacDonells of Barisdale hinzu.

Einzig die MacDonalds of Sleat blieben der Rebellion fern, wenn auch die Frau des Chiefs die Jakobiten heimlich mit wichtigen Informationen unterstützte. Baron Alexander MacDonald of MacDonald, Chief der MacDonalds of Sleat, hatte sich von Lord Forbes überzeugen lassen, dem Aufstand fernzubleiben. Selbiges galt für Chief MacLeod of Dunvegan. Weniger wichtige Chieftains beider Clans beteiligten sich jedoch an der Rebellion. Die Stimmung der Clansmen der MacDonalds wie der MacLeods war ganz eindeutig zugunsten des Prinzen. Über 2.400 bewaffnete MacLeods und MacDonalds sammelten sich auf Skye, um gegen die Londoner Regierung und Cumberland zu ziehen. Die Nachricht von Culloden bewog sie aber, wieder nach Hause zu gehen...

Der militärische Verlauf der Rebellion von 1745/46, die Schlacht von Culloden, die Flucht des Prinzen mit der Hilfe von Flora MacDonald sind so oft beschrieben worden, dass hier nur einige Randbemerkungen vonnöten sind. Bei Culloden (16. April 1746) waren die 5000 Mann der Jakobiten in einer völlig unhaltbaren Position aufgestellt. Prinz Charles hatte den Rat seines sehr erfahrenen Ratgebers, Lord George Murray, in den Wind geschlagen und zu allem Überfluß die MacDonalds auf dem linken Heeresflügel postiert. Das machte böses Blut, der Ehrenplatz am rechten Flügel stand den MacDonalds traditionellerweise zu. Während der rechte Flügel und das Zentrum attackierten, schlossen sich die MacDonalds nur zögernd an. Alexander, der 16. Chief der MacDonells of Keppoch, rannte eine Pistole in der Linken, ein Schwert in der Rechten nach vorn, schrie auf gälisch *„Haben mich die Kinder meines Clans verlassen?"*, dann traf ihn eine Musketenkugel. Die letzte aller Highland-Charges auf schottischem Boden endete im Feuer der englischen Truppen.

Der Prinz entkam mit knapper Not. Nachdem er wochenlang die Highlands durchstreift hatte, gelangte er auf der Flucht vor seinen Verfolgern nach Milton auf der Insel South Uist. In einem Bauernhaus traf er am 30. Juni 1746 die damals 24jährige Flora MacDonald, welche mit dem Chief MacDonald of Clanranald verwandt war. Letzterer hatte sie um Fluchthilfe ersucht. Flora verkleidete den Prinzen (der mit 1,85m auffallend groß war) als Frau und gab sie (pardon ihn) als ihre Dienstmagd Betty Burke aus. Der Prinz gelangte so bis Portree, wo er sich am 1. Juli 1746 von Flora verabschiedete. Sie sahen sich niemals wieder.

oben links: Das Grab von Flora MacDonald; oben rechts: Statue von Flora MacDonald vor Inverness Castle; unten: der junge Bonnie Prince Charlie;

Treibende Kraft hinter der waghalsigen Aktion war Floras Mutter gewesen. Sie hatte die Einwilligung ihres zweiten Ehemanns (und Floras Stiefvaters) erhalten. Pikanterweise war der liebende Gatte Kommandeur der örtlichen Miliz und eigentlich beauftragt, den Prinzen zu fangen...

Mit dem Jahr 1746 endete glücklicherweise nicht die Geschichte des Clans Donald, wohl aber die Sonderrolle, die er in der Geschichte Schottlands spielte. In der Überlieferung, d.h. insbesondere den Liedern der Highlands und in der Literatur spielen die MacDonalds eine ganz besondere Rolle. Es wirft ein bezeichnendes Licht auf die schottischen Poeten und Literaten, dass sie sich ganz besonders durch die tragischen Figuren, derer der Clan so viele hervorgebracht hat, inspiriert fühlten: Somerled; John, dem 10. Lord of the Isles; MacColla; MacIain of Glencoe; Alexander MacDonell of Keppoch; durch den unglücklichen Donald Dubh MacDonald und in gewisser Weise auch durch Flora MacDonald[10].

Und vielleicht stimmt der Satz von dem Ende der Sonderrolle der MacDonalds nicht ganz. Obwohl gerade die MacDonalds durch die 'Clearances', also durch die Vertreibung der Pächter aus den Highlands schwer getroffen wurden (und das, obwohl sich ihre Chiefs im Vergleich mit anderen schottischen Grundbesitzern sehr nobel verhielten), bleibt doch der Name MacDonald in Schottland stets präsent. Auf Skye, genauer gesagt auf der Halbinsel Sleat, befindet sich das Zentrum der gälischen Renaissance in Schottland. Hier steht die Station des gälischen Fernsehsenders Abu-tele und das gälische College Sabhal Mor. Ganz in der Nähe präsentieren sich die MacDonalds im Clan Centre von Armandale als Verteidiger der schottischen Kultur, verschiedene Mitglieder des Clans sind mit sehr lesenswerten Büchern zur schottischen Geschichte an die Öffentlichkeit getreten[11].

Somerled hätte sich sicherlich sehr gefreut.

10 *Flora MacDonalds Bediensteter Neil MacEachan, der bei der Rettung des Prinzen eine entscheidende Rolle gespielt hatte, gehört auch zum Clan MacDonald. Er emigrierte später nach Frankreich. Dort wurde 1765 sein Sohn Jacques-Etienne-Joseph-Alexandre MacDonald geboren. 1809 erhob Napoleon diesen fähigen General nach der Schlacht von Wagram zum Marschall von Frankreich, Ritter der Ehrenlegion und Duc de Tarente.*

11 *Zu nennen wären z.B.: Micheil MacDonald: The Clans of Scotland, London 1991; sowie Angus und Patricia MacDonald: The Highlands and Islands of Scotland, London 1991.*

Touristische Hinweise:

Zu den wichtigsten Burgen der MacDonalds zählen Castle Tioram im Loch Moidart (einst Sitz der MacDonalds of Clanranald) aus dem 13. Jahrhundert, das nahegelegene Mingary Castle (Ardnamurchan) und Invergarry Castle in der Nähe der Straße von Fort William nach Inverness (nicht weit entfernt befindet sich die 'Well of the heads').

In Morvern, unweit vom Fährhafen Lochaline, liegen direkt an der Küste die Ruinen von Ardtornish Castle, einst die Residenz der 'Lords of the Isles'.

Auf Skye sind Duntulm Castle (im äußersten Norden der Insel) und die Felsformation des Quiraing landschaftlich höchst sehenswert. Sie stehen in enger Verbindung zur Geschichte der MacDonalds. Angeblich verließen die MacDonalds Duntulm Castle, nachdem eine unvorsichtige Amme den Erben aus einem Fenster hatte fallen lassen. Hinter den Quiraing Needles sollen MacDonalds das gestohlene Vieh der MacLeods und MacKinnons verborgen haben. Auf der Halbinsel Sleat im Süden der Isle of Skye befinden sich die Ruinen von Knock Castle, Dunsgaith Castle und das Clan Donald Centre im Armadale Castle (geöffnet April bis Oktober 9.30 - 17.30 Uhr).

Unbedingt sehenswert ist das Tal von Glencoe, der Schauplatz des großen Massakers von 1692. Das Glencoe Visitor Centre (an der A 82) ist von April - Mitte Oktober von 10 -17 Uhr geöffnet, im Sommer längere Öffnungzeiten.

Council Island, im Loch Finlaggan auf Islay gelegen, steht in direktem Zusammenhang zu den 'Lords of the Isles'.

Der Mord an Erzbischof Sharp am 3. Mai 1679; aus: The Oxford illustrated history, Mansell Collection.

THE

INSTITUTIONS OF THE LAW OF SCOTLAND,

Deduced from its Originals, and Collated with the Civil, Canon, and Feudal-Laws; and with the Customs of Neighbouring Nations.

PART FIRST, and *SECOND.*

BY

Sir JAMES DALRYMPLE *of* Stair, *President of the Session.*

EDINBURGH,
Printed by the Heir of *Andrew Anderson*, Printer to His most Sacred *Majesty*, *Anno* DOM. 1681.

Das schottische Gesetzbuch von Sir James Dalrymple;
aus: The Oxford illustrated history, Bodleian Library.

¶ The Apprehension and confession of three notorious Witches.

Arreigned and by Iustice condemned and executed at *Chelmes-forde*, in the Countye of Essex, *the 5. day of Iulye, last past.*

1589.

¶ With the manner of their diuelish practices and keeping of their spirits, whose fourmes are heerein truelye proportioned.

Erhängen von angeblichen Hexen;
aus: The Oxford illustrated history, Lambeth Palace Library.

Luceo non uro[12]: Die Mackenzies

Lord Seaforth war nicht anwesend. Lady Seaforth hatte die Highland Gentlemen und deren Gefolge zu einer Versammlung auf Brahan Castle, den Sitz des Chiefs Mackenzie, geladen. Coinneach Odhar, oder Brown Kenneth, wie man ihn auf Englisch nannte, war ein Seher, der auf dieser Versammlung eine Probe seiner visionären Fähigkeiten geben sollte. In der Vergangenheit hatte er solch düstere Vorhersagen gemacht, dass z.B. ein fürchterliches Unglück über die Welt kommen werde, wenn eine fünfte Brücke den River Ness überspannen solle[13]. Brown Kenneth berichtete der Versammlung von den Aktivitäten des in Paris weilenden Lord Seaforth. Der Bericht vom Ehebruch ihres Gemahls war nicht dazu angetan, Lady Seaforth zu amüsieren. Tödlich beleidigt ließ sie den Mann, der sie vor den Gästen lächerlich gemacht hatte, ergreifen. Nur wenige Tage später traf Brown Kenneth das Verhängnis. Er wurde in ein Teerfaß gesteckt, dieses vernagelt, angezündet und einen Abhang heruntergerollt. Lord Seaforth traf gerade rechtzeitig ein, die Verwünschungen des zum Tode Geweihten anzuhören, verhindern konnte er die Hinrichtung und damit den Fluch, der seine Familie traf, nicht mehr...

Die Mackenzies tauchten erst relativ spät aus dem Dunkel der Geschichte auf. Eine Beschreibung ihrer Geschichte kommt nicht umhin, sich mit volkskundlichen Aspekten, altem Liedgut oder Volkssagen zu befassen. Hier ist an erster Stelle die Prophezeiung des 'Brahan Seer' zu nennen. In Schottland blieben auch lange nach der Alphabetisierung mündliche Überlieferungen wichtig, was nicht nur für die unteren, oft illiteraten Bevölkerungsschichten galt. Verschiedene Weissagungen und Prophezeiungen, die von unterschiedlichen Personen gemacht wurden, aber insgesamt das Schicksal der Mackenzies und besonders ihrer Chiefs betrafen, verschmolzen in der Überlieferung am Anfang des 17. Jahrhunderts und wurden einer (nicht historischen) Person zugeschrieben - eben jenem mythischen Brahan Seer. Zu diesem Zeitpunkt hatten Macht und Einfluß der Mackenzies ihren Zenit schon überschritten, das kommende Unheil und besonders die Tragik der Familie der Clanchiefs waren exakt der Gegenstand der Prophezeiungen, die mit verblüffender Genauigkeit wahr wurden.

Nach der von der Linie der Chiefs gepflegten Überlieferung stammten sie von Gilleoin of the Aird, dem Begründer der Grafschaft Ross, ab. Mackenzie bedeutet 'Sohn von Kenneth'; anno 1267 hielt ein gewisser 'Kenneth' Ei-

12 *Ich leuchte, aber verbrenne nicht.*

13 *Im August 1939 war es dann soweit, bei Inverness wurde die fünfte Brücke über den Fluß eingeweiht, und ein paar Tage später brach der Zweite Weltkrieg aus.*

lean Donan Castle, eine Schlüsselposition am Kyle of Lochalsh. Eilean Donan Castle, die wohl meistfotografierte Burg Schottlands, war 1220 von König Alexander II. zur Abwehr von Überfällen dänischer Seefahrer gebaut worden. Diese Burg wurde zum Ausgangspunkt der Expansion der Mackenzies von der Westküste zur Ostküste Schottlands, mit großen Besitzungen in Ross und Sutherland. Da sich diese Expansion parallel zum Aufstieg des 'Lordship of the Isles' vollzog, konnten Konflikte mit den 'Lords of the Isles', den Chiefs des Clans MacDonald, nicht ausbleiben.

Der erste Mackenzie von größerer Bedeutung war Alexander, 7. Chief of Kintail, der 1427 an den Hof von König James I. gebeten wurde. Um das Earldom[14] of Ross entbrannten heftige Kämpfe mit den MacDonalds. Zunächst blieben letztere Sieger. Als aber Alexander MacDonald, Neffe des 'Lord of the Isles', 1491 von Inverness Angriffe gegen die Mackenzies unternahm, schlug der Clan der Mackenzies den Angreifer vernichtend. König James IV. erklärte zwei Jahre später das 'Lordship of the Isles' für aufgelöst. Aber schon durch die Erbteilungen innerhalb der Familie, beginnend mit den beiden Söhnen Alexanders, Duncan of Hilton und Hector of Gairloch, verzweigte sich der Clan der Mackenzies. Alexander Mackenzies Enkel John Mackenzie führte den Clan an der Seite König James IV. in die Schlacht von Flodden 1513. John überlebte, während der König und ein großer Teil des schottischen Adels fielen.

Die Schlacht von Flodden, jener Unglückstag in der Geschichte Schottlands, ist in dem Lied „The flowers of the forest" verewigt worden. Die Melodie war schon im 17. Jahrhundert bekannt. Sir Walter Scott nahm das Lied in seine Sammlung „Minstrelsy of the Scottish Border" auf. Theodor Fontane, der Scotts Werk gut kannte, übersetzte das Lied und betitelte es „Die Blumen des Waldes". Man findet es in Fontanes „Jenseit des Tweed" und in allen Gesamtausgaben seiner Gedichte. „The flowers of the forest" ist bis heute Totenklage in Schottland. Als 1982 die Leichname der auf den Falklands gefallenen Soldaten in die Heimat gebracht wurden, spielte ein Dudelsackpfeifer dieses Lied zu ihren Ehren[15].

„Ich hörte sie singen, wenn morgens sie gingen
Die Herde zu melken, die draußen steht;
Nun hör' ich ihr Wehe, wo immer ich gehe -
Die Blumen des Waldes sind abgemäht."

14 *Grafschaft*
15 *Hier die erste Strophe in der Übersetzung Fontanes.*

John Mackenzie kämpfte erneut 1547 bei Pinkie Cleugh gegen die Engländer. Der Londoner Hof war entrüstet über das vom schottischen Kronrat an den Tag gelegte und (aus englischer Sicht) beleidigende Verhalten gegenüber dem neuen englischen König Edward VI. Dieser war 1543 als Fünfjähriger mit Maria Stuart verlobt worden. Nach dem Tode seines Vaters, des Königs Henry (Heinrich) VIII., löste man schottischerseits die Verlobung einfach auf. Damit provozierte man eine englische Strafexpedition. Der Duke of Somerset überschritt mit 12.000 Mann und 80 Kanonen die schottische Grenze und marschierte geradewegs auf Edinburgh zu. Der Regent von Schottland, der Earl of Arran, ordnete eine allgemeine Mobilisierung aller männlichen Schotten zwischen 16 und 60 an. Am 10. September 1547 traf die 25.000 Mann starke schottische Armee auf die zahlenmäßig unterlegenen, aber besser ausgebildeten und bewaffneten Engländer an der südlichen Küste des Firth of Forth. Eine Attacke der schottischen Kavallerie wurde von der englischen Kavallerie zurückgeschlagen. Der linke Heeresflügel der Schotten, Highlander unter dem Earl of Argyll, stand zu dicht am Ufer, wo er durch die Breitseiten einer englischen Flotte, die im Forth kreuzte, furchtbare Verluste hinnehmen mußte. Die schottische Infanterie hielt lange stand, allerdings boten die dichtgeschlossenen Reihen ihrer Pikeniere der englischen Artillerie ein gutes Ziel. Dem stetigen Feuer der Kanonen, Arkebusen und Langbogen ausgesetzt, wankten die schottischen Reihen. Ein Kontingent spanischer Kavallerie auf englischer Seite (unter Pedro de Gamboa) führte kontinentaleuropäische Taktiken vor. Die Reiter näherten sich den schottischen Linien, feuerten Arkebusen und dann Pistolen ab und ritten zurück, um nachzuladen. Im dichten Pulverrauch und bei einsetzendem Regen lösten sich die schottischen Verbände auf, sie wurden von den spanischen und englischen Reitern gnadenlos verfolgt. John Mackenzie entkam. Die englische Strafexpedition verlief trotz des triumphalen Sieges im Sande, Queen Mary (Maria Stuart) blieb auf dem Thron, allerdings war ihre Position mehr als unsicher.

Zu ihren zuverlässigsten Verbündeten in der schottischen Innenpolitik zählte John Mackenzie. Sein Enkel und Nachfolger Colin Mackenzie setzte diese Politik fort, machte jedoch nach der (erzwungenen) Abdankung der Königin seinen Frieden mit dem Regenten James of Moray. Colins Sohn Kenneth wurde 1609 zum 1. Lord Mackenzie of Kintail erhoben, die Mackenzies hatten zu dieser Zeit Lochalsh von den MacDonells erworben. Wenige Jahre später übernahmen sie von den MacLeods die Kontrolle über die In-

oben: Glenshiel; unten Eilean Donan Castle;

sel Lewis. Der Besitz von Eilean Donan Castle war unangefochten in den Händen der Mackenzies, ihre zuverlässigen Vasallen, die Macraes, stellten seit 1520 die Constabler von Eilean Donan Castle.

Im Januar des Jahres 1577, es kann auch im Januar des Jahres 1578 gewesen sein, erging königlicher Befehl aus Edinburgh. Der der Zauberei und Hexerei beschuldigte Brown Kenneth sei von den Gerichtsherren Ross-Shires zu ergreifen und vom Leben zum Tode zu befördern. Der Name dieses Unglücklichen wurde ebenso wie die Beschreibung seines Todes (Verbrennung in einem vernagelten Teerfass) in der Sage auf den Brahan Seer übertragen, der erst im 17. Jahrhundert auftauchte.

Der Besitz der Mackenzies reichte von Lewis im Westen bis zur Black Isle im Osten Schottlands. Colin, 2. Lord Mackenzie of Kintail, wurde 1623 zum Earl of Seaforth erhoben. Der Clan der Mackenzies unterstützte Montrose bei dessen Kampf gegen die Covenanter nicht. George Mackenzie, 2. Earl of Seaforth, stellte aus Bewohnern der Insel Lewis ein Regiment auf, das den Covenant gegen die Truppen Montroses unterstützte. Bei Auldearn (9. Mai 1645) stießen diese Kämpfer paradoxerweise auf die ebenfalls von den Hebriden stammende Leibgarde Alastair MacDonalds (des wichtigsten Unterführers Montroses) und erlitten große Verluste. Militärgeschichtlich interessant ist vor allem die wahrscheinlich letzte Verwendung des Langbogens in großem Ausmaß auf den britischen Inseln: eben durch die Leute Seaforth's (1595 war in England der Langbogen für obsolet erklärt worden, aber noch 1627 unternahm der Herzog von Buckingham mit einer Kompanie schottischer Bogenschützen einen Angriff auf die Ile de Rhe, der allerdings fehlschlug). Im Jahr 1649 wechselte George Mackenzie, der 2. Earl of Seaforth, die Seiten und suchte den im Exil weilenden Charles II. (Sohn des 1649 hingerichteten Charles I.) auf. Die Mackenzies fochten für den jungen König in der Schlacht von Worcester (am 3. September 1651).

Nur 12.000 Schotten standen einer Armee von 30.000 Soldaten der New Model Army unter Cromwell gegenüber. Trotzdem war die Schlacht lange unentschieden, den Ausschlag gab die Inaktivität der schottischen Kavallerie gegenüber den kampferprobten 'Ironsides' Cromwells. Charles II. mußte noch neun Jahre warten, bis er den Thron besteigen konnte. Kenneth, 3. Earl of Seaforth (George war 1651 gestorben), mußte sich mit Cromwell arrangieren. Er erhielt Pardon, vorher waren aber große Teile der den Mackenzies gehörenden Ländereien als Repressalie geplündert und verwüstet worden. Der 4. und der 5. Earl Seaforth waren überzeugte Jakobiten (Anhänger des

Hauses Stuart) und spielten wichtige Rollen im Vorfeld der Jakobitenaufstände, die Ergebnisse waren für den Clan der Mackenzies jedoch katastrophal. In der Schlacht von Sheriffmuir am 13. November 1715 konnten die Jakobiten keinen entscheidenden Sieg gegen die Truppen König Georges (aus dem Hause Hannover) erzielen. Obwohl die Verluste der Jakobiten mit 230 Mann gegenüber 700 auf der Seite des Gegners gering waren, zerstreuten sich die Clanregimenter. Besonders tragisch für die Mackenzies war, dass die meisten Toten der Jakobiten eben Mackenzies bzw. Macraes waren (das kleine Kontingent der Macraes soll der Überlieferung zufolge fast bis auf den letzten Mann ausgelöscht worden sein). Verglichen mit den den englischen Jakobiten auferlegten Strafen waren die Repressalien in Schottland relativ leicht, auch die Chiefs der Mackenzies behielten ihre Titel (Earls of Seaforth und Cromarty), zu wichtigen Staatsämtern erhielten sie aber keinen Zugang mehr. Die Prophezeiungen des Brahan Seer schienen in Erfüllung zu gehen. Im Jahr 1719 kam es zum nächsten Aufstandsversuch. Mit spanischer Hilfe erhoben sich einige Clans der westlichen Highlands, zum Hauptquartier wurde Eilean Donan Castle, der alte Stützpunkt der Mackenzies, bestimmt. Am 10. Mai 1719 beschossen Schiffe der Royal Navy Eilean Donan Castle und legten es in Trümmer. Am 10. Juni 1719 kam es bei Glenshiel zur Schlacht zwischen den königlichen Truppen einerseits, den jakobitischen Hochländern (darunter einige Mackenzies) und einem spanischen Hilfskorps andererseits. Die Jakobiten unterlagen, die Clans verließen ihre Armee. Nach zwanzig Jahren relativer Ruhe kam es 1745 erneut zum Aufstand. Wieder hatten die Mackenzies ihren Anteil. Allerdings war der einstmals mächtigste Clan der Highlands (abgesehen von den MacDonalds) erschöpft. George, 3. Earl of Cromarty, stellte ein Regiment für Charles Edward Stuart auf. Dieser Verband kam erstmals am 17. Januar 1746 bei Falkirk zum Einsatz. Währenddessen hatten sich kleinere Abteilungen schottischer Soldaten, die auf der Seite der Londoner Regierung standen, unter dem Befehl von General Loudon in Inverness verschanzt. Von hier aus unternahmen sie einen Raid, der die Gefangennahme Prinz Charles Edward Stuarts zum Ziel hatte. Der Anschlag schlug fehl, aber diese Flankenbedrohung mußte unter allen Umständen ausgeschaltet werden, denn inzwischen war der Duke of Cumberland mit den britischen Regierungstruppen schon auf dem Weg nach Aberdeen. Am 18. Februar vertrieb eine Streitmacht der Jakobiten Loudon aus Inverness. Loudon verschanzte sich in Dornoch. Der Earl of Cromarty unternahm mit dem Clanregiment der Mackenzies und zwei weiteren Regimentern den Angriff, nahm Dornoch und brachte 300 Gefangene ein. Loudon entkam mit ein paar verbliebenen Kompanien westwärts quer durch das Gebiet der Mackenzies nach

Skye. In Sutherland erlitten Cromartys Leute gegen die 'Independent Companies' der Clans, die loyal zur Londoner Regierung standen (z.B. die Mackays), empfindliche Verluste. Der Earl of Cromarty und sein Sohn, der Lord Macleod, wurden von den regierungstreuen Hochländern in Dunrobin Castle gefangengenommen, mit ihnen viele Mackenzies. Im April 1746 war Cromartys Regiment nur noch eine Ansammlung Versprengter. Bei Culloden (16. April 1746) kamen Mackenzies nur noch im Rahmen des Regimentes der MacDonells of Glengarry zum Einsatz.

Ein Mr. Roderick Mackenzie, Gentleman aus guter Familie, spielte nach Culloden eine wichtige Rolle bei der Flucht des Prinzen. Mackenzie hatte in der Leibgarde des Prinzen gedient und sah ihm entfernt ähnlich. Wie der Chronist des Aufstandes von 1745/46, Johnstone, vermerkte, bot sich Mackenzie an, die Garderobe von Charles Edward Stuart zu tragen, da er von gleicher Statur war wie der Prinz. Auf der Flucht nach der Niederlage von Culloden verwechselte verfolgende englische Kavallerie ihn mit dem Prinzen. In dem folgenden Handgemenge wurde Roderick Mackenzie getötet. Sein Kopf wurde nach London geschickt, dort war er aber nicht mehr zu identifizieren, die Suche nach dem 'Young Pretender' wurde fortgesetzt[16].

Wieder sollte sich die Prophezeiung des Brahan Seer bewahrheiten, die Earldoms von Seaforth und Cromarty wurden aufgehoben. George, ehedem 3. Earl of Cromarty, wurde zum Tode verurteilt, dann begnadigt unter der Bedingung, seinen Wohnort in England zu nehmen. Anderen Mackenzies erging es schlechter, zwei wurden hingerichtet, 79 in die Kolonien deportiert. Der Titel 'Earl of Cromarty' blieb bis 1861 aufgehoben.

Kenneth Mackenzie, Chief der Mackenzies, gelang es, das ebenfalls aufgehobene Earldom of Seaforth wiederzubeleben und umfangreiche Ländereien rund um Loch Maree und Glen Torridon zu erwerben. Als Gegenleistung stellte er 1778 das 78th Regiment of Foot auf, die Seaforth Highlanders, die sich im Amerikanischen Unabhängigkeitskrieg und in den Napoleonischen Kriegen auszeichneten. Später wurden sie mit den Cameron Highlanders zusammengelegt, in den 90er Jahren dieses Jahrhunderts auch noch mit den Gordon Highlanders. Das aus den drei traditionsreichen Hochlandregimentern gebildete 'Regiment of the Queen's Own Highlanders' trägt den Mackenzie-Tartan.

Nach dem Tode Kenneth's ging die Würde des Chief an einen Cousin über, Lieutenant-General Francis Humberstone Mackenzie (1754-1815), Soldat, Na-

16 *Vgl. Johnstone, Chevalier de: Memoirs of the rebellion, Stratford-upon-Avon 1993 (= Cromwell Films Campain Book: Culloden, The Last Highland Charge), Seite 90-91.*

turforscher und Politiker, dessen Erfolge noch bemerkenswerter erscheinen angesichts der Tatsache, dass er seit seiner Kindheit hörbehindert war. Nach dem Tod seiner vier Söhne verlor er auch noch sein Sprechvermögen. Auch diese Tragödie kann man aus den Weissagungen des Brahan Seer herauslesen.

Sir Alexander Mackenzie (1755-1820) vollbrachte großartige Leistungen bei der Erforschung des nordamerikanischen Kontinentes. Er entdeckte 1789 den Großen Sklavensee und den Mackenzie-River. In den Jahren 1792/93 überquerte er die Rocky Mountains, zu einer Zeit also, als sich die Mackenzies der Seaforth-Highlanders im Kampf gegen französische Revolutionstruppen befanden.

Nur den Namen gemein mit dem Clan hingegen hatte der 1883 geborene englische Romancier Sir Compton Mackenzie, eigentlich hieß er nämlich Edward Montague Compton. Sein berühmtestes Werk, „Whisky Galore", hingegen ist echt schottisch. Im Jahr 1941 strandete bei Eriskay der Frachter 'SS Politician'. Seine hauptsächlich aus Whisky bestehende Ladung wurde trotz der Bemühungen von Polizei und Zoll ein Opfer des Durstes der Hebridenbewohner. Compton Mackenzie verarbeitete diese Vorlage zu einem wunderbaren Roman, der dann auch gleich (1948) verfilmt wurde.

Oder wie es in dem Song einer bekannten schottischen Rockband heißt, der letzte Mensch dieser Erde wird vermutlich ein Schotte sein..., und er wird Mackenzie heißen.

Die Schlacht von Flodden Field in zeitgenössischer Darstellung.
aus: The Oxford illustrated history (Fotomas index)

Touristische Hinweise:

Von Brahan Castle (nahe von Dingwall) stehen nur noch spärliche Ruinen.

Am Chanonry Point in Fortrose steht das Denkmal für den (angeblich) hier hingerichteten Brahan Seer.

Eilean Donan Castle vermittelt hingegen dank der Restaurierungsmaßnahmen vom Beginn des 20. Jahrhunderts einen sehr plastischen Eindruck einer schottischen Burg. Es steht an der Straße von Invergarry nach Kyle of Lochalsh und ist durch eine lange, vielbogige Brücke mit dem Festland verbunden. Die Straße führt direkt daran vorbei (Parkplatz).

Von Ostern bis September ist die Burg täglich von 10 - 18 Uhr geöffnet.

Dunrobin Castle, die Burg der Herzöge von Sutherland, spielte auch eine Rolle in der Geschichte der Mackenzies. Sie liegt an der Straße von Inverness nach Wick und ist von Juni bis September Montag bis Samstag von 10.30 - 17.30 Uhr geöffnet, sonntags von 13.00 - 16.30 Uhr, im Mai und Oktober gelten kürzere Öffnungszeiten. Der Garten ist ganzjährig geöffnet.

links: Chanonry Point; rechts: Offizier des 78th Highland-Regiments („Seaforth-Highlanders")
Abb.: J.B.R. Nicholson: Alte Uniformen.

Maria Stuart; „Mary, Queen of the Scots.

Von koeniglichem Blut: Stewart of Appin

James Stewart, Earl of Moray und Regent von Schottland, war ein unehelicher Sohn König James' V. und damit ein Halbbruder von Mary, Queen of the Scots.

Irgendwann 1569 oder 1570 erschoß ihn ein Hamilton, den er zuvor ungerecht behandelt hatte. Man setzte die sterblichen Überreste von James Stewart in der St. Giles Kathedrale bei. Doch ihre letzte Ruhe haben sie dort nicht gefunden. Die Geschichte hätte ihr Bewenden, wenn nicht kurz nach dem I. Weltkrieg die Gruft geöffnet worden wäre. Man fand u.a. die Decke eines Schädels, die man an Francis Stuart, den 18. Earl of Moray, schickte. Der war eines der ersten Fliegerasse des Royal Flying Corps gewesen und hatte sich seinen makaberen Humor bewahrt. Durch geschmackvolle Silberapplikationen wurde aus dem Schädel des Vorfahren ein Trinkbecher. Der tendierte allerdings dazu zu lecken. Deshalb wurde er zum Zwecke des Aufbewahrens von Nüssen oder Keksen verwendet.

Das königliche Haus der Stuarts hatte seine Ursprünge in der Regierungszeit König Davids I. (1124-1153), als der König seinen Vertrauten Walter FitzAlan zum High Steward of Scotland (ein Hofamt) machte. Walter war der Sohn von Alan Fitzflaad, jener wiederum Neffe von Alan 'dem Roten', einem bretonischen Adligen, der mit Wilhelm dem Eroberer 1066 nach England gekommen war. Unter der Herrschaft von Davids Enkel Malcolm IV. (1153-1165) wurde Walters Hofamt zu einem erblichen Titel. Für die nächsten zweihundert Jahre nannte man das jeweilige Familienoberhaupt 'The Steward', daraus wurde der Familienname 'Stewart'. Ein jüngerer Sohn des 4. Stewart, Sir John Stewart of Bonkyl, kämpfte für William Wallace und fiel 1297. Walter, der 6. Chief Stewart, kommandierte als 21jähriger ein Schiltron schottischer Soldaten bei Bannockburn 1314. Nach dem überwältigenden Sieg heiratete er Marjorie Bruce, die Tochter des Königs. Ihr gemeinsamer Sohn wurde als Robert II. König von Schottland (1371-1390).

Als königliche Dynastie vermochten die Stewarts zu überzeugen: von 1371 bis 1603 stellten sie die schottischen Könige, von 1603 bis 1714 (mit Unterbrechungen) die Könige von England und Schottland; sie hielten zu der einen oder anderen Zeit 13 Herzogtümer und 17 Grafschaften[17] in Großbri-

17 *Da wären die Grafschaften von Angus, Arran, Atholl, Bothwell, Buchan, Bute, Caithness, Carrick, Fife, Galloway, Mar, March, Menteith, Moray, Orkney, Strathearn und Traquair. Vgl. Montcreiffe, Sir lain: The Highland Clans, London 1961, Seite 223.*

tannien. Sie stellten drei Kardinäle und zwei britische Premierminister, sie stellten einen Herzog in Italien, drei in Frankreich und zehn in Spanien.

Es gab und gibt aber auch einen weitverzweigten Highlandclan Stewart (der den Wechsel der Schreibweise zum romanisierten Stuart nicht mitvollzog). Diese Stewarts waren nicht automatisch Gefolgsleute des königlichen Hauses Stuart, mit der Ausnahme der Stewarts of Appin, die von 1640 bis 1746 die Könige des Hauses Stuart vorbehaltlos unterstützten. Daneben existierten noch weitere 'branches' wie Stewart of Ardsheal, Stewart of Lorne, Stewart of Atholl, Stewart of Bute, Stewart of Galloway, Stewart of Balquidder, Stewart of Grandtully.

König Roberts III. bemerkenswerter Bruder Alexander Stewart, Earl of Buchan, trug den wohlverdienten Beinamen 'Wolf of Badenoch'. Als ihn der Bischof von Moray exkommunizierte, weil er seine Ehefrau zugunsten seiner Geliebten verlassen hatte, brannte er kurzerhand die Stadt Forres und die Kathedrale von Elgin nieder (im Jahre 1390). Sein Sohn war von ähnlich gewalttätigem Charakter. Er hatte ein Auge auf die Landschaft Mar geworfen. Nun war die Countess of Mar mit Sir Malcolm Drummond of Stobhall verheiratet. Sir Malcolm, durch seine Heirat Lord of Mar, war ein tapferer Mann, der sich in der Schlacht von Otterburn im Jahre 1388 ausgezeichnet hatte. Alexander Stewart of Badenoch (junior) stiftete eine Gruppe von Highlandern an, Sir Malcolm zu entführen. Die Bande verschleppte den edlen Lord und quälte ihn zu Tode. Die unglückliche Countess of Mar, die nicht wußte, wer hinter der grausamen Tat steckte, heiratete Stewart of Badenoch, dessen perfider Plan aufging. Es war dieser Stewart, der den Vormarsch der MacDonalds 1411 bei Harlaw stoppte.

Robert Stewart, Duke of Albany, war der schottische Regent von 1388 bis 1420. Während der 18jährigen Gefangenschaft von König James I. regierten er bzw. sein Sohn Schottland. Robert Stewart hatte zumindest nominell den Oberbefehl bei Harlaw 1411 (das Schlachtgeschehen lenkte in Wirklichkeit sein bemerkenswerter Neffe Alexander Stewart of Badenoch). Außerdem schuf Robert Stewart mit der Burg Doune Castle (bei Stirling) ein bemerkenswertes architektonisches Zeugnis für den Machtzuwachs der Familie Stewart. Jenem konnte die Zahl der Stewart-Clansmen nicht mehr gerecht werden, für die weitreichenden Ambitionen der verschiedenen Magnaten aus dem Hause Stewart reichte der eigene Clan längst nicht mehr aus. Man mußte sich auf angeworbene Söldner verlassen. Aber konnte man sich auf die wirklich verlassen? Die Anlage der Verteidigungsanlagen von Doune Castle ähnelt denen der Camps der amerikanischen 'Green Berets' aus dem zentralen Hochland von Vietnam aus dem Zweiten Indochinakrieg. Wo die amerikanischen Spezialeinheiten sich nicht hundertprozentig auf ihre Verbündeten verlassen konnten, legten sie innerhalb des eigentlichen Verteidigungsringes noch ein befestigtes Quartier für sich und die ihnen treu ergebenen Krieger des Nung-Stammes an. Auch Doune Castle erhielt einen speziellen Wohnturm für die Familie und das engere Gefolge des Dukes. Der schien berechtigte Sorgen gehabt zu haben, was alles geschehen könnte, wenn der eigentliche Feind innerhalb der Burg auftreten würde. So war der herzogliche Wohnturm stark befestigt und ohne Zugang von den Gästequartieren und den Truppenunterkünften[18]. Später war die Burg Sitz des durch die Ballade berühmten 'Bonnie Earl of Moray', auch ein Angehöriger der Familie Stewart. Er wurde in einer Fehde von den Gordons getötet.

Die mächtigen Stewarts of Appin waren unversöhnliche Feinde der nicht minder mächtigen Campbells. Der Gründer oben genannten Zweigs des Clans war Dougal Stewart. Sein Vater, John Stewart of Lorne, war 1463 von den MacDougalls ermordet worden. Die Landschaft Lorne war im Hochmittelalter Besitz der einflußreichen MacDougalls, die im Unabhängigkeitskrieg mit dem englischen König sympathisiert hatten und von König Robert the Bruce am Pass of Brander vernichtend geschlagen worden waren. Die MacDougalls machten zwar ihren Frieden mit dem schottischen Königshaus, mit ihrem Einfluß und ihrem großen Territorialbesitz war es allerdings vorbei. Lorne fiel größtenteils den Campbells und den Stewarts zu, die Robert the Bruce gegen die englischen Könige unterstützt hatten. Mit dem Mord an John Stewart of Lorne entschied sich der Disput zugunsten der Campbells. Dougal Stewart konnte noch den Distrikt von Appin für die Stewarts retten. Die Ländereien der Stewarts of Appin waren eine Ausgangsbasis für die Feldzüge von James IV. gegen die MacDonalds - die Urkunde zur Aufhebung des 'Lordship of the Isles' war auf Castle Stalker, einer Burg der Stewarts of Appin, unterzeichnet worden. Castle Stalker, auf einer Insel im Loch Linnhe gelegen, war lange der Sitz der Chiefs der Stewarts of Appin. Im 15. Jahrhundert hatte es Duncan Stewart, Sohn Dougal Stewarts, gebaut. Es diente König James, dem königlichen, doch entfernten Verwandten des Chiefs, als Jagdschloß und (wie sein anderes Jagd-

18 *Vgl: Fry, Planetagenet Somerset: Castles of Britain and Ireland, London 1996, Seite 258-259.Anderen Autoren zufolge war Murdoch Stewart, Duke of Albany und Regent von Schottland von 1420 bis 1424, der Erbauer. Murdoch war der Sohn Robert Stewarts, er wurde auf Befehl König James'I. 1425 getötet, Doune Castle von der Krone konfisziert. In der Rebellion von 1745/46 wurde es von MacGregor of Glengyle für Prinz Charles Edward Stuart gehalten und diente als Kriegsgefangenenlager.*

schloß Loch Ranza Castle) als Basis für seine Feldzüge gegen das 'Lordship of the Isles'. Zur Belohnung für dessen Unterstützung ernannte der König Chief Duncan zum 'Chamberlain of the Isles'.

König James hatte seine Krone sehr jung erworben: auf dem Schlachtfeld. Er sollte sie samt seinem Leben auf dem Schlachtfeld wieder verlieren: um einen noch jüngeren Thronerben zu hinterlassen.
Wenn es eines Beleges dafür bedarf, dass der Tod eines Monarchen zur Unzeit die Zukunft eines Landes nachhaltig in Mitleidenschaft ziehen kann, die Linie der Stuart-Könige in Schottland illustriert diese These beispielhaft. Von James II. bis James V. bestiegen die Könige aus dem Hause Stuart den Thron als junge, unreife Menschen - z.T. im Kleinkindalter. Meist sahen sie sich einer Kuratel oder gar Regentschaft schottischer Magnaten ausgesetzt, derer sie sich meist mit Gewalt zu entledigen suchten. Kämpfe mit der innerschottischen Opposition oder dem übermächtigen Gegner südlich der Grenze kosteten James I., James II., James III. und schließlich James IV. Leben und Krone, welche jeweils einem minderjährigen Erben zufiel.
Unser eingangs erwähnter König James (James IV. Stuart) hatte 1488 an der Seite einer Adelsfronde gegen seinen Vater gefochten. Mit dem Sieg von Sauchieburn (18. Juni 1488) und dem Tode seines Vaters erwarb er 15jährig den schottischen Thron. Schon in jungen Jahren offenbarte er große Tatkraft, so z.B. als er in den 90er Jahren des 15. Jahrhunderts mit der Hilfe des Bischofs von St. Andrews gegen den Separatismus der MacDonalds im Westen vorging (Aufhebung des 'Lordship of the Isles'). Außerdem belebte er die 'Auld Alliance' mit Frankreich 1512 neu, allerdings sehr zum Schaden Schottlands. Bis zum antikatholischen (und antifranzösischen) Wirken des schottischen Reformators Knox zur Zeit der Maria Stuart war die Allianz mit Frankreich eine tragende Säule der schottischen Politik gewesen. Allerdings war diese Allianz in der Zeit der englischen Bürgerkriege ('Rosenkriege') zwischen den Häusern York und Lancaster kaum in Anspruch genommen worden, weil damals der englisch-schottische Konflikt zu einer Reihe privater Fehden mächtiger Adelsfamilien in den Borders herabgesunken war. Mit James IV. von Schottland und Henry (Heinrich) VIII. von England traten aber zwei ambitionierte und willensstarke Monarchen auf den Plan. Henry VIII. schloß ein Bündnis mit dem Reich, das unter Kaiser Maximilian eine französisch-päpstliche Koalition bekämpfte. Henry griff 1513 in die Auseinandersetzung ein und versuchte, den englischen Besitz um Calais auf Kosten des franzö-

sischen Königreiches zu vergrößern. Der französische König Louis XII. wandte sich an James IV. um Unterstützung, und dieser ließ sich nicht lange bitten. Die Abwesenheit des englischen Königs und die Waffenhilfe des französischen Alliierten (in der Form langer Piken) bewogen James zu einer Invasion in England. Es gab noch eine alte Ehrenschuld abzutragen: James' Ehefrau war Margaret Tudor, just die Schwester von Henry VIII. Beider Vater, König Henry VII., hatte Margaret kostbare Juwelen vermacht, die jedoch der unter chronischem Geldmangel leidende Henry VIII. nicht hatte herausgeben wollen (die Ehe zwischen James IV. und Margaret Tudor begründete den Anspruch der Stuarts auf den englischen Thron).
In der Nähe Edinburghs sammelte sich ein schottisches Heer von 35.000 Mann, Highlander, Lowlander, Orkadier, Borderer, Leute von den Hebriden. Der charismatische James IV. hatte tatsächlich fast ganz Schottland aufbieten können. Eine wertvolle Hilfe waren auch rund 5.000 französische Berufssoldaten unter dem Comte d'Aussi. Allerdings waren weder die französischen Instrukteure noch die Piken ein Allheilmittel. Zum richtigen offensiven Einsatz der Pike (analog den deutschen Landsknechten) fehlte den meisten schottischen Soldaten die Ausbildung, fast allen ihren Kommandeuren die taktischen Fähigkeiten.
Am 22. August 1513 überschritt diese Armee den Tweed. Auf englischer Seite war man aber nicht unvorbereitet. Der 70jährige Earl of Surrey, Befehlshaber der englischen Nordprovinzen und Veteran vieler Schlachten des Bürgerkrieges, sammelte 26.000 Mann und übernahm am 8. September 1513 die Initiative. James wartete mit seiner auf dem Flodden Hill positionierten Armee auf den Angriff Surreys, der jedoch marschierte in den Rücken der schottischen Stellung, ihre 'lines of communication' kappend. Surrey und seine beiden Söhne übernahmen das Kommando über die drei wichtigsten Heeresgruppen der englischen Armee, am äußersten linken Flügel stand noch eine kleine Streitmacht unter Lord Stanley, 3.000 Mann (zumeist Reiter) unter Lord Dacre bildeten die Reserve. Das eröffnende Artillerieduell ging klar zugunsten der Engländer aus. Zunächst schalteten ihre 18 Feldkanonen die schottische Artillerie aus, dann dezimierten sie mit gezieltem Feuer die schottische Infanterie. Nach einer Stunde unter schwerem Beschuß widersetzten sich zwei schottische Befehlshaber dem Befehl ihres Königs, einen englischen Angriff abzuwarten, und ließen ihre Divisionen hügelabwärts attackieren. Der in der Art deutscher Landsknechte in geschlossenen Formationen vorgetragene Angriff der Borderer und Gordons warf den rechten englischen Flügel. Das Ein-

oben: Elgin Cathedral; unten Castle Stalker;

greifen der berittenen Reserve Lord Dacres bewahrte ihn jedoch vor der Vernichtung. Mittlerweile hatte König James selbst Befehl zum Angriff gegeben. Allerdings fehlte dem schottischen Hauptangriff die Durchschlagskraft: das letzte Wegstück mußte bergan attackiert werden, die schottischen Infanteristen waren im Umgang mit der 15 Fuß langen französischen Pike nicht geübt, der Boden war vom Regen aufgeweicht. Trotzdem hatte der Angriff unter der persönlichen Führung des Königs heftige englische Verluste zur Folge. König James sah den Zeitpunkt für das Eingreifen der schottischen Reserve, die noch auf dem Hügel stand, für gekommen. Die Stuarts of Appin, Campbells, Mackenzies, MacDonalds und MacLeans orientierten sich gerade vorwärts, als sie ein Flankenstoß der englischen Flügelbrigade unter Lord Stanley unvorbereitet traf. Die mit Langbogen und Hellebarden vorzüglich ausgerüsteten Engländer warfen die Hochländer zurück und beherrschten nun den Höhenzug im Rücken der schottischen Hauptstreitmacht, die unter der persönlichen Führung von König James verzweifelt um ihr Überleben kämpfte. Mit Sonnenuntergang griff Stanley das schottische Zentrum an, zugleich erfolgte noch eine Kavallerieattacke Lord Dacres. König James hatte sich mit seinen Leuten zur Rundumverteidigung eingerichtet, es wurde kein Pardon gegeben, es wurden keine Gefangenen gemacht. Während die Engländer 4.000 Tote zu beklagen hatten, fielen auf schottischer Seite 9.000 Mann, darunter der König, sein unehelicher Sohn (der Bischof von St. Andrews), der Bischof von Caithness, der Gouverneur von Edinburgh, ein Dutzend Earls, diverse Häuptlinge von Hochland-Clans, die Blüte des schottischen Adels und der Kern der schottischen Armee. Von ihrem vorzeitigen Ende kündet das Klagelied „The Flowers o' the Forest are wede away", das von Sir Walter Scott übernommen und von Theodor Fontane ins Deutsche übertragen wurde[19].

Bei einem Raid der Stewarts of Atholl gegen das Städchen Coupar Angus im Jahre 1600 spielte ein Dudelsackpfeifer auf. Danach wurde der Dudelsack als Musikinstrument nicht nur bei Festivitäten oder im geselligen Rahmen gespielt, sondern in erster Linie als Begleitinstrument beim Zug in die Schlacht. Nach dem letzten Jakobitenaufstand beeilte sich die Londoner Regierung, ihn 1747 als „instrument of war" zu verbieten.

Die Stewarts of Appin schlossen sich dem Marquis of Montrose kurz vor der Schlacht von Inverlochy 1645 an, sie kämpften unter seinem Kommando

19 *Köllmann, Obieglo, Jablonski: Die Blumen des Waldes sind abgemäht, Aufstieg und Untergang von James IV., in: Anno Domini 1/ 1998*

bei Auldearn und Kilsyth. Die Stewarts of Balquidder hingegen schlossen sich 1646 der Gegenseite an, um die Besitzungen der Royalisten zu plündern, obwohl sie anfangs noch Montrose unterstützt hatten.

Während der Kriegszüge Montroses machte ein berühmter Stewart von sich reden: der 'Mad Major' James Stewart. James Stewart of Ardvorlich wurde 1589 geboren. Seine Mutter war hochschwanger, als sie ungebetenen Besuch bekam. Einige MacGregors erschienen in ihrem Haus, und als die Gastgeberin Essen und Trinken für die Gäste bereitete, legten diese den abgeschlagenen Kopf des von ihnen getöteten Bruders der Gastgeberin auf den Tisch. Lady Ardvorlich floh entsetzt und brachte unter freiem Himmel ihren Sohn James zur Welt. Der Ehemann und Vater, Alasdair Stewart of Ardvorlich, nahm prompt Rache und ließ ein Dutzend MacGregors bei Meovie an einer Eiche aufhängen. Später zeigte er Großmut, als er einige MacGregors, die von der Krone und den Campbells erbarmungslos verfolgt wurden, versteckte. Sein Sohn James war ebenso ein Mann klarer Standpunkte. Er überraschte einmal ein marodierendes Mitglied der MacDonalds of Glencoe. Jener Missetäter hatte eine Magd, die sich verzweifelt wehrte, zu Boden gerungen, als der 'Mad Major' der Angelegenheit ansichtig wurde, die Situation richtig interpretierte, und den Unmenschen mit einem hervorragenden Schuß erledigte.
Im Jahr 1642 starb sein Sohn Alexander an den Folgen einer wüsten Schlägerei unter Studenten in St. Andrews. Ein anderer Sohn, Harie Stewart, fiel im Kampf für Montrose bei Tippermuir 1644. Die Trauer des 'Mad Major' wurde durch die Tatsache, dass seine Ländereien durch die Leute Alaistair MacDonalds verwüstet wurden, nicht gemildert. MacDonald gehörte ebenso wie er selbst zu den wichtigsten Gefolgsleuten Montroses. In einem Anfall von Jähzorn erdolchte er einen Verwandten Montroses, den Lord Kinpont. Der 'Mad Major' mußte Hals über Kopf flüchten. Im Lager von Montroses Gegnern nahm man ihn mit offenen Armen auf.
Selbst nach seinem Tod gaben seine Gegner nicht auf: der Leichenzug mußte anhalten und der Sarg verborgen werden, weil man einen Hinterhalt ausgemacht hatte. Erst als die Zeiten ruhiger wurden, konnte man den Sarg bergen und dann den 'Mad Major' an würdiger Stelle beisetzen.

Die Stewarts of Appin schlossen sich unter Führung von Charles Stewart of Ardsheal dem 'Young Pretender', Prinz Charles Edward Stuart, im August 1745 an.

Sobald die Nachricht von der Landung des Prinzen in Schottland Robert Stewart of Appin, den Chief der Stewarts of Appin, erreichte, stellte er ein Regiment aus seinen Clansmen auf. Das Kommando wollte er seinem einzigen Sohn Dugald übertragen, da er selber schon sehr alt war. Dugald, der in Edinburgh studierte, erwiderte, dass er lieber sein Erbe mit diversen Weibern verschleudern wolle, als es für ein derart unnützes Bemühen, wie eine Rebellion gegen die Krone, aufs Spiel zu setzen. So bestimmte denn Robert Stewart einen nahen Verwandten, Charles Stewart of Ardsheal, zum Kommandeur. Allein, der wollte auch nicht so recht, bis ihn seine junge Frau Isobel vor die Wahl stellte. Entweder solle er das Regiment kommandieren oder zu Hause bleiben, während sie das Regiment in die Schlacht führte. Dieser gewinnenden Argumentation konnte sich selbst der etwas behäbige Charles Stewart of Ardsheal nicht verschließen.

Der erste Kampfeinsatz des Regiments war bei Prestonpans (am 21. September 1745). Das Regiment schien nur leichte Verluste gehabt zu haben, ein Captain Robert Stewart wurde getötet. Donald MacDonald, Dougal Stewart und John Stewart mußten in der Obhut des Lazaretts von Edinburgh zurückgelassen werden, als die Armee der Jakobiten nach England aufbrach, dabei waren 360 Soldaten des Regiments der Stewarts of Appin. Die Schlacht von Falkirk kostete das Regiment wiederum nur relativ leichte Verluste, ein Mann (wieder ein Captain Robert Stewart) wurde getötet, zwei weitere verwundet, zwei fielen in Gefangenschaft.

Die Schlacht von Falkirk (am 17. Januar 1746) fand in einer Umgebung statt, die schon viele Gefechte zwischen Engländern und Schotten gesehen hatte. Ende 1745 war der neue englische Kommandeur, Lieutenant-General Hawley, in Edinburgh angekommen. Die Armee der Jakobiten war aus dem Süden zurückgekehrt und hatte begonnen, Stirling Castle zu belagern (dank des klugen Einsatzes seiner Artillerie konnte der Festungskommandant die Belagerung überstehen). Am 16. Januar 1746 marschierte Hawley mit 8000 Mann nach Falkirk, um die zahlenmäßig leicht unterlegene Armee der Jakobiten anzugreifen. Irgend etwas schien den aber sonst so entschlußfreudigen Hawley aufgehalten zu haben, wahrscheinlich die Reize der Countess Kilmarnock (die für die Jakobiten arbeitete). Erst am 17. Januar um 2 Uhr nachmittags hatten sich die englischen Truppen fertig postiert. Die Jakobiten hatten die Zeit genutzt, sich nach dem Ratschlag von Lord George Murray auf hochgelegenem Gelände aufzustellen. Hier warteten sie -

entgegen aller Gewohnheit - auf den englischen Angriff. Und Hawley tat ihnen diesen Gefallen. Er beorderte 700 Dragoner zum Angriff, die Jakobiten ließen sie auf zehn Yards herankommen, feuerten dann eine Salve, die 80 Dragoner aus den Sätteln fegte. Die anderen Dragoner wurden mit Nahkampfwaffen angegangen, und als die Überlebenden ihr Heil in der Flucht suchten, vergaßen die Highlander die Instruktionen Lord George Murrays und stürmten den Hügel bergab. Sie waren in so kurzer Zeit heran, dass den Rotröcken keine Zeit blieb, mehr als ein paar wenige Salven abzufeuern. Die englische Infanterie zog sich ungeordnet zurück. Nach nur einer halben Stunde Kampf beherrschten die Jakobiten das Schlachtfeld, sie hatten 50 Mann Verluste, die Armee Hawleys rund 280. Hawley entkam und zerschlug vor Verzweiflung sein Schwert am Marktkreuz von Falkirk. Hätte der 'Young Pretender' über eine zahlenmäßig stärkere Kavallerie verfügt, hätte dieser Sieg ausgenutzt werden können, so brachte er nicht mehr als eine Atempause.

Nach den Aufzeichnungen Thomas Sandbys hat die Einsatzstärke des Stewart-Regiments bei Culloden nur rund 170-190 Mann (inklusive Offiziere) betragen. Die Verluste des Regiments bei Culloden waren ungeheuerlich. Captain Alexander Stewart of Invernahaly (der selbst einen Neffen verlor und wie elf weitere Angehörige seiner Familie verwundet wurde) fertigte eine Liste der Verluste an, wahrscheinlich um mit dieser Statistik bei der Verteilung der französischen Subsidien (das berühmte Gold vom Loch Arkaig) an die Opfer der Katastrophe von Culloden helfen zu können. Die Verlustliste zeigt ein Bild des Schreckens: 22 Getötete und 25 Verwundete aus der Gruppe der Highland Gentlemen, 68 getötete und 40 verwundete 'Commoners'[20]. Insgesamt hatte das Regiment 90 Tote, 65 Verwundete und acht Gefangene zu beklagen. Angesichts der oben angegebenen geschätzten Gesamtstärke dürfte klar sein, dass kaum ein Soldat des Stewart of Appin Regiments unverwundet entkommen sein dürfte. Sein Kommandeur erschien nicht auf dem Treffen der Jakobitenoffiziere bei Murlaggan und er brachte seine Leute auch nicht zum Sammlungspunkt bei Invermallie: nach Culloden war das Regiment einfach nicht mehr existent.

Das Regiment Roy Stuart, das ebenfalls an der Schlacht von Culloden teilnahm, bestand aus in Edinburgh und Umgebung angeworbenen Freiwilligen und war kein Clanregiment[21].

20 *Diese 'Commoners' sind mit Nachnamen identifiziert: 18 McColls, 13 Mac Larens, 6 Carmichaels, 5 MacIntyres, 4 MacInnises usw. Ein Stewart befindet sich nicht darunter. Die Highland Gentlemen des Clans Stewart standen in der ersten Schlachtreihe mit Schwert und Schild, sie waren fast alle Offiziere.*

21 *Vgl.: Barthorp, Michael und Embleton, G.A.: The Jacobite Rebellions, 1689-1745, London 1982, Seite 22.*

Charles Stewart of Ardsheal flüchtete über Flandern nach Frankreich, wo er 1757 starb. Sein Sohn Duncan emigrierte nach Amerika, wo er sich in Boston niederließ.

Nach dem Ende des Amerikanischen Bürgerkrieges reiste General John Campbell of Strachur in Begleitung eines weiteren Campbells nach Boston, um den ehemaligen Kriegsschauplatz (auf dem sie wenige Jahre zuvor gekämpft hatten) zu besichtigen. Sie reisten beide in Zivil, wurden aber als Offiziere der britischen Armee erkannt und landeten unter Anklage der Spionage im Gefängnis. Ihnen drohte die Todesstrafe, als sie zufällig von Duncan Stewart od Ardsheal hörten und ihm eine Nachricht zukommen ließen. Der sah in ihnen nur die schottischen Landsleute und nicht die Angehörigen des verfeindeten Clan Campbell. Er verhalf beiden zur Flucht und mußte wenig später selbst Boston verlassen, da der Verdacht auf ihn fiel. Er begab sich nach Glasgow, wo er zufälligerweise General John Campbell über den Weg lief. Der brachte ihn ohne Verzug zum Duke of Argyll[22]*, dem Chief aller Campbells, ins Schloß nach Inveraray. Der Duke, der ein Gentleman von besonders edlem Charakter war, sprach bei König George III. vor. Duncan Stewart of Ardsheal erhielt sein Land zurück und wurde einer der engsten Freunde des Duke of Argyll.*

Im Jahr 1752 wurde auf dem Gebiet der Stewarts of Appin Sir Colin Campbell, der Bruder des Dukes of Argyll[23], erschossen. Sofort wurde die Tat mit Allan Breck Stewart in Verbindung gebracht, der sich in den Highlands aufhielt (in französischer Uniform), Freiwillige für die schottischen Regimenter des französischen Königreiches anzuwerben und Informationen einzuholen. Während die Fahndung nach ihm erfolglos blieb, wurde sehr rasch James Stewart of the Glens verhaftet und angeklagt, obwohl eine Tatbeteiligung James', im Gegensatz zu der Allan Brecks wirklich durch nichts zu belegen war. Seine Verhandlung war der einzige Kriminalprozeß, dem der Duke of Argyll als Lord Justice General persönlich vorsaß. Aber der Konflikt zwischen Campbells und Stewarts of Appin war ja auch schon jahrhundertealt...[24] Ein Gedenkstein markiert die Stelle der Hinrichtung James Stewarts of the Glens.

---

22 *John Campbell of Mamore, seit 1761 Duke of Argyll, Vetter von Archibald Campbell.*

23 *Archibald Campbell, Duke of Argyll, gestorben 1761.*

24 *Robert Louis Stevensons Abenteuerromane „Kidnapped" und" The Adventures of David Balfour" basieren auf dem Appin Murder.*

Dugald, der 9. Chief Stewart of Appin, wurde 1765 gezwungen, große Besitzungen zu verkaufen. Nachdem der letzte Stewart of Appin aus der Linie der Chiefs nach langer Trunksucht verstarb, wurde der oben genannte Duncan Stewart of Ardsheal Chief der Stewarts of Appin - und damit war der Schlußstrich unter die Feindschaft zwischen Stewarts und Campbells gezogen.

Die Stewarts of Balquidder hingegen konnten ihre Besitzungen am Ben Vorlich bis auf den heutigen Tag zusammenhalten.

Touristische Hinweise:

Unbedingt sehenswert sind Doune Castle und Castle Stalker. An beiden Burgen sind in diesem Jahrhundert umfangreiche Restaurierungsmaßnahmen durchgeführt worden, so dass sie ein eindrucksvolles Bild der mittelalterlichen Architektur des Landes vermitteln. Beider landschaftliche Lage ist ebenfalls besonders bemerkenswert.

Castle Stalker ist nach Absprache zu besichtigen (Tel. 1631/730234).

Doune Castle ist im Sommer täglich geöffnet, im Winter ist es am Dienstagnachmittag und am Freitag geschlossen.

Sehr sehenswert ist das nahegelegene Doune Motor Museum (rund 40 Oldtimer), im Sommer ist es täglich geöffnet.

Auf den Orkneys gibt es so viele Sehenswürdigkeiten auf engem Raum, dass wir sie hier auch nicht ansatzweise vorstellen können. Mit den Stewarts in Verbindung steht der Earl Patrick's Palace in Kirkwall, der gerade gegenüber dem Bishop's Palace und der St. Magnus Cathedral steht.

Im See Lochindorb, von der Straße von Grantown-on-Spey nach Nairn über eine kleine Straße vom Weiler Dava aus zu erreichen, liegen auf einer kleinen Insel die Ruinen von Lochindorb Castle, der Burg des Wolfs of Badenoch. Die imposanten Ruinen der Elgin Cathedral sind täglich geöffnet, außer an Freitagen und Donnerstagnachmittagen in den Monaten Oktober bis März.

oben: St. Magnus in Kirkwall; unten: Doune Castle;

Quiraing

Highland Gentlemen: Die MacLeods

Captain Jones dachte, in dieser abgelegenen Bucht Frischwasser und Proviant an Bord nehmen zu können. Beides benötigte er dringend bei seinen Feindfahrten quer durch feindliche Gewässer. Der Anlegesteg der Burg, die im Inneren der Bucht direkt an der Küste lag, sah vielversprechend aus. Und mit seinen 12-Pfündern an Bord sollte man das Notwendigste beschaffen können. Da wurde er einer Menschenmenge gewahr, die sich auf die Burg zubewegte und die er als Clanaufgebot deutete. Captain Jones gab Befehl, den Kurs zu ändern und aus der Bucht hinwegzusteuern. Niemand konnte John Paul Jones einen Feigling nennen. Der erste Seeheld der US Navy (damals noch Continental Navy) war seit 1775 Seeoffizier der um ihre Freiheit kämpfenden Vereinigten Staaten von Amerika. Als Kommandant der Sloop *Ranger* (mit 18 Kanonen) hatte er in englischen Gewässern mehrere Kauffahrer aufgebracht, eine Hafenstadt geplündert und die Sloop *Drake* (mit 20 Kanonen) der Royal Navy erobert. Am 24. September 1779 griff er vor Flamborough Head mit der *Bonhomme Richard*, einem ex-französischen, zum Kriegsschiff umgebauten Kauffahrer mit 42 Kanonen, die *Serapis* (50 Kanonen), eines der neuesten Kriegsschiffe der Royal Navy, an. Jones blieb siegreich. Sein großer persönlicher Mut war also unbestritten. Jones war aber auch von Geburt Schotte, die Menschenmenge vor Dunvegan Castle hätte durchaus das Aufgebot der MacLeods sein können, mit dem man sich besser nicht ohne Not anlegte. In Wirklichkeit (und das konnte Captain Jones nicht wissen) handelte es sich um den Leichenzug für ein Mitglied aus der Familie des Chiefs. Immerhin ließ der Chief MacLeod (General Norman MacLeod) einige Jahre nach Jones Auftauchen seewärts eine Geschützbatterie vor Dunvegan Castle, dem Sitz des Clanoberhauptes, aufstellen.

Die Geschütze sind heute ebenso zu besichtigen wie Dunvegan Castle, auch wenn sie (im Gegensatz zu der Burg selber) keinen Kampfeinsatz gesehen haben. Dunvegan Castle beherbergt auch die sogenannte *Fairy Flag*, die sagenumwobene Kriegsflagge der MacLeods, die der Überlieferung zufolge zweimal den Clan vor dem Untergang bewahrt hat und die angeblich die Kraft hat, ihn auch ein **drittes Mal** zu beschützen...

Die Beschäftigung mit der Geschichte der MacLeods ist eine sehr lehrreiche Zeitreise. Was die MacLeods so gegenüber den zahlreichen anderen Clans der schottischen Highlands heraushebt, ist die Tatsache, dass sie die Nachwehen des Aufstandes von 1745/46 und die infamen Highland Clearances relativ gut überstanden haben, während andere Clans dadurch in ihrer sozialen Struktur völlig zerstört wurden. Die (Fehl-)Interpretation von John Paul Jones, der tatsächlich ein Clanaufgebot vermutete, war also nicht völlig aus der Luft gegriffen und der kriegerische Ruf der MacLeods hallte noch sehr lange nach, als die Uhr der Clans eigentlich schon abgelaufen war.

Olaf der Schwarze, der Herrscher der Insel Man und der nördlichen Hebriden, hatte einen Sohn namens Leod, nach dem sich der Clan benannte. Seine beiden Söhne Tormod und Torquil gründeten die verschiedenen Zweige ('branches') des weitverzweigten Clans der MacLeod. Tormod war der Ahnherr der MacLeods of MacLeod, der MacLeods of Glenelg, der MacLeods of Harris, der MacLeods of Dunvegan. Torquil war der Ahnherr der MacLeods of Lewis, der MacLeods of Raasay und der MacLeods of Assynt. Die Vorsilbe Tor- in beider Namen ist nichts anderes als ein Bezug auf den nordischen Gott Thor, was die skandinavische Herkunft der Familie der Chiefs der MacLeods belegt. Olaf der Schwarze kam aus der Dynastie Godred Crovans, König von Man, Dublin und den Hebriden. Er hatte unter König Harald Haardrade von Norwegen gegen die Angelsachsen bei Stamford Bridge 1066 gekämpft und führte seine Herkunft auf das schwedische Königshaus der Ynglingars (oder Ynglinge) zurück, der sagenhaften Könige von Uppsala, die den heidnischen Svear-Stämmen als irdische Abkömmlinge des Gottes Freyr (altnordisch Frigg) galten.

Erwähnter Tormod beanspruchte die Führerschaft des ganzen Clans MacLeod. Einer seiner Nachfahren unterstützte Robert the Bruce im Schottischen Unabhängigkeitskrieg. Der Sohn dieses Nachkommen, Malcolm MacLeod, erhielt vom schottischen König David II. (1329-1370) das Glenelg, von diesem Zeitpunkt an nannte sich die Familie MacLeod of MacLeod. Damals war das Verhältnis zum Clan Donald, den 'Lords of the Isles', noch intakt. William, der 7. Chief, hatte den Besitz von Dunvegan, das zur mächtigsten Festung der MacLeods werden sollte, gerade erkämpft, als er in einer Fehde gegen die MacDonalds getötet wurde (anderen Quellen zufolge war Dunvegan schon im 13. Jahrhundert von den MacLeods erworben worden). In Dunvegan Castle bewahrten die MacLeods auch die Fairy Flag auf, die nach der sagenhaften Überlieferung John MacLeod, der 4. Chief, von seiner Frau, einer Fee, erhalten haben soll. Wahrscheinlich war die Fairy Flag schon ein Banner des Ahnherren Olaf, das dessen wikingische Vorfahren bei einer ihrer Feindfahrten aus dem Mittelmeerraum mitgebracht hatten: der Sage nach brachte Harald Haardrade, König von Norwegen, sie mit sich, als er aus Konstantinopel, wo er die Waräger-Garde befehligt hatte, zurückkehrte. Nach der Niederlage von Stamford Bridge gelangte sie in den Besitz von Godred Crovan.

Williams Sohn Alasdair Crotach (1481-1547), der 8. Chief, bekam von König James IV. für die erhoffte Unterstützung bei der Zerschlagung des 'Lordship of the Isles' weitere Ländereien auf der Insel Skye. Die MacLeods blieben jedoch zunächst loyal gegenüber den 'Lords of the Isles'. Das erschient kurios angesichts der Tatsache, dass es schon im frühen 15. Jahrhundert eine blutige Schlacht zwischen den MacLeods und den MacDonalds gegeben hatte. Alexander Carrach MacDonell, Lord of Lochaber, war mit vielen seiner Männer beim Loch Sligachan getötet worden, nachdem die MacAskills, Vasallen der MacLeods, sich seiner Schiffe bemächtigt und ihm so den Rückzug abgeschnitten hatten. Das 'Lordship of the Isles' lag jedoch zu Anfang des 16. Jahrhunderts in den letzten Zügen - trotz der Loyalität der Clans auf den Hebrideninseln. Anno 1484 hatte Colin Campbell, 1. Earl of Argyll, den Erben des letzten 'Lords of the Isles' entführen und in Innischonaill Castle am Loch Awe gefangenhalten lassen. Dort blieb jener Erbe, Donald Dubh MacDonald (er war bei seiner Entführung noch ein Kleinkind), bis zum Jahre 1503, als ein Kommando von MacDonalds of Glencoe die Burg stürmte und den Gefangenen befreite. Donald Dubh wurde zum König der Inseln proklamiert, aber die Rebellion brach 1506 zusammen, der unglückliche Donald Dubh wurde erneut eingesperrt - diesmal für fast 38 Jahre. Im Jahr 1543 gelang ihm die Flucht, erneut erhoben sich die Clans zu seiner Unterstützung, dabei auch die MacLeods. Obwohl der Earl of Lennox mit Verstärkungen aus England zur Unterstützung eilte, brach die Erhebung zusammen, Donald Dubh starb 1545 in Irland. Es begann die sogenannte 'Zeit der Überfälle' mit fortgesetzten Kämpfen zwischen den MacLeods und den verschiedenen Zweigen des Clan Donald, besonders mit den MacDonalds of Clanranald. Alaisdair Crotach führte seinen Clan mehrfach in die Schlacht, zweimal soll die Fairy Flag ihre Zauberwirkung dabei getan haben.

Alaisdair Crotach ließ Dunvegan Castle ausbauen, und er bestimmte die MacCrimmons zu den Hofmusikern der MacLeods. Abgesehen von dem rein musikalischen Effekt soll ihm diese weise Entscheidung die Ehe mit der offensichtlich kunstsinnigen zehnten Tochter von Cameron of Lochiel eingetragen haben, die neun älteren Töchter hatten eine Ehe mit Alasdair wegen dessen Aussehens abgelehnt.

Beide Linien des Clans MacLeod gerieten in heftige dynastische Schwierigkeiten. Nach Alasdair Crotachs Tod (1547) hatte sein Sohn William nur fünf Jahre die Chiefswürde inne, bevor er 1552 starb - ohne Söhne zu hinterlassen. Lange dauerte es bis - zum Beginn des 17. Jahrhunderts - bis in der

Person des Rory Mor MacLeod ein von allen akzeptierter Chief gefunden war. In der Zwischenzeit hatten sich verschiedene MacLeods als Chief abgelöst, wobei die Nachfolgefrage oft durch Mord und Usurpation betrieben worden war.

Die Familie der Chiefs der MacLeods of Lewis starb in direkter männlicher Linie zu Beginn des 17. Jahrhunderts aus, und die Mackenzies kamen durch Heirat in den Besitz der Insel Lewis. Sir Rory Mackenzie heiratete Margaret MacLeod, die Erbin der MacLeods of Lewis (aus dieser Verbindung stammten die späteren Earls of Cromarty). Torquils Linie lebte aber in der Familie der MacLeods of Raasay weiter, deren Chieftains in Brochel Castle auf der zwischen Skye und dem Festland gelegenen Insel Raasay residierten.

Der Besitz von Harris und Lewis war den MacLeods schon vorher streitig gemacht worden. Mit königlicher Erlaubnis segelten zwischen 1598 und 1610 dreimal Siedler aus den Lowlands zu den Hebriden und wurden dreimal von den „barbarous, bloody an wicked MacLeods" wieder ins Meer geworfen[25]. Die Mackenzies waren erfolgreicher.

Im Bürgerkrieg unterstützten die MacLeods Charles I., jedenfalls zunächst.

Der damals 22-jährige Neil MacLeod, Laird of Assynt[26], bekam 1650 'Besuch'. Der Marquis of Montrose, der in den 40er Jahren des 17. Jahrhunderts eine zunächst sehr erfolgreiche Kampagne in den Highlands für König Charles I. geführt hatte, war nach einigen Jahren im norwegischen Exil in Nordschottland gelandet und suchte bei den Clans der nördlichen Highlands Unterstützung. Er konnte zwar einen Anfangserfolg erringen (sein General Hurry eroberte Dunbeath Castle nach nur wenigen Tagen Belagerung), doch dann lief für Montrose alles schief. Nach seiner Niederlage bei Carbisdale (am 27. April 1650) wurde er von den MacLeods of Assynt gefangengenommen. Neil MacLeod ließ ihn in Ardvrech Castle am Loch Assynt gefangensetzen und an die Regierung ausliefern, weil ihm die Regierung in Edinburgh eine Zusage von 25.000 Pfund, davon ein Fünftel auszuzahlen in Hafermehl, gemacht hatte. Montrose bekam ein Todesurteil (vollstreckt am 21. Mai 1650 in Edinburgh), Laird Neil nur das Hafermehl, vom dem ein Teil schon schlecht geworden war.

25 *Vgl. Prebble, John: The Lion in the North, One thousand years of Scotland's history, London 1971, Seite 237.*
26 *Die Begriffe Laird und Lord sind eigentlich Synonyme, wobei Lord die angelsächsische Sprachvariation, Laird die gälische Version darstellt. Etwas anderes verhält es sich mit den beiden Begriffen Chief und Chieftain. Der Titel Chief kommt eigentlich nur dem Oberhaupt eines Clans zu, während Chieftain die Bezeichnung für den Anführer eines Zweiges des Clans ist. In der Tat gibt es aber viele Ausnahmen von diesem Grundsatz, so daß der Einfachheit halber möglichst der Quellenbegriff benutzt werden sollte.*

Andere MacLeods unterstützten Charles II. bei dessen vergeblichem Versuch, Cromwell mit der Hilfe schottischer Truppen zu stürzen. Sir Ruari MacLeod of Talisker bot als Tutor of MacLeod den Clan für die Stuart-Könige auf. Die MacLeods zogen so an der Seite des jungen Königs in die Schlacht von Worcester 1651, über 700 MacLeods sollen in der Schlacht und auf dem Rückzug vom englisch-walisischen Grenzgebiet in die heimatlichen Highlands gefallen sein. Das Verhältnis der MacLeods zu den Stuart-Königen blieb deshalb während der Restauration sehr gespannt, die MacLeods nahmen an dem Feldzug Dundees für König James II. von 1698-1699 nicht teil, auch während der Jakobitenaufstände von 1715 und 1719 hielten sie sich abseits. Während des Aufstandes von 1745/46 stellten die MacLeods ein Bataillon für die Londoner Regierung auf. Da sich die MacDonalds of Sleat aus dem Konflikt heraushielten (ganz im Gegensatz zu den anderen MacDonalds) blieb es auf Skye zunächst sehr ruhig, während auf dem Festland heftig gekämpft wurde. Der Frieden jedoch war sehr prekär und trügerisch. Die MacLeods of Raasay nämlich beteiligten sich am Aufstand, allerdings kämpften sie an der Seite der MacDonells of Glengarry gegen die Londoner Regierung und nahmen an der Schlacht von Falkirk teil. Danach zogen sie sich nach Skye zurück, wo sich 1.400 MacDonalds und 1.000 MacLeods zum Einsatz **für** den 'Young Pretender', Prince Charles Edward Stuart, sammelten. Auf die Nachricht von der Niederlage des Prinzen bei Culloden verstreuten sich die Clanaufgebote, aber als der Chief MacLeod auf dringende Bitten von Lord Forbes ein Bataillon zum Einsatz **gegen** den Prinzen aufstellte, folgten ihm nur 200 MacLeods. Ganz offensichtlich waren die Highlander mit dem Herzen auf der Seite des Prinzen und folgten der Politik ihrer Chiefs nur widerwillig.

Nach der Niederlage von Culloden versteckte sich Charles Edward Stuart ('Bonnie Prince Charlie') vom 1. bis 3. Juli 1746 auf der Insel Raasay, als Repressalie brannten daraufhin Regierungstruppen Brochel Castle, den Sitz des Chief MacLeod of Raasay, nieder. Bei seiner Flucht quer über die Insel Skye nach Elgol wurde der Prinz von einem Captain Malcolm MacLeod (und einer Flasche Brandy) begleitet. Der nächtliche Fußmarsch von Portree bis Elgol, immerhin fast 50 Kilometer durch rauhes Gelände, gehört als bemerkenswertes Beispiel für 'escape and evasion' eigentlich in jedes militärische Lehrbuch. Der Vollständigkeit halber sei noch Lord Macleod[27] erwähnt, der auch in James Johnstones berühmter Beschreibung des Jakobitenaufstandes von 1745/46 mehrfach genannt wird. Lord Macleod war der Sohn des Earl of Cromarty, gehörte also zum Clan der

27 Die Schreibweise „Macleod" ist Johnstones Buch entliehen und wird hier beibehalten.

oben: Dunvegan Castle; unten: Old man of Storr;

Mackenzies. Er stellte später das 1. Bataillon der Highland Light Infantry auf. Sein repräsentativer Wohnsitz Castle Leod ist noch heute die Residenz der Earls of Cromarty.

In der 2. Hälfte des 18. Jahrhunderts gerieten der Chief MacLeod und mit ihm der ganze Clan in finanzielle Schwierigkeiten. Die Tacksmen des Chiefs (die landbesitzende Gentry also) boten dem 23. Chief, Norman MacLeod, freiwillig eine Erhöhung ihrer Abgaben um 7,5% an, um den Clanbesitz zu retten. Norman MacLeod akzeptierte im Namen des Clans, wollte von weiteren finanziellen Zuwendungen aber nichts wissen. Statt dessen nahm er in der Tradition seiner Ahnen das Schwert, nun im Dienste der großbritannischen Majestät: er stellte das 2. Bataillon der Black Watch auf und stieg in der Hierarchie des britischen Offizierskorps bis zum stellvertretenden Kommandeur Seiner Majestät Truppen in Indien auf. Er war es, der Dunvegan Castle mit Geschützen gegen unwillkommene Gäste von See ausrüsten ließ. Norman MacLeod war Parlamentsabgeordneter für Inverness und genoß höchstes Ansehen auch bei den unteren sozialen Schichten.

Als 1797 Angus Cameron und John Menzies, inspiriert von den sozialkritischen Schriften Thomas Paines und der Französischen Revolution, damit begannen, eine Revolte anzuzetteln, kursierte auch der Name Norman MacLeod. Cameron und Menzies gehörten der Geheimorganisation der 'United Scotsmen' an, die mindestens soziale Reformen, ein Ende der Bevormundung durch London, vielleicht auch den Sturz des Königs erreichen wollte. 16.000 Mann brachten sie auf die Beine, Castle Menzies wurde gestürmt, dann brach der Aufstand zusammen. Für eine unabhängige Republik Schottland hatten sie gestritten, hieß es, und als deren Oberhaupt war kein anderer als Norman MacLeod vorgesehen. Man hatte allerdings vergessen, ihn zu fragen.

Sein Erbe John MacLeod nahm auf Einladung Sir Walter Scotts am 'Staatsbesuch' König Georges IV. in Edinburgh teil. Die größte Stunde kam für den Clan jedoch in der ersten Hälfte des 19. Jahrhunderts, als sich Chief John MacLeod und sein Sohn und Nachfolger Norman MacLeod als wahre Highland Gentlemen verhielten, während viele ihrer Standesgenossen aus reinem Profitstreben aktiv zum Niedergang ihrer Clans beitrugen. Zu Beginn des 19. Jahrhunderts florierte die Wirtschaft in Schottland. Verschiedene schottische Regimenter standen während der Napoleonischen Kriege im Sold der Krone, sie wurden (wie der Rest der Armee) mit schottischem Rindfleisch versorgt. Hohe Fleischpreise und das (zumeist illegale)

Whiskybrennen brachten Geld in die Highlands. Auch das Einsammeln von 'Kelp' (Seetang), das für die Herstellung chemischer Produkte verwandt wurde, brachte Einnahmen. Die traditionellen 'Townships', in denen die Ländereien eines Clans von dessen Mitgliedern gemeinschaftlich bewirtschaftet wurden, wurden aufgelöst. Die Clanchiefs und die Gentry vergaben die vormals in Clanbesitz befindlichen Ländereien an Einzelpersonen, die ihre 'Crofts' als Pächter bewirtschafteten.

Nach dem Ende der Napoleonischen Kriege und der Kontinentalsperre brachen die Preise für Rindfleisch und Kelp zusammen. Eine Reihe von Mißernten warfen die Bevölkerung der Highlands, die von 1755 bis 1831 um 54% zugenommen hatte[28] in wirtschaftliche Not. Auch die Pachterträge der Landbesitzer brachen zusammen. Was folgte, war eine der traurigsten Epochen der schottischen Geschichte. In den Lowlands hatten Schaffarmer gegen Ende des 18. Jahrhunderts zwei Schafrassen von guter Widerstandsfähigkeit und hoher Wollqualität gezüchtet: die schwarzköpfigen Lintons und die weißköpfigen Cheviots. Viele Landbesitzer in Schottlands Norden und Westen stellten auf Schafzucht um, und weil die Crofter dabei im Wege waren, erneuerte man die Pachtverträge nicht und vertrieb die Pächter - zum Teil mit Gewalt. In diesen sogenannten Highland Clearances wurden die Glens der Highlands in menschenleere Schafweiden und riesige Jagdreviere der Oberschicht verwandelt. Unzählige Schotten verloren ihre Heimat, einige ihr Leben. Besonders nachhaltig waren die Vertreibungen in Sutherland. Die Countess of Sutherland hatte schon 1807 mit Umsiedlungen begonnen, wobei tatsächlich auch so etwas wie verfehlte Fürsorge zu den Motiven gehörte. dass man mit der Umsiedlung an die Küsten den Hochländern helfen könne, war ein lächerlicher Gedanke, nicht alle Menschen waren Fischer und man konnte den Fischfang nicht innerhalb weniger Monate erlernen. Viele der neu entstandenen Siedlungen lagen an völlig unzugänglichen Plätzen und mußten bald aufgegeben werden. Das Dorf Badbea bei Helmsdale (bzw. dessen Überreste) gibt bis heute Zeugnis von dieser finsteren Epoche. Viele Hochländer wanderten in das mittelschottische Industriegebiet ab, andere emigrierten. Die Kirk of Scotland unterstützte die Clearances noch, so dass sich sozial eingestellte Geistliche abspalteten und 1843 die Free Church of Scotland gründeten. Einige Gebiete der Highlands (wie das Strathnaver im Norden der Highlands) waren von den Clearances besonders betroffen, andere weniger. Wenn man Glück hatte, gehörte man zu den Pächtern Sir Alexander Mathesons, eines immens reichen

28 *Einen Zensus von 1755 zufolge betrug die Bevölkerung der Highlands (exklusive Aberdeenshire, der Orkneys und Shetlands) rund 217.000, 1851 betrug sie 335.000 Menschen.*

Kaufmannes, dem nachgesagt wurde, er habe sein Vermögen mit dem Opiumhandel erwirtschaftet. Allerdings beließ Matheson die Pächter auf seinem riesigen Landbesitz auf ihrer angestammten Scholle.

Oder man war Pächter von Norman MacLeod, der den Titel Highland Gentleman und Chief nun wahrlich verdiente. Der 25. Chief, erwähnter Norman, ruinierte sein gesamtes Privatvermögen bei dem Versuch, 'seine' Leute nach Mißernten zu ernähren und Ärzte zu bezahlen. Die Post der MacLeods zwischen Edinburgh und Skye und die vom Chief initiierten Straßenbaumaßnahmen schufen Arbeitsplätze. 1846 war für Skye ein ganz besonders schlimmes Jahr. Die Kartoffelernte war schon zum zweiten Mal ausgefallen. Um seine Leute zu ernähren, schreckte Norman MacLeod nicht vor drastischen Maßnahmen zurück. Er plünderte Dunvegan Castle, den Stammsitz seiner Familie, geradezu, alle Kunst- und Gebrauchsgegenstände von Wert wurden verkauft. Er selbst nahm als 37jähriger eine untergeordnete Stellung im Londoner Home Office an.

Zur Ehrenrettung der Highland Chiefs muß gesagt werden, dass es noch weitere Beispiele von Großmut und sozialem Gewissen gab. Auf den Ländereien der Grants im Strathspey gab es keine Vertreibungen. Auch Lord MacDonald of MacDonald[29], Chief der MacDonalds of Sleat, versuchte so lange wie möglich, Vertreibungen zu verhindern, dann setzten seine Gläubiger sie durch. Lord Lovat (Chief des Clans Frazer of Lovat) und Chief Mackenzie of Cromarty verurteilten die Clearances scharf und nahmen sogar Flüchtlinge und Vertriebene auf. Aber in der kollektiven Erinnerung der Highlander erhielt Norman MacLeod of MacLeod einen ganz besonderen Platz[30].

Vielleicht war es auch die magische Wirkung der Fairy Flag, die die MacLeods vor weiterem Unheil bewahrte. Mitglieder der britischen Streitkräfte sollen, wenn sie den Namen MacLeod tragen, eine Photographie der Fairy Flag mit sich tragen[31].

29 *Chief MacDonald of Clanranald wurde unfairerweise der Vertreibung bezichtigt, er hatte einen Lanschaftspark angelegen lassen, einige baufällige Häuser niederreißen und neue an anderer Stelle bauen lassen. Als er bankrott war (seine Nachtclubbesuche hatten seinen finanziellen Ruin beschleunigt) begannen auf seinem alten Besitz die Vertreibungen - durch die neuen Eigentümer.*

30 *Dr. I.F. Grant, die berühmte Clan-Historikerin des 19. Jahrhunderts, bemerkte zur Geschichte der MacLeods: „ Throughout the history of the MacLeods there runs a thread of tenancy that maintainance fulfils their motto, `Hold Fast`. In nothing is this staunchness better shown than in the maintainance of the bonds uniting the chief and his clansmen"; I.F. Grant zitiert nach: MacDonald, Micheil. The Clans of Scotland, The History and Landscape of the Scottish Clans, London 1991, Seite 147*

31 *Die Herzogin Elizabeth von Sutherland wird wohl für ihre Rolle bei den Clearances für immer mit einem Stigma behaftet bleiben. Die Zeitungen in Großbritannien und den USA berichteten ausführlich von den Ereignissen in den Highlands. 1853 erschien im „ New York Herald" ein Artikel darüber aus der Feder von Karl Marx. In dessen Namen sind allerdings - wie Sir Iain Moncreiffe, der Autor des lesenswerten Werkes „The Highland Clans", anmerkte - weitaus umfangreichere und schlimmere Vertreibungen betrieben wurden.*

Touristische Hinweise:

Unbedingt sehenswert ist die Burg der MacLeods, Dunvegan Castle auf Skye, rund 30km von Portree. Sie ist von März bis Oktober täglich von 10 - 17 geöffnet (Sonntagvormittags geschlossen) und beherbergt viele Kunstwerke, Waffen etc.

Nur wenige Kilometer nördlich (vom Parkplatz der Burg zu erreichen) liegt ein hochinteressanter Küstenabschnitt mit Korallenstränden(!).

Die Burgen Brochel Castle (auf Raasay) und Ardvrech Castle (bei Lochinver) sind Ruinen, beeindrucken aber durch ihre reizvolle landschaftliche Lage.

Sehenswert ist auch die Felsformation der Quiraing Needles im Norden der Insel Skye, hinter den Felsen liegt ein alter Lagerplatz aus der Zeit der Clankämpfe. Auf dem Weg dorthin von Portree aus passiert man den 'Old man of Storr' (Felsformation) und den 'Kilt rock' Wasserfall.

Unweit von Skye liegen im Glenelg (zu erreichen von Shiel Bridge) die 'Bernera Barracks' (im Jakobitenaufstand von 1745/46 zerstörte britische Kasernen) und die 'Glenelg Brochs', Dun Telve und Dun Troddan (eisenzeitliche Befestigungsanlagen).

Dun Telve

Der Wasserfall „Kilt Rock"

A grand moment in history: Die Grants

Die Menge nahm eine sehr bedrohliche Haltung ein. Erst sah es nur nach dem Auflauf eines Pöbelhaufens aus, jetzt zeigte sich, dass dahinter ein perfider Plan steckte. Der Bruder des Chiefs Grant war der Kandidat der britischen Konservativen (Tories) im Wahlkreis 'Elgin Burghs'. Die lokalen Anhänger des Gegenkandidaten von den Whigs rotteten sich zusammen und blockierten die 'Grant Lodge' in Elgin, wo der Chief und seine Schwestern wohnten. Der Chief sah nur eine Möglichkeit: ein Diener stahl sich aus dem Haus und rief mit einem brennenden Kreuz die Männer des Clans Grant zur Schlacht. 800 Grants, gerade auf dem Kirchgang, bewaffneten sich mit allem, was sie gerade finden konnten, und marschierten zur Elgin Lodge. Keine Frage, der Pöbel zerstreute sich sofort in alle Winde...

Das war 1820, die letzte Gelegenheit, an der mit dem Fiery Cross die Clansmen zur Heeresfolge gerufen wurden. Die Grants sind aber nicht erst durch diese Affäre, eher eine Reminiszenz an ruhmreiche Tage, berühmt geworden.

Die Grants waren eine alte franko-normannische Familie, die um die Mitte des 13. Jahrhunderts in den Highlands nachweisbar ist. Ein Laurence de Grant war 1263 bis 1264 der Sheriff von Inverness. Ein Zweig des Clans Grant siedelte im Strathspey in den nördlichen Grampians (heute bekannt für seine Whiskybrennereien), ein anderer Teil westlich davon im Glen Moriston und im Glen Urquhart. Diese beiden Hauptsiedlungsgebiete waren durch die Ländereien anderer Clans - namentlich der Frazers und der Mackintoshs - und durch den See Loch Ness getrennt. In den 30er Jahren des 15. Jahrhunderts war Sir Iain Grant Sheriff von Inverness, er weitete den Landbesitz des Clans im Strathspey beträchtlich aus. Die westlichen Ländereien der Grants grenzten allerdings an viele Besitztümer anderer Highland-Clans, so dass Streit, Zwist und Hader geradezu vorprogrammiert waren.

Einer alten Sage nach schlugen die Grants den Laird of Glencharnie in einer Fehde und trieben ihn und seine letzten Getreuen in eine Kirche. Hereinzugehen und die Flüchtlinge zu erschlagen wäre ein verdammenswertes Verbrechen, ja Sakrileg gewesen. Deshalb zündeten die wackeren Grants die Kirche an und verbrannten die Männer darin...

Anfang des 16. Jahrhunderts unterstützten die Grants König James IV. gegen die 'Lords of the Isles' (den Clan MacDonald) und erhielten dafür im Jahre 1509 Urquhart Castle von der Krone zugesprochen. John Grant of Freuchie erhielt das urkundlich verbriefte Privileg, die ehemals königliche Burg aus- und umzubauen. Die Grants machten die kleine Festung am Loch Ness zu ihrem wichtigsten Stützpunkt.

Die Grants unterstützten in der Mitte des 17. Jahrhunderts den Covenant gegen die von Montrose geführten Anhänger Charles Stuarts und führten in den nördlichen Grampians von ihrer Basis Ballindaloch Castle einen erbarmungslosen Kleinkrieg gegen die Gordons, letztere waren aktive Parteigänger von Montrose. Ein halbes Jahrhundert später unterstützten die Grants Wilhelm von Oranien (William of Orange) gegen die von 'Bonnie Dundee' geführte Armee der Anhänger König James' II. Im Zusammenhang mit diesem Feldzug wurde 1692 Urquhart Castle gesprengt, damit es nicht in die Hände der Jakobiten (dem Exil-König James ergebene Schotten) fallen konnte.

Es war in den frühen Tagen des 18. Jahrhunderts. Der Laird of Grant schenkte Ballindalloch Castle dem Colonel William Grant of Rothiemurchus. Dessen Tochter heiratete George MacPherson of Invereshie. Aus dieser Ehe entwickelte sich eine Allianz, die die Politik der Grants, wie die der MacPhersons beeinflußte, denn die MacPhersons zählten eigentlich nicht zu den Gegnern des Hauses Stuart...

Im Jahr 1694 war von der Londoner Regierung als Belohnung für die treuen Dienste die Baronie von Freuchie zur Regality of Grant erhoben worden. Der Laird of Grant regierte von diesem Zeitpunkt an mit königlichem Segen einen semiautonomen Staat: er hatte Richter zu ernennen, Gefängnisse zu bauen, Steuern einzuziehen, Maße und Gewichte zu kontrollieren usw. Er saß einem Rat vor, der aus den Gentlemen des Clans und den wichtigsten Vasallen bestand. Oberster Gerichtsherr war er nun nach alter, überkommener Hochlandsitte, wie nach feudalem Recht, das schloß das Recht der Blutgerichtsbarkeit (die Möglichkeit, Todesurteile auszusprechen und vollstrecken zu lassen) ein.

Nach heutigem Rechtsverständnis erscheint dieses Phänomen zweifelhaft, aber es muß bedacht werden, dass die Justiz auch über die Möglichkeiten der Strafverfolgung und der -vollstreckung verfügen mußte, um überhaupt anerkannt zu werden. Auswüchse konfessionell bedingter, auf religiöser Unduldsamkeit fußender Rechtstradition trafen vor allem die Lowlands, weil sie dort nicht durch die Machtfülle der Highland-Clanchiefs ausbalanciert wurden.

Die Ruinen von Urquhart Castle.

Der Laird of Grant sandte eine Gruppe seiner Leute aus, einen Übeltäter namens Rob einzufangen oder die Strafe an Ort und Stelle zu vollstrecken, wenn es sich denn nicht anders machen ließe. Rob beurteilte seine Taten als nicht derartig übel und sah den Justizakt als ein Beispiel behördlicher Willkür. Er hob an, seine Verfolger einen nach dem anderen niederzustrecken und hatte, da er sehr stark war, damit durchschlagenden Erfolg. Da intervenierte seine Ehefrau, Rob solle Frieden geben und den Laird nicht weiter verärgern. Rob fügte sich und ergab sich seinen Häschern.

Man unterhielt in der Regality auch eigene Truppen. Anno 1689 war das Grant's Highland Regiment aufgestellt worden. Es unterschied sich ebenso wie die meisten der im 18. Jahrhundert aufgestellten Hochlandregimenter von den früheren Clanaufgeboten und ähnelte schon den späteren Hochlandregimentern. Die schottischen Regimenter der französischen Armee (beispielsweise das Regiment d'Ogilvy) in der Mitte des 18. Jahrhunderts und die berühmten Hochlandregimenter der britischen Armee, die z.T. heute noch existieren[32], hatten mit den ursprünglichen Clanaufgeboten wenig gemein. Letztere waren schon zur Zeit der Jakobitenaufstände militärisch obsolet.

Was war eigentlich ein Clanaufgebot? Der Chief oder Chieftain (Oberhaupt eines Clans oder eines Zweiges des Clans) konnte nach uralter schottischer Tradition zum Militärdienst aufbieten. Meistens führte er persönlich seinen Clan und die diesem assoziierten bewaffneten Kräfte. Kern seiner Streitmacht waren die Highland Gentlemen, Angehörige der engeren Familie des Chiefs (in diesem Zusammenhang darf man den Clan nicht als Familie begreifen). Zu diesen Gentlemen zählten auch die sog. Tacksmen, Verwandte des Chiefs, Angehörige von Nebenlinien oder ganz einfach Vasallen, die gegen die Verpflichtung zum Militärdienst vom Chief eines Clans mit Land 'belehnt' worden waren. Diese Tacksmen mußten nicht einmal zum Clan selbst gehören, sie trugen eigene Familiennamen. Zum Regiment der MacDonells of Glengarry z.B. gehörten 1745/46 Offiziere mit den Namen Grant, Mackenzie und Mackay. Auch der paradoxe Fall von MacDonalds und MacLeods in den Diensten der Campbells beispielsweise (also einem rivalisierenden Clan) kam durchaus vor. Im Jahr 1636 erhielt der berühmt-berüchtigte Coll Ciotach MacDonald die Herrschaft über die Insel Colonsay aus den Händen von Archibald Campbell, dem Lord Lorne. Im Gegenzug diente er Lord Lorne bei dessen Feldzügen gegen die MacDonalds. Die Highland Gentlemen stellten das Rückgrat eines Clanaufgebots dar, sie

32 So z.B. die Black Watch, die Argyll and Sutherland Highlanders, die Royal Highland Fusiliers, die Queen's Own Highlanders (Gordon, Seaforth and Cameron).

waren zumeist mit dem vollen Arsenal der typisch schottischen Waffen ausgerüstet: dazu gehörten im 18. Jahrhundert ein ein- (Backsword) oder zweischneidiges Schwert (Broadsword), die auch generell als Claybeg bezeichnet wurden. Unerläßlich waren auch ein langer und ein sehr kurzer Dolch (Dirk und Sgian Dubh), ein Rundschild (Targe) und meist mehrere Feuerwaffen (Pistolen und Musketen). In einem Clanregiment stellten die Highland Gentlemen natürlich die Offiziere und bildeten (das ist eine schottische Besonderheit) die erste Reihe einer Schlachtaufstellung.

Bei den häufigen Fehden zwischen rivalisierenden Clans hatte eine andere Gruppe noch größere Bedeutung. Meist unter der Führung eines Highland Gentleman unternahmen spezialisierte Gruppen von professionellen Kämpfern gezielte Raids, meist mit der Absicht des Viehdiebstahls. Diese Leute nannte man Caterans oder Cearnachs. Sie waren geübte Kämpfer, genossen aber oft zweifelhafte Reputation. Da sie für ihre Dienste bezahlt wurden (oder sich einfach nahmen, was sie wollten) zogen sie ein ganzes Spektrum von Elementen an: jüngere Söhne eines Chiefs, die sich Kampferfahrung holen wollten; oder auch 'broken men', Vogelfreie, die keinem Clan angehörten. Diese Caterans waren im Umgang mit Waffen vertraut, sie orientierten sich dabei mehr an der Zweckmäßigkeit als an Modeerscheinungen und führten auch uralte Erbstücke, die anderweitig längst aus dem Arsenal verschwunden waren: die langstieligen Lochaberäxte, Langbogen oder Claymores. Die Caterans stellten in den Clanregimentern der Jakobiten die Unteroffiziere. Die Masse der Clanaufgebote bestand aus den sogenannten Ghillies, einfachen Clanmitgliedern. Der Name Ghillie erfuhr im 19. Jahrhundert einen Bedeutungswandel zu Wildhüter oder Jäger. Die Ghillies der Lovat Scouts im Ersten Weltkrieg waren tatsächlich geübte Scharfschützen und Späher, die Ghillies der Clanaufgebote waren davon weit entfernt. Oft war ihre Bewaffnung improvisiert, gerade durch die umfangreichen Waffenkonfiskationen nach den Aufständen von 1715 und 1719, aber auch durch die Tatsache, dass einfache Clanangehörige meist auch in sehr einfachen Verhältnissen lebten, war die adäquate Ausrüstung eines Clanaufgebots nicht immer gewährleistet. Anno 1745 zogen viele Hochländer mit Sensen los, obwohl diese Waffen in den Händen entschlossener Kämpfer sehr gefährlich sein konnten, drängten die Highlander auf eine Ausrüstung mit Feuerwaffen, die dann durch französische Lieferungen und mit Beutewaffen durchgeführt wurde. Allerdings war der Erfolg marginal. Die klassische Taktik der Hochländer war die gefürchtete Highland-Charge. Im Feuerkampf hatten sie kaum eine Chance gegen reguläre Einheiten. Deshalb beschränkte man sich auf einen kurzen Feuerüberfall aus großer Entfernung, bevor der Clan zum Sturmangriff antrat. In ihrer ureigenen Kampfesweise waren die Hochländer fast unübertroffen, deshalb suchten sie bei jeder Gelegenheit den Nahkampf. Am 16. August 1745 gerieten zwei Depotkompanien der Royal Scots bei High Bridge in einen Hinterhalt der MacDonalds of Clanranald (rund 300 Mann). Nach mehrstündigem Schußwechsel hatten sie gerade zwei Tote und zwei Leichtverwundete zu beklagen. Als sie sich aber der Möglichkeit einer Highland-Charge ausgesetzt sahen, kapitulierten sie sofort. Die Soldaten der Grant-Regality waren zu 48-stündiger Einsatzbereitschaft verpflichtet und den Quellen zufolge mit Schwert und Muskete ausgerüstet, eine sehr ernstzunehmende Streitmacht also.

Während des Jakobitenaufstands von 1715 standen die Grants zur Londoner Regierung und eroberten Inverness von den Jakobiten zurück und 1745 unterstützte der Chief Grant aus Überzeugung die Londoner Regierung gegen den 'Young Pretender', Prinz Charles Edward Stuart, Enkel des 1689 entthronten Königs James II.

Die Clansmen des Lairds of Grant dachten da aber ganz anders. 1.100 Angehörige des Clans offerierten ihre Dienste dem Prinzen, d.h. sie baten ihren Chief, sie für den 'Young Pretender' in den Kampf zu führen. Der lehnte strikt ab und konnte seine Leute im Strathspey nur mit Mühe überzeugen, sich nicht auf eigene Faust am Aufstand zu beteiligen. Als er einige Zeit später dem kommandierenden General der Regierungstruppen, dem Duke of Cumberland, in Aberdeen seine Aufwartung machte, konnte er nur 95 Grants zu seiner Begleitung aufbieten.

Die Grants von Glen Moriston und Glen Urquhart jedoch lebten auf der Westseite von Loch Ness, im Einflußgebiet der MacDonells of Glengarry. Der Laird of Grant hatte keine Möglichkeit, mit ihnen in ständiger Verbindung zu bleiben oder gar massiven Einfluß auf sie auszuüben. Auf einer Versammlung auf dem Kirchhof von Drumnadrochit verhandelten die Grants dieser westlichen Territorien mit Abgesandten des Prinzen und des Chiefs MacDonell of Glengarry, mit dem Ergebnis, dass die Grants mit eigenen Offizieren in das Regiment der MacDonells of Glengarry eintraten. So konnte wenigstens dieses Regiment auf die Kampfstärke von rund 400 Mann gebracht werden.

Chief Lachlan MacLachlan of Lachlan Castle war ein überzeugter Jakobit, obwohl sein Clan seit langem mit den Campbells verbündet war. Ein Clanaufgebot aus dem Siedlungsgebiet der MacLachlans mitten im regierungstreuen, von der Campbell-Miliz und den Regie-

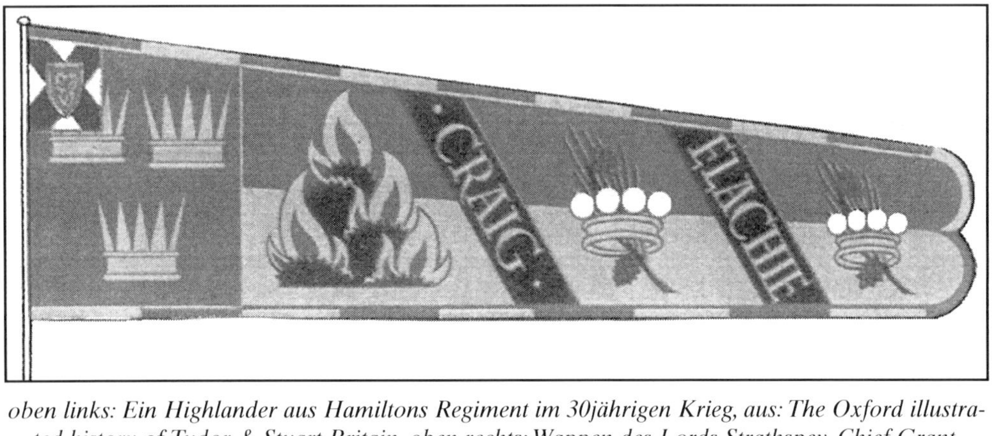

oben links: Ein Highlander aus Hamiltons Regiment im 30jährigen Krieg, aus: The Oxford illustrated history of Tudor & Stuart Britain. oben rechts: Wappen des Lords Strathspey, Chief Grant, unten: Die Fahne des Clans Grant, Quelle beider: Fulton, A.: Scotland and her Tartans.

rungstruppen kontrollierten Argyll herauszuführen und mit den Truppen des Prinzen zu vereinigen, war eine gewaltige Aufgabe. Sie gelang, allerdings waren es nur gut zweihundert MacLachlans, die zum Prinzen stießen. Da ihre Zahl so gering war, ordnete man die MacLeans ihnen zu. Das Regiment der MacLachlans zählte bei Culloden 115 MacLachlans und 182 MacLeans[33].

Nach der Niederlage der Jakobiten bei Culloden (16. April 1746) sammelten sich die Überreste ihrer Armee bei den Ruthven Barracks in der Nähe von Kingussie. Wenn auch Johnstone in seiner Beschreibung des Aufstandes von 1745/46 die Zahl der in Ruthven Versammelten mit 4.000-5.000 Mann übertreibt, so verfügten die Jakobiten doch noch über eine sehr ansehnliche Streitmacht, die durch das Auftauchen der MacPhersons of Cluny beträchtlich verstärkt wurde. Ihr Chief[34] hatte seine Leute zunächst gegen die Jakobiten aufgeboten, dann seine Meinung geändert und ging mit 500 noch nicht abgekämpften Hochländern (sie hatten nicht an der Schlacht von Culloden teilgenommen) auf die Seite des Prinzen über. In Ruthven gab sich die Führungsriege der Jakobiten (allerdings ohne den völlig entmutigten Prinzen) der nicht unbegründeten Hoffnung hin, weitere Clans könnten sich ihnen anschließen, der Kampf also mit frischen Kräften wiederaufgenommen werden. Besondere Hoffnung richtete sich auf die Grants. Die englische Armee hatte beim Marsch von Aberdeen nach Culloden das Strathspey durchquert. Dabei hatte insbesondere die Kavallerie unterschiedslos jede Art von Nachschubgütern aus dem Lande requiriert, auch bei den Leuten des regierungstreuen Lairds of Grant. Für die Soldaten der englischen und der Lowlandregimenter war der Unterschied zwischen einem rebellischen und einem loyalen Highlander nicht sehr deutlich. Die Grants, ohnehin mit der Haltung ihres Chiefs unzufrieden, standen an der Schwelle zum bewaffneten Aufstand. Allein, der Prinz hatte jeden Mut und jede Entschlußkraft verloren, er erschien gar nicht erst in Ruthven, sehr zum Verdruß seiner Anhänger und besonders Johnstones. Der vermutete hinter der Entscheidung des Prinzen den Einfluß dessen irischer Berater, die er verabscheute. Die Rebellion war mit der Flucht von Charles Edward Stuart endgültig zusammengebrochen[35].

33 *Lachlan Castle am Loch Fyne wurde als Vergeltung von einem Schiff der Royal Navy in Trümmer geschossen. Einer Sage nach riß sich das Pferd des Chiefs, der in der Schlacht von einer Kanonenkugel getötet worden war, los, als sich die Überlebenden der Schlacht Lachlan Castle näherten. Es schwamm durch den Loch Fyne zu den Ruinen der Burg hinüber und brachte so der Familie des Chiefs Kunde von der Katastrophe.*

34 *Ewen MacPherson of Cluny, als `Cluny MacPherson`wurde er durch Robert Louis Stevensons klassischen Abenteuerroman „Kidnapped“ (oder: „Die Abenteuer des David Balfour“) unsterblich.*

Der Prinz wurde auf seiner Flucht einige Tage von den 'Seven Men of Glenmoriston' verborgen. Das waren Angehörige einer Gruppe von notorisch Gesetzlosen, die - schon aus beruflichen Gründen - jedes Versteck in den Bergen kannten. Der Prinz bekam das Pseudonym 'Dougall MacGillonie' und verließ seine Gastgeber nach kurzer Zeit in Richtung Loch Arkaig.

Das Strafgericht Cumberlands, des englischen Königs und des Parlaments war drakonisch und differenzierte nicht allzu genau zwischen rebellischen und loyalen Hochländern. Alles Taktieren half dem Laird of Grant nun wenig, unter Bruch des Unionsvertrages von 1707 und gegen die Stimmen der schottischen Abgeordneten kassierte das Londoner Parlament 1747 alle Regalities. Es war mit der Selbstverwaltung der Grants zuende, nicht aber mit ihrem kriegerischen Stolz[36], wie der eingangs erwähnte 'Wahlkampfzwischenfall' beweist.

Im 18. Jahrhundert leistete jedoch ein Angehöriger der Truppen Seiner Majestät in den Nordamerikanischen Kolonien Seiner Majestät dieser Seiner Majestät jedoch einen schlechten Dienst.

Ein Major Grant war mit seinen Soldaten 1758 am Unternehmen gegen Fort Duquesne, einem wichtigen Stützpunkt der Franzosen in Nordamerika beteiligt. Es tobte gerade der 7jährige Krieg, für England und Frankreich wieder Gelegenheit, ihre jahrhundertealte Konkurrenz auf dem Schlachtfeld auszutragen. Das war also ganz und gar nichts Neues, aber eine spezifisch neue Qualität hatte dieser Krieg schon. Er wurde auf Schlachtfeldern verschiedener Kontinente ausgekämpft. Der amerikanische Kriegsschauplatz hatte seine eigenen Gesetze, die man mit europäischen Verhältnissen nicht vergleichen konnte. Major Grant teilte bei einem Erkundungsvorstoß gegen das Fort wider alle Vernunft seine Leute in kleine Gruppen auf, die leichte Beute der von Indianern und Waldläufern geführten französischen Stoßtrupps wurden. Die Inkompetenz des Majors kostet die britische Seite mehrere hundert Mann.

35 *Johnstones Ärger wäre noch größer gewesen, hätte er von der Haltung der MacLeods und der MacDonalds of Sleat erfahren. Entgegen weitverbreiteter Ansicht war die Schlacht von Culloden nicht das letzte Aufbäumen in einem längst verlorenen Feldzug, im Gegenteil. Aus operativer Sicht hätten die Jakobiten abwarten sollen, 500 MacPhersons stießen erst zwei Tage später zu ihnen, über 2.000 Hochländer hatten sich auf Skye versammelt und warteten auf den Einsatz zugunsten des Prinzen, erst die Nachricht von Culloden bewog sie, nach Hause zu gehen.*

36 *Ausdruck der sehr selbstbewußten Haltung der Lairds of Grant sind zwei Gemälde des Malers Richard Waitt aus dem Jahr 1714. Das erste zeigt William Cumming, den Dudelsackpfeifer des Lairds of Grant, und gehört heute zu den National Galleries of Scotland. Das zweite zeigt Alaistair Grant Mor, den Schwertkämpfer des Lairds, und hängt heute in der Sammlung des Earls of Seafield. William Cumming wurde der Sage nach Opfer einer Wette zwischen den Lairds of Grant und Mackintosh. Die Lairds hatten gewettet, den besten Pfeifer zu haben und diese zum Wettsteit antreten lassen. Beide Pfeifer verließen Mackintosh's Burg Castle Moy, aus Leibeskraft ihre Instrumente spielend, aber nur Cumming erreichte Castle Grant, dort brach er zusammen und verstarb an Erschöpfung.*

Im Jahre 1793 wurden die 'Strathspey Fencibles' aufgestellt. Sir James Grant of Grant kommandierte dieses Territorialregiment höchstpersönlich. 'Fencible' war ein alter schottischer Begriff für jemanden, der zur Verteidigung der Heimat eingesetzt werden konnte. Fencible-Regimenter der britischen Armee wurden nicht nach Übersee geschickt. In dieser Hinsicht ähnelten sie mehr den alten Clanaufgeboten als die regulären Highland-Regimenter. Obwohl zahlreiche Fencible-Einheiten während des Siebenjährigen Krieges, des Amerikanischen Unabhängigkeitskrieges und des Krieges mit dem revolutionären Frankreich aufgestellt wurden, hinterließen sie keinen besonders tiefen Eindruck in der britischen Militärgeschichte, weil sie nach dem Ende der Feindseligkeiten schnell wieder aufgelöst wurden.

Peter Dubrach Grant aus der Gegend von Braemar war schon 105 Jahre alt, als einige menschenfreundliche Gentleman auf die Idee kamen, beim König um eine kleine Pension für den alten Herrn zu bitten. Peter Grant unterschrieb die Petition mit den Worten: „Euer Majestät ältester Feind" - er war nämlich der älteste Überlebende der Schlacht von Culloden. Georg IV. nahm die Sache mit britischem Humor und gewährte eine Guinee pro Woche. Fünf Jahre später starb Peter Grant, Hunderte kamen zu seinem Begräbnis.

Im 19. Jahrhundert fanden während der infamen Highland-Clearances keine Vertreibungen auf den Gütern der Grants statt, da die Chiefs große wirtschaftliche Planungskompetenz an den Tag legten. Bestimmt war auch der Alkohol im Spiel, ganz sicher in Tal des Spey, wo man damals wie heute erstklassigen Highland-Malt brannte, der sich zum Exportgut ersten Ranges mauserte: z.B. Aberlour, Glenlivet, Glenfiddich und ... Glen Grant.

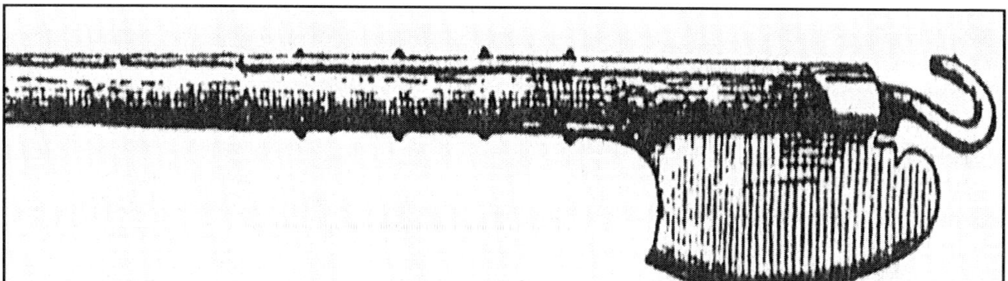

Lochaberaxt

Touristische Hinweise:

Ballindaloch Castle, zwischen Grantown-on-Spey und Aberlour am Ufer des River Avon gelegen. Ganz in der Nähe befinden sich die Destillerien von Glenfarclas und von Glenlivet.

Direkt am Loch Ness liegen die Ruinen des 1692 durch Sprengung zerstörten Urquhart Castle. Es war ursprünglich eine königliche Burg gewesen, die in den Tagen von König William the Lion an der Stelle eines eisenzeitlichen Forts errichtet worden war. Im Schottischen Unabhängigkeitskrieg wurde es 1297 und 1304 von den Engländern erobert, Robert the Bruce machte es erneut zur königlichen Residenz. Im Jahr 1509 gelangte es in den Besitz der Grants. Es liegt in der Nähe von Drumnadrochit nur wenige Meter westlich der Straße von Inverness nach Fort Augustus. Öffnungszeiten sind von April bis September 9.30 - 18.30 Uhr, von Oktober bis März von Montag bis Samstag 9.30 - 16.30 Uhr, am Sonntag 11.30 - 16.30 Uhr.

Auf dem Land des Clans Grant liegt am Fuß der Cairngorm Mountains der Wald von Rothiemurchus. Für den naturkundlich Interessierten dürfte sich ein Besuch sehr lohnen, die Kiefernwälder von Rothiemurchus vermitteln einen Eindruck von der Vegetation in den Grampians, bevor sie durch menschliche Eingriffe in ihrer Gestalt völlig verändert wurde. Im Cairngorm Reinder Centre bei Glenmore kann man von 10.00 bis 17.00 Uhr täglich die Rentierherden bestaunen, die (natürlich) von einem Grant hier angesiedelt wurden.

Ballindaloch Castle

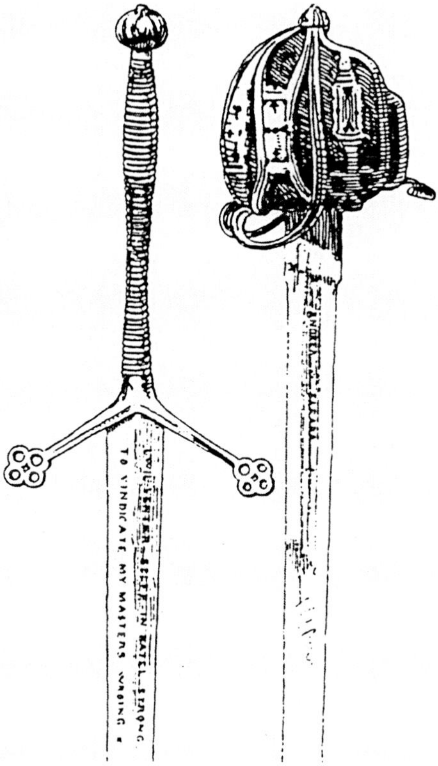

oben links: Claymore (16. Jh.), rechts daneben Claybeg (18. Jh.); oben rechts Soldat eines Hochlandregiments der Regierungsarmee (Mitte 17. Jh.) aus: W. Reid: Buch der Waffen. unten: Im Nationalpark Rothiemurchus am Fuß der Cairngorm Mountains.

Duart Castle

Die Spartaner des Nordens: Die MacLeans

Lachlan Cattanach MacLean of Duart war seiner Gattin, Lady Catherine Campbell, überdrüssig geworden und dachte sich einen teuflischen Plan aus sie loszuwerden, ohne den mächtigen Clan Campbell herauszufordern. Im Sound of Mull zwischen den Inseln Mull und Lismore gab es einen Felsen, der bei Ebbe sichtbar, bei Flut vom Wasser überspült war. Hier ließ er Lady Catherine anketten und benachrichtigte ihre Verwandten in Inveraray (dem Hauptsitz der Campbells) von ihrem bedauerlichen Ableben. Lady Catherine jedoch war von einem Fischerboot gerettet und nach Inveraray gebracht worden. Anno 1523, drei Jahre nach dem Mordanschlag, traf Lachlan MacLean die gerechte Strafe: der Thane of Cawdor, ein Bruder Lady Catherines, entdeckte MacLean in Edinburgh und erdolchte ihn.

Um den Clan MacLean ranken sich viele blutige Erzählungen, deren Wahrheitsgehalt oft angezweifelt werden muß. Unzweideutig ist der kriegerische Mut dieses vielleicht martialischsten aller Highland-Clans, der ihm die Bezeichnung 'Die Spartaner des Nordens' eingetragen hat.

MacLean bedeutet Sohn Gilleans, der Namenspatron der MacLeans war Gillean von der Streitaxt, ein Krieger des 13. Jahrhunderts, der seine Herkunft auf die Könige von Dalriada zurückführte. Der Sohn Gilleans, Gillemoir Macilyn, hat alten Urkunden zufolge 1296 dem englischen König Edward I. Treue geschworen. Sein Enkel Gillecullum stand vor der Wahl, mit den mächtigen MacDougalls für den englischen König oder mit den nicht weniger mächtigen MacDonalds für Robert the Bruce zu kämpfen. Er entschied sich für letzteres und nahm an der Schlacht von Bannockburn 1314 teil. Die MacLeans sollen in der von König Robert the Bruce persönlich kommandierten Reservedivision gestanden haben, Seite an Seite mit den MacDonalds und den Campbells.

Die militärische Situation in Schottland und Vorstöße schottischer Streiftrupps nach Nordengland bewogen den englischen König Edward II., eine große Armee nach Norden in Marsch zu setzen, deren Kommando er selbst übernahm. Robert the Bruce hatte mit dem englischen Kommandeur von Stirling Castle, der letzten in englischer Hand befindlichen Burg auf schottischem Boden, eine Übereinkunft erzielt. Traf nicht innerhalb eines festgelegten Zeitraums eine Entsatztruppe ein, wollte Sir Thomas Mobray, der Kommandeur der Festung, kapitulieren.

Edward war beim englischen Adel sehr unbeliebt, er besaß keinesfalls das Format seines charismatischen Vaters. Einige englischen Magnaten, namentlich der Duke of Lancaster, die Earls von Warwick, Arundel, Surrey, Oxford und Norfolk stellten nur ein bloßes Minimum an Berittenen zur Armee Edwards II. Trotzdem war diese Armee eine der gewaltigsten, die Britannien jemals gesehen hatte. Dazu gehörten 2.000 bis 3.000 Ritter, 15.000 bis 20.000 schwerbewaffnete Infanteristen und Bogenschützen, sowie viele Leichtbewaffnete, Diener, Gefolge. Die schottische Streitmacht, die sich dieser gewaltigen Armada bei Bannockburn entgegenstellte, war vergleichsweise klein (500 Kavalleristen und höchstens 10.000 Infanteristen[37]), den englischen Fußsoldaten in puncto Kampferfahrung aber beträchtlich überlegen. Die Frage war, wie die schottischen Schiltrons (Formationen von Lanzenträgern) gegen die englischen Langbogenschützen und besonders gegen die englischen Ritter bestehen würde. Die Notwendigkeit, Stirling Castle schnell zu entsetzen, ließ Edward II. nachlässig werden. Die Bodenbeschaffenheit am Bach ('burn') Bannock war alles andere als geeignet für Kavallerieangriffe. Bruce wußte das, Edward ignorierte es. Edward beging noch einen schweren Fehler. Er ernannte ausgerechnet Gilbert de Clare, Earl of Gloucester, zum Constable für die Dauer des Feldzuges. De Clare war ein erbitterter Rivale des Earls of Hereford, Sir Humphrey de Bohun, der durch Erbrecht Constable von England war. Sir Humphrey war keineswegs gewillt, von de Clare Befehle entgegenzunehmen. Bruce hatte seine Unterführer hingegen unter Kontrolle, seine Armee stand in drei Divisionen von jeweils 1.000 - 1.500 Mann nördlich des Bannock. Sir James Douglas befehligte die Division der Clydesdale-Leute und der Borderer, Randolph de Moray befehligte die Division der Männer aus Ross, Inverness und Moray, Bruces Bruder Edward kommandierte die Kontingente aus Lennox, Buchan, Angus und Menteith. Robert the Bruce selber behielt das persönliche Kommando über die Highlander von Angus Og MacDonald - darunter waren auch die MacLeans. Sir Robert Keith befehligte die schottische Kavallerie - nur rund 500 Reiter. Ein blutiges Fanal gab den Schotten am 23. Juni 1314 Auftrieb. Robert the Bruce inspizierte gerade seine Truppen, als er von der englischen Vorhut entdeckt wurde. Henry de Bohun, Neffe Sir Humphreys, erkannte den König und attackierte mit eingelegter Lanze. Bruce warf sein Pferd herum, wich dem Lanzenstoß aus und spaltete mit einem gewaltigen Axt-

37 *Die Stärkeangaben schwanken in der Literatur beträchtlich, vgl. dazu Rothero, Christopher: The Scottish and Welsh wars 1250-1400, London 1984, Seite 13.*

hieb Bohuns Helm und Schädel. Danach ritt er zu den eigenen Linien zurück, wobei er sich über den Verlust seiner Axt (ihr Schaft war zersplittert) beklagte. Der Angriff der englischen Vorhut unter de Bohun und de Clare schlug fehl. Ein Flankenangriff englischer Ritter unter Clifford und Beaumont, die geplant hatten, die Schotten seitlich zu passieren, um eine Verbindung mit Stirling Castle herzustellen, scheiterte am Widerstand von Morays Division bei der St. Ninians Kapelle. Die Ritter hatten auf jede Infanterieunterstützung und Beschuß durch Bogenschützen verzichtet und einfach ungestüm angegriffen. Edward ließ mitten in den sumpfigen Wiesen kampieren, es war eine sehr ungemütliche Nacht. Der vorsichtige Bruce hätte sich mit dem Anfangserfolg zufriedengegeben und seine Truppen zurückgezogen, als ihn die Nachricht von englischen Deserteuren bewog, alles auf eine Karte zu setzen. Am nächsten Morgen beorderte Edward II. de Clare mit der Kavallerie nach vorne, der Boden war so schwer, dass die schwergepanzerten Ritter kaum vorwärtskamen, viele endeten mit ihrem Kommandeur an den 12 Fuß langen Lanzen der Schotten. Der Einsatz der englischen und walisischen Bogenschützen, der jetzt erfolgte, erbrachte fatale Ergebnisse. Solange die englische Kavallerie am Feind war, wurde sie ebenso Opfer der Pfeile wie die Schotten. Die schottische Infanterie ging langsam vor, dann ließ Bruce der rechten Flügel vorstürmen und nach links einschwenken. Die englische Schlachtlinie wurde von der Flanke her aufgerollt. Jetzt erst wurden die Bogenschützen der Engländer wirkungsvoll zum Einsatz gebracht, ihre Pfeile trafen so manchen Schotten, bis Sir Robert Keith mit seinen Reitern die Bogenschützen zersprengte. Jetzt erst traten die Highlander aus Bruces Reservedivision in Aktion. Ihr Angriff, dem sich Hunderte kaum bewaffneter Landbewohner und Leute aus dem Lager anschlossen, fegte einer Flutwelle gleich den letzten organisierten Widerstand hinweg. So endete die Schlacht von Bannockburn.

Die MacLeans waren treue Gefolgsleute der 'Lords of the Isles', zwischen den herrschenden Familien beider Clans gab es verwandtschaftliche Bindungen. Im sechzehnköpfigen Parlament der 'Lords of the Isles' hatten die MacLeans (bzw. die MacLaines) zwei Sitze, d.h. genausoviel Stimmrecht wie die MacLeods. Damit standen die MacLeans gleichauf mit den MacLeods an zweiter Stelle in der Hierarchie des Lordships (hinter den MacDonalds natürlich). Die MacLeans schlugen zweimal Aufstände der MacKinnons gegen die 'Lords of the Isles' nieder (einmal im 14. Jahrhundert, einmal im 15. Jahrhundert) und erhielten dafür Ländereien auf Mull und in Morvern.

o.: Schlacht von Bannockburn, aus: Guinness Book of Military Blunders, Guiness Publishing.
u.: Englische Truppen bekämpfen irische Rebellen, aus: The Oxford illustrated history (Fotomas Intex).

Solange die MacDonalds das 'Lordship of the Isles' hielten, waren die MacLeans ihre treuen Vasallen und agierten in hohen 'Regierungsämtern'[38], de jure war das Lordship Teil des Königreiches Schottland, de facto war es ein semiautonomes Königreich der MacDonalds. 'Red Hector of the Battles' MacLean of Duart kommandierte einen Heeresflügel der Highlandarmee der MacDonalds in der Schlacht von Harlaw 1411. Er wurde getötet, die Schlacht von den Lowlandern unter dem Duke of Albany gewonnen. Spätere MacLeans kommandierten ebenfalls die Armeen der MacDonalds/Lords of the Isles, oder auch ihre Flotten. In der Seeschlacht von Bloody Bay bei Mull im Jahre 1481 kommandierten die verschiedenen Chieftains der MacLeans (Duart, Ardgour, Lochbuie) die Geschwader des letzten Lords of the Isles (Iain MacDonald) gegen die Truppen dessen rebellischen Sohnes Angus Og MacDonald, Master of the Isles. Die Rebellen siegten und richteten unter ihren Gegnern ein großes Blutbad an, Chief MacLean geriet in Gefangenschaft und war in den Augen Angus Ogs zum Galgen reif. Chieftain MacDonald of Clanranald jedoch intervenierte, mit wem sollte man sich in Zukunft streiten, wenn man MacLean aufhängte? Diesem Argument konnte sich Angus Og nicht verschließen. Er selbst wurde 1490 getötet.

Lord Iain (oder John in anglisierter Schreibweise) starb 1498, der rechtmäßige Erbe war schon seit Jahren Gefangener der Campbells, König James VI. bot mit Hilfe der Campbells, der Grants, der Hamiltons usw. alles gegen das 'Lordship of the Isles auf'. Der König persönlich führte seine Streitkräfte ins Feld, aber da waren ja noch die MacLeans. Hector Odhar MacLean hatte zwar 1496 die Ernennung zum Baron Duart durch den König dankend akzeptiert, hielt aber zum unglücklichen Erben des Lordships. Erst im Jahr 1501 konnten die Kanonen der Königlichen Schottischen Marine den Widerstand MacLeans brechen. Mit dem Zusammen bruch des Lordships brachen die Verteilungskämpfe um dessen Territorium zwischen den verschiedenen Zweigen der MacDonalds, den MacLeods, den MacLeans aus. Einmal bot sich MacLean of Duart der englischen Krone gegen gute Bezahlung an, eventuelle Verstärkungen der MacDonalds of Clanranald für einen irischen Aufstand gegen Königin Elizabeth von England zu bekämpfen. Das Angebot wurde akzeptiert, die MacDonalds auf Mull in einen Hinterhalt gelockt und ... heimlich wieder freigelassen. Das Ganze war ein Komplott zwischen den Chiefs MacLean und Clanranald, die sich die Bezahlung teilten.

38 *Die MacLeans of Duart waren die Seneschals of the Isles, ein erbliches Amt.*

Nach dem Sieg der englischen Schiffe über die spanische Armada verschlug es viele spanische Schiffe in schottische oder irische Gewässer. Die 'San Juan de Sicilia' ankerte in Tobermory, um Frischwasser und Lebensmittel an Bord zu nehmen. Bald lief das Gerücht um, es befände sich Gold an Bord, viel Gold. Man sprach von 300.000 Pfund. Das war zuviel, als dass es Donald MacLean of Duart kalt gelassen hätte. Er schlich sich an Bord und legte eine Lunte ans Pulvermagazin. Was er sich davon versprach, bleibt rätselhaft. Das Schiff explodierte und sank in 11 Faden Wassertiefe, über 300 Menschen kamen ums Leben. Alle Versuche Donalds, das Gold zu bergen, blieben erfolglos. Auch moderne Bergungsteams erreichten nichts.

Anno 1598 erreichten die Fehden zwischen MacDonald und MacLean einen traurigen Höhepunkt, bei den Kämpfen um die Kontrolle der Insel Islay kam bei der Schlacht von Traigh Ghruineard Sir Lachlan Mor MacLean of Duart uns Leben, sein Tod gab den Anlaß zu einem dreitägigen Massaker an den MacDonalds durch die Truppen seiner Söhne.

Sir Lachlan Mor hatte die königliche Erlaubnis, ein Stück Land im Norden Islays in Besitz zu nehmen. Sein Neff, James MacDonald of Islay (Sohn von Lachlans Schwester Mary) erhob ebenfalls Ansprüche darauf. Lachlan war ein überzeugter Protestant, der in der Schlacht von Glenlivat gekämpft hatte. So tat er denn das Angebot des kleinwüchsigen Dubh Sith Shaw of Jura (der angeblich über Zauberkräfte verfügte), als Bogenschütze in Sir Lachlans Dienste zu treten, als abergläubischen Unsinn ab. Dubh Sith trat in die Dienste von James MacDonald und versteckte sich vor der Schlacht von Traigh Ghruineard in den Zweigen einer hohen Eberesche. Als Sir Lachlan MacLean das Visier seines Helmes öffnete, zielte der Zwerg sorgfältig und erledigte Sir Lachlan mit einem Pfeilschuß ins Auge.

Am Ende waren sowohl MacDonalds wie MacLeans so geschwächt, dass die Campbells als lachende Dritte die Kontrolle über diesen Teil der Hebriden übernehmen konnten. Der neue König James VI. hatte von den anarchischen Verhältnissen im Westen Schottlands genug und ließ verschiedene Chiefs 1609 zu einem Dinner an Bord eines königlichen Kriegsschiffes einladen. MacLeod und MacNeill waren gewitzt genug, sich entschuldigen zu lassen, die anderen kamen, darunter Hector Og MacLean of Duart. Der König ließ sie alle gefangennehmen, sie kamen nur unter Auflagen wieder frei. Duart mußte alle seine 'Galleys' (eher den nordischen

Drachenbooten verwandt als mediteranen Galeeren) abliefern, seine Clansmen wurden unter Androhung strengster Strafen dazu angehalten, Feuerwaffen und Claymores abzugeben. Das taten sie aber zu ihrem Glück nur sehr zögernd und keineswegs gründlich.

Die verschiedenen Zweige der MacLeans hatten sich z.T. mit dem Schwert ihren Besitz erworben. Donald MacLean, erster Chieftain of Ardgour, hatte in einer Fehde mit den MacMasters deren Aufgebot schlagen können und verfolgte nun deren Chief. Der floh zur Fähre von Corran, der Fährmann weigerte sich aber, ihn überzusetzen, er wollte sich mit MacLean gutstellen. Letzterer erschien auf der Szene und erschlug beide, denn einen Fährmann, der seinen Herren verkauft, kann man nicht brauchen. Hector Mor MacLean of Duart (sein Großvater war 1513 in der Schlacht von Flodden im Dienst König James' gefallen) hatte einen guten Plan. Seit diese Schlacht der königlichen Macht zeitweise enge Grenzen gezogen hatte, konnte man die eigene konsolidieren, und sei es auf Kosten ferner Anverwandter. Die MacLaines of Lochbuie, die von Hector Reaganach, dem Bruder des Ahnherrn der MacLeans of Duart abstammten, hatten Ländereien von dem Lord of the Isles erhalten. John (oder Iain) der Zahnlose, 5. Chief of Lochbuie, erhielt sie von Konig James IV. bestätigt, und damit hatten sich die MacLaines als eigenständiger Clan von den MacLeans emanzipiert.
Hector Mor MacLean sah seine Chance, als Ewen Kleinkopf, der Sohn Johns, gegen seinen Vater rebellierte. Mit der Hilfe der MacLeans obsiegte John, Ewen wurde getötet. Hector internierte John in der Burg Cairnburgh auf den Treshnish Islands. Der Erbe getötet und der Chief ohne weitere Nachkommen auf einer einsamen Insel; Hector hoffte, dass das Erbe der Lochbuies irgendwann seiner Familie zufallen würde. Die einzige Frau auf Cairnburgh, eine schon ältere, nicht sehr ansehnliche Magd, erlag Johns zahnlosem Charme. Ihr gemeinsamer Sohn Murdoch der Kurze kam auf Cairnburgh zur Welt, verbrachte seine Kindheit in Irland und kehrte erwachsen nach Schottland zurück, um erfolgreich sein Erbe einzufordern. Er wurde 1538 als legitimer Erbe offiziell anerkannt.

Ein anderer Zweig des Clans MacLean waren die MacLeans of Dochgarroch, sie waren Mitglieder der gegen Ende des 13. Jahrhunderts gegründeten Clanföderation Clan Chattan.

Im 17. Jahrhundert unterstützten die MacLeans die Könige aus dem Hause Stuart, gerieten dabei aber in große Schulden. Geschickt kaufte der Chief Campbell alle Ansprüche gegen die MacLeans of Duart auf und nutzte seine Rechtsposition als oberster Gerichtsherr von Argyll, um vor Gericht Rechtsstreite so zu beeinflussen, dass sie gegen die MacLeans entschieden wurden.

Lachlan MacLean of Morvern wurde von König Charles I. im Jahre 1632 zum Baron erhoben. Als hätten sie nur darauf gewartet, stellten sich die MacLeans sofort Montrose bei dessen Feldzug für den bedrohten König zur Verfügung. Als Montrose im Sommer 1643 nach einer Begegnung mit dem König mit ganzen zwei Begleitern unter seinem Kommando in Schottland eintraf, hatte der Earl of Antrim (ein Angehöriger des irischen Zweiges der MacDonalds) bereits 1.000 Mann nach Schottland geschickt.

Unter dem Kommando von Alastair MacColla MacDonald griff diese Truppe - verstärkt durch 600 MacLeans und MacDonalds von den Hebriden - Siedlungen der Campbells auf der Halbinsel Ardnamurchan an. Montrose unterstellte diese verwegene Truppe sofort seinem Befehl und ließ sie zu einem Treffen der Clans nach Blair marschieren.

Der Anblick der wilden MacDonalds und MacLeans war selbst für die hartgesottenen Highlander der Festlandclans zuviel. Schon boten sie ihre Leute auf, um gegen und nicht an der Seite der MacDonalds/ MacLeans zu kämpfen, da erschien Montrose und verhinderte Schlimmeres. Am 29. August 1644 hißte Montrose die königliche Standarte in Blair. Vereint zogen nun die Royalisten - Iren, Clansmen aus den Highlands und den Inseln - gegen Perth.

Am 1. September trafen sie bei Tippermuir auf den Feind, 7.000 Covenanter, zu allem entschlossen und z.T. mit großer Kampferfahrung. Montrose hatte gerade 3.000 Mann. Die einzigen Feuerwaffen führte das irische Kontingent, der Munitionsvorrat betrug einen Schuß pro Mann. Montroses Kavallerie bestand aus drei Leuten, seine einzige Artillerie waren ein paar Bogenschützen.
Montrose hatte seine Leute Steine aufsammeln lassen. Die Iren feuerten eine Salve, dann überschütteten Montroses Leute den Feind mit einem Steinhagel. Danach fegte eine Highland-Charge die verwirrten Covenanter vom Feld. Mit den erbeuteten Waffen konnte man einige neue Rekruten ausrüsten, aber Montroses schärfste Waffe blieb der wilde Mut seiner gälischen Krieger. MacCollas Stellvertreter Magnus O'Cahan brachte es auf den Punkt: *„Gewehre haben wir jetzt, aber wir müssen weiter angreifen, die stinkenden Geizhälse haben uns kein Pulver dagelassen."*

Ein großer Moment für die MacLeans war der Sieg in der Schlacht von Kilsyth (15. August 1645). Siebenhundert MacLeans of Duart und MacLaines of Lochbuie unter Ewan MacLean of Treshnish nahmen an der Schlacht teil, in der eine zahlenmäßig weit überlegene Armee der Covenanter (etwa 6.800 Mann) unter General Baillie von den Hochländern und Iren Montroses geschlagen wurde. Dabei hatten die MacLeans einige sehr kritische Momente zu bestehen. wie Alastair MacDonald mit seinen MacDonells bei Auldearn mußte Ewan MacLean of Treshnish mit einer zahlenmäßig hoffnungslos unterlegenen Mannschaft gegen starke Feindkräfte im Häuserkampf (es waren allerdings nur ein paar armselige Hütten) bestehen. Wie MacDonald bei Auldearn hatte er sich durch einen vorschnellen Angriff (ohne Order seines Kommandeurs) in diese Situation manövriert.

Lachlan Macleans Erbe Sir Hector MacLean of Duart, der 2. Baron, starb für die Sache der Stuart-Könige bei Inverkeithing im Jahre 1651, der Legende nach fiel er zusammen mit seinen sieben jüngeren Brüdern.

Jedesmal wenn ein Bruder, der schützend vor dem Clan-Chief stand, getroffen zu Boden sank, sprang ein anderer in die Bresche und rief: „Another one for Hector“. Es nützte nichts, am Ende waren alle tot.

Der Lorprotektor Cromwell beschloß, den hartnackigen Parteigängern der Stuart-Könige in den Highlands eine Lektion zu erteilen. Drei Kriegsschiffe schickte er Richtung Mull. Hastig wurde der junge Chief der MacLeans von Duart Castle auf die Treshnish Islands in Sicherheit gebracht, die Kriegsschiffe gingen in einem Sturm unter.

Mit dem großen Feldzug von 1689 sammelten sich die MacLeans unter dem königlichen Banner Dundees, und während Sir John MacLean (4. Baron) seine Highlander in die Schlacht von Killiecrankie führte, bombardierten englische Kriegsschiffe Duart Castle. Allein, die Burg hielt aus. Die MacLaines standen ihren berühmten Vettern nicht nach. Hector MacLaine of Lochbuie brachte gerade 200 Hochländer zur Verstärkung Dundees, als sie von 300 Kavalleristen der Berkeley's Dragoons angegriffen wurden. Die Highlander zogen sich an einen Hang zurück und die Dragoner saßen ab, um zu Fuß zu attackieren. Das war ihr letzter großer Fehler, denn in ihrer ureigenen Kampfesweise waren die Highlander trotz zahlenmäßiger Unterlegenheit nicht zu schlagen. Auch der Kommandeur der Dragoner befand sich unter den Gefallenen.

Am 27. Juli 1689 kam es zur großen Schlacht von Killiecrankie. Eine fast ausschließlich aus Highlandern bestehende Armee unter Dundee (einem Lowlander) traf auf eine überwiegend aus Lowlandern beste-

hende Armee unter General Mackay (einem Highlander) etwas nördlich des Passes von Killiecrankie. Die Jakobiten unter Dundee stellten sich an den Hängen des Berges Creag Eallach auf, die Regierungssoldaten unter Mackay entlang der Straße, die durch den Paß führte. Mackay stützte seine beiden Flanken auf natürliche Barrieren, mußte aber dafür seine Linien ausdünnen. Aus der ursprünglichen Aufstellung mit sechs Gliedern wurde eine mit nur drei Gliedern - tatsächlich erlaubte diese Aufstellung (die erst unter Friedrich dem Großen allgemein üblich wurde) die Entwicklung größerer Feuerkraft. Das Regiment Kenmore in der Mitte von Mackays Aufstellung hatte aus unerfindlichen Gründen jedoch den Befehl nicht ausgeführt, es stand nun sechs Glieder tief mitten in der Schlachtreihe, mit über 100 m breiten Lücken links und rechts. Gegen 8 Uhr am Abend begann die Highland Charge der 2.500 (oder 3.000) Mann[39] starken Armee Dundees gegen den mit 3.500 (oder 5.000) Mann weit überlegenen Feind. Auf dem linken Flügel konzentrierte sich der Angriff der Highland-Regimenter Cameron of Lochiel, MacLean (unter Sir Alexander MacLean) und MacDonald of Sleat gegen die beiden ganz rechts aufgestellten Regimenter Mackays, namentlich seine Mackay Highlanders und das englische Regiment Hastings. Die MacLeans auf dem rechten Flügel (unter Chief John MacLean) attackierten das Regiment Brigadier Balfours, das einen geordneten Rückzug zum Fluß Garry antrat. Hier aber trafen schon einige Atholl-Highlander ein, die auf die Nachricht von einem Gefecht am Killiecrankie-Paß von Blair Castle herbeigekommen waren. Balfours Truppen wurden zwischen den MacLeans und den Atholl-Highlanders aufgerieben. Abgesehen von Versprengten entkam nur das Regiment Hastings vom Schlachtfeld.

Ein gewisser Donald MacBean war Soldat eines Regiments der Regierungstruppen. Die Highlander waren dem armen Donald schon auf den Fersen. Er rannte, so schnell er konnte, um nicht an einem Claymore sein Ende zu finden. Auf seiner wilden Flucht kam er an das felsige Ufer des Rivers Garry, umdrehen konnte er nicht, hinter ihm waren schon die wilden Hochländer, herabklettern ging auch nicht, also sprang er. Und er erreichte das andere, sichere Ufer. Rund 6 Meter muß Donald MacBean damals gesprungen sein, die Stelle ('Soldier's Leap') ist heute markiert.

39 *In den Quellen schwanken die Stärkeangaben zur Schlacht von Killiecrankie erheblich. Vgl. dazu Reid, Stuart und McBride, Angus: Highland Clansman, 1689-1746, London 1997, Seite 19-24, vgl. auch Guest, Ken und Denise: British Battles; The front lines of history in colour photographs, London 1996, Seite 177-179.*

Trotzdem war es für die Jakobiten ein Pyrrhussieg. General Graham of Claverhouse, 'Bonnie Dundee', war tot. Die genauen Umstände sind nicht vollständig aufgeklärt worden. Mit seinem Tod verloren die Jakobiten ihren fähigsten operativen Kopf und mit der Niederlage König James' II. in Irland (in der Battle of the Boyne am 1. Juli 1690) brach der Aufstand zusammen. Die Feindseligkeiten zogen sich aber noch einige Zeit hin, denn das Territorium der MacLeans und anderer westlicher Clans lag jetzt dem Zugriff der Regierungstruppen und der regierungstreuen Campbells offen. Von strategischer Bedeutung war besonders Duart Castle.

Seit dem 13. Jahrhundert im Besitz der MacLeans, zur starken Festung ausgebaut und in strategisch günstiger Lage, blieb es das Ziel der campbellschen Begehrlichkeiten und nach dem Sieg über die Jakobiten besetzten 2.500 Kämpfer des Clan Campbell die Insel Mull und eroberten schließlich Duart Castle. Die Burg diente noch einige Jahre als Garnison und verfiel schließlich. Sir John MacLean of Duart floh auf den Inselstützpunkt Cairnburgh, eine uralte Befestigungsanlage (vermutlich aus der Eisenzeit), hielt es aber an dieser einsamen Stätte 1692 nicht mehr aus und ging ins Exil. Er kehrte später zurück, um 1715 seine Highlander für den 'Old Pretender' im großen Jakobitenaufstand aufzubieten. Als der Earl of Mar die Standarte des 'Old Pretender' im September 1715 in Braemar hißte, marschierten 2.500 Highlander der westlichen Clans (darunter die MacLeans) zu seiner Verstärkung. Sie erreichten Mars Armee am 4./5. November 1715. Die unentschiedene Schlacht von Sheriffmuir (13. November 1715) offenbarte nur die Führungsschwäche Mars, dessen Truppe nach der Schlacht durch Marschverluste, Krankheiten und Desertion dahinschmolz. Die Rebellion erstarb.

Im Jahr 1716 wurde Sir Hector MacLean, Sohn Sir Johns, von James Edward Stuart, dem Gegenkönig im Exil, zum Lord MacLean erhoben. Sir Hector war ein überzeugter Freimaurer und gründete in Paris die Große Loge von Frankreich. Bei Ausbruch des Jakobitenaufstandes 1745 befand er sich auf britischem Boden und wurde von der Regierung in Edinburgh Castle interniert. Sein Clan beteiligte sich trotzdem am Aufstand, bei Culloden (am 16. April 1746) standen 182 MacLeans im Regiment der MacLachlans. Der Anführer der MacLeans, MacLean of Drimnin, wurde in der Schlacht getötet[40]. Einer seiner Nachkommen, Kaid Sir Harry MacLean, kommandierte die Armee des Sultans von Marokko gegen Ende des 19. Jahrhunderts. Die Dudelsackpfeifer der Militärkapelle des heutigen Königs von Marokko tragen zu ihrer Uniform den MacLean-Tartan.

40 *Die MacLaines of Lochbuie verhielten sich während des Aufstandes von 1745/46 neutral.*

Zu Beginn des Amerikanischen Unabhängigkeitskrieges stellte Colonel Allan MacLean das Regiment der Royal Highland Emigrants auf. Nach dem Ende des 7jährigen Krieges (1756-1763) hatten sich viele Veteranen der Highland-Regimenter in Kanada niedergelassen. Unter deren Angehörigen und unter den schottischen Emigranten in New York und North Carolina suchte und fand Colonel MacLean seine Freiwilligen. Das Regiment diente mit Auszeichnung in Kanada, Carolina und Virginia. Ein Detachment focht unter General Cornwallis bei Yorktown. Das Regiment wurde 1784 aufgelöst.

Im Jahr 1911 erwaben die MacLeans Duart Castle zurück und 1912 bezog Chief Sir Fitzroy MacLean of Duart die wiederaufgebaute Burg. Er war früher Colonel bei den Husaren gewesen und hatte den berühmten Angriff der Light Brigade in der Schlacht von Balaklava (am 25. Oktober 1854) im Krimkrieg mitgeritten. Sein Enkel Sir Charles MacLean of Duart and Morvern kommandierte während des II. Weltkriegs eine Panzerkompanie der Scots Guards. Ein entfernter Verwandter, Sir Fitzroy MacLean of Ardgour, war während des Weltkriegs Offizier der Commandos und ab September 1943 Chef der britischen Militärmission bei Tito in Jugoslawien. Beim deutschen Kommandounternehmen gegen Titos Hauptquartier in Drvar im Mai 1944 entging er nur knapp der Gefangennahme. Winston Churchill soll ihn bei ihrer ersten Begegnung gefragt haben, ob er den Kilt trage, wenn er mit dem Fallschirm abspringe. Das ist in der britischen Heeresdienstvorschrift zwar nicht vorgesehen, aber bei einem Spartaner des Nordens ist es nicht undenkbar.

Torosay Castle

Touristische Hinweise:

Auf jeden Fall sehenswert ist Duart Castle auf der Insel Mull. Es ist von Mai bis September von 10.30 bis 18.00 Uhr geöffnet.

Ganz in der Nähe befindet sich Torosay Castle mit seinen ausgedehnten Parkanlagen (geöffnet Mitte April bis Mitte Oktober 10.30 bis 17.30 Uhr). Von Fionnphort oder von Ulva Ferry auf Mull kann man Bootstouren machen zur Fingalsgrotte auf Staffa, zur Insel Iona mit dem Kloster des heiligen Columba und zu den Treshnish Islands mit der alten MacLean-Burg Cairnburgh.

Im Süden von Mull liegt der Steinkreis von Lochbuie.

Auf den Schlachtfeldern von Bannockburn, Killiecrankie und Culloden informieren heute 'Heritage Centres', modern aufgemachte Museen den Besucher. Killiekrankie und Culloden sind außerdem nicht (ganz) überbaut worden, vermitteln dem Betrachter also auch heute noch einen Eindruck. Allerdings führt die vielbefahrene A 9 direkt über den Ort der Stellungen von Mackays Truppen hinweg, Öffnungszeiten des Besucherzentrums sind von April bis Oktober 10.00 bis17.00 Uhr, von Juni bis August von 9.30 bis 18.00 Uhr.

Das Culloden Moor Vistor Centre öffnet im Februar und März bzw. im November und Dezember von 10.00 bis 16.00 Uhr, April bis Mitte Mai und Mitte September bis Oktober von 9.00 bis 17.00 Uhr, Mitte Mai bis Mitte September 9.30 bis 18.00 Uhr.

St. Martins Cross vor der Kathedrale Iona Abbey.

oben: Glenfinnan Monument; unten: Ruinen von Inverlochy Castle;

The gentle Lochiel
Clan Cameron

Im Westen der Highlands zwischen den Landschaften Lochaber und Garmoran verlief dereinst die Grenze zwischen dem Land der MacDonalds und dem der Camerons. Hier, in einem der entlegensten Landstriche Schottlands, kann man im Glen Dessary blutrote Edelsteine finden, Granate, das 'Blut der Krieger'. Alte gälische Sagen berichten von den Seelen der Krieger, die zum Himmel emporsteigen und dort wie Vögel hin und herziehen. Sie ziehen mit dem Wind, bis ihre irdischen Sünden abgetragen sind. Nachts hört man ihr Kampfgetümmel. Morgens findet man ihr Blut auf den Felsen, Granate, das 'Blut der Krieger'.

Einer der berühmtesten schottischen Clans bekam seinen Namen von einem frühen Chief, dem seine krumme Nase den gälischen Beinamen Camshron eingetragen hatte. Es gab wahrscheinlich eine genealogische Verbindung zwischen den frühen Camerons und dem Clan MacDuff[41]. Zu den Vorfahren der Camerons zählten auch die MacGillonies und die MacMartins. Ein Robert of Cambrun (Cameron?) bekam die Ländereien um Ballegarno aus den Händen König William the Lyons (1165-1214).

Am 17. August 1296 nahm König Edward I. von England (genannt 'Hammer of the Scots') auf seinem Feldzug gegen William Wallace Quartier in Ballegarno Castle, einer Burg, die später urkundlich nachweisbar zum Besitz der Camerons gehörte. Im Jahr 1296 wird von einem Sir Robert de Cameron als Sheriff von Atholl berichtet, ein Sir John de Cameron gehörte zu den Unterzeichnern der Deklaration von Arbroath im Jahre 1320.

Der erste Träger des Namens Cameron, der definitiv als Clanchief gelten konnte, war Donald Dhu Cameron, dessen Name in einer Urkunde aus dem Jahr 1410 auftaucht, hier wird er als der 11. Chief bezeichnet, leider werden seine Vorgänger aber nicht namentlich benannt. Donald Dhu gehörte zu den Vasallen der 'Lords of the Isles', er führte seinen Clan 1411 für die MacDonalds in die Schlacht von Harlaw.

Bei Harlaw ging es 1411 um das Gleiche wie bei Somerleds legendärem Feldzug von 1164: die kulturelle Unabhängigkeit der westlichen Inseln von einem stark feudal geprägten Königreich Schottland. Wieder waren die MacDonalds die Speerspitze der Gälen, wieder konnten sie keinen Sieg erringen. Taktisch gesehen war die Schlacht von

41 *Vergessen wir nicht jenen MacDuff, der in Shakespeares Macbeth zum Schicksal des Titelhelden wird.*

Harlaw eine Niederlage der MacDonalds 'Lords of the Isles', die Lowlander unter dem Duke of Albany konnten das Schlachtfeld (am Rande der Grampians nordwestlich von Aberdeen, nicht weit vom sagenumwobenen Schlachtfeld des römischen Feldherren Agricola am Mons Graupius) behaupten. Strategisch betrachtet war es ein Unentschieden, denn beide Seiten waren zu erschöpft, um nachzusetzen. Ein Sieg der MacDonalds und der ihnen assoziierten Clans hätte für Schottland weitreichende Folgen gehabt - eine Dominanz des keltisch-gälischen Elementes.

Nach der Schlacht von Harlaw stießen die MacMillans of Murlaggan zum Clan Cameron, manche Historiker sehen in den MacMillans den Clan *Qwhewyl*, der am berühmten Clanduell 1396 bei Perth ('Battle of the Clans') beteiligt war.

Um 1430 brach der Konflikt zwischen Camerons und Mackintoshs aus, bei Harlaw waren sie noch Waffenbrüder gewesen. Die Fehde brach immer wieder erneut auf und bestimmte für zwei Jahrhunderte die Geschicke des Clans Cameron (des Clans Mackintosh natürlich auch). Donald Dhu hatte zwei Söhne: Allan, der der 12. Chief wurde, und Ewen. Allan war der Constable von Strome Castle, sein Sohn Ewen wurde 13. Chief. Er nahm den Beinamen 'Lochiel' an, in seiner direkten Linie verblieb die Chiefwürde bis heute. Die Ländereien der Camerons in Lochaber wurden 1528 zur Baronie erhoben. Nach dem Tode Ewen Camerons of Lochiel (enthauptet 1547) brach zwischen seinen Nachkommen aus erster Ehe (mit einer MacDonald) und denen aus zweiter Ehe (mit einer Mackintosh) blutiger Streit aus. Mehr als ein halbes Jahrhundert herrschte zwischen beiden Linien tödliche Feindschaft, der Dutzende Angehörige der führenden Familien des Clans Cameron (Lochiel und Erracht) zum Opfer fielen. Allan Cameron of Lochiel kämpfte siegreich in der Schlacht von Glenlivat 1594 für die katholischen Earls von Huntly und Errol gegen die von den Campbells angeführten Regierungstruppen, die den Auftrag hatten, jeden Widerstand der Highlander gegen die Reformation mit Waffengewalt zu brechen.

Sir Ewen Cameron of Lochiel, 17. Chief (1629-1719), war ein unverwüstlicher Kämpfer und überzeugter Jakobit. Ihm wird der Abschuß des letzten schottischen Wolfes zugeschrieben (was wahrscheinlich nicht der Wahrheit entspricht). Aber auch ohne diese zweifelhafte Ehre war sein Ruf als Kämpfer legendär. In jungen Jahren hatte er einen gegnerischen Offizier getötet, indem er ihm die Kehle durchgebissen hatte. Er war der letzte Highland-Chief, der gegen Cromwell aushielt. Erst 1658 schloß er Frieden mit dem 'Lord-Protector', Oliver Cromwell, dessen Uhr auch schon fast abgelaufen war (er starb im September 1658); eigentlich schloß Cromwell Frieden mit Lochiel: Lochiel lieferte keine Waffen ab und schwor keine Treueide.

Anno 1665 marschierten die Mackintoshs in großer Anzahl in die Gebiete der Camerons ein. Der Earl of Breadalbane (ein Campbell), der mit beiden Clans verbündet war, setzte seine Truppen in Marsch. Er drohte beiden Chiefs, er würde mit seinen Leuten dem Angegriffenen beistehen, falls einer von beiden zur Attacke schreiten sollte. Dann gab der Chief der Campbells dem Chief der Camerons eine stattliche Summe Geldes, mit der dieser die Ansprüche der Mackintoshs kompensierte. Der Grund für dieses „Peace enforcing" durch die Campbells war die simple Tatsache, dass die mit ihnen verfeindeten Gordons ebenfalls versuchten, mit Geld und mit Drohungen Einfluß auf die Clans der zentralen Highlands zu gewinnen.

Ewen Cameron of Lochiel wurde 1680 zum Ritter geschlagen[42]. Für diese Ehrung bedankte er sich bei den Stuarts durch seinen persönlichen Einsatz bei Killiecrankie 1689, angeblich führte er die Highland-Charge barfüßig in eigener Person an. Sein Rundschild ('Targe') aus dieser Zeit ist erhalten. Er zeigt drei Durchschüsse von Gewehrkugeln...

Im Jahr 1715 rief Sir Ewen erneut den Clan zu den Waffen, überließ aber aus Altersgründen seinem Sohn John das Kommando. Dessen Sohn wiederum, Donald Cameron, wurde bekannt als der 'Gentle Lochiel'. Er schloß 1744 ein Agreement mit den Chiefs von Keppoch und Glengarry, dass ein von ihm bestimmter Vertreter straffällige Camerons in Ardnamurchan verfolgen dürfe. Nun gehörte Ardnamurchan gar nicht zum Territorium der Camerons, es unterstand de jure der Jurisdiktion der Herzöge von Argyll, also der Campbells. Aber früher hatte es zum Herrschaftsbereich der Mac Donalds gehört, und das war wohl in den Augen der Chiefs wichtiger als die Gesetze der fernen Regierung und der verhaßten Campbells. Donald Cameron of Lochiel, der 19. Chief, stieß als einer der ersten Highland-Chiefs zu 'Bonnie Prince Charlie'. Am 23. Juli 1745 landete der Prinz auf der Hebrideninsel Eriskay. Zwei Tage später betrat er in der Nähe Moidarts das Festland, wo er sich den Zulauf der traditionell jakobitisch gesonnenen westlichen Clans erhoffte. Allein, die ganz große Begeisterung ließ auf sich warten. Ein Highland-Chief riet ihm: „Young Prince, go home!". Darauf gab der Prinz die berühmte Antwort: „I am come home."

42 *Im selben Jahr machte auch ein ganz anderer Cameron von sich reden. Der junge Prediger Richard Cameron erklärte in Dumfries (einer Hochburg der Covenanter) dem König den Krieg. Er fand schnell den (vielleicht ersehnten) Märtyrertod bei einem Scharmützel. Seine Anhänger wurden bald `Cameronians`genannt und galten als die fanatischsten unter den Presbyterianern. Während die Highlander der Camerons für König James kämpften, bildete der Earl of Angus aus tausend Cameronians ein Regiment für König William. Fast 300 Jahre bestand dieses Regiment, bis es aufgelöst wurde. Die Cameron Highlanders gibt es heute noch (Seaforth, Gordon and Cameron Highlanders).*

Chief MacDonell of Keppoch und der 'Gentle Lochiel' versprachen Hilfe. Es war tatsächlich die Reaktion der Camerons, die für viele abwartende Clanchiefs den Ausschlag gab, sich der Rebellion anzuschließen. Am 19. August 1745 wurde in Glenfinnan, im Gebiet der Camerons, die Standarte des Prinzen aufgerichtet. Etwa 1.000 Clansmen, Camerons und MacDonells, scharten sich um den Prinzen, andere schlossen sich später an. Ein erster Versuch der Camerons, Ruthven Barracks (einen Stützpunkt englischer Truppen) einzunehmen, scheiterte, obwohl die Besatzung des Stützpunkts lächerlich gering an Zahl war. Allerdings brachte es dann die Kriegslist einiger Camerons zustande, dem Prinzen ungehinderten Zugang nach Edinburgh zu verschaffen, wo er im Palast von Holyroodhouse residierte, bis er mit seiner Armee nach Süden zog, die verhaßten Hannoveraner vom Thron zu stoßen. Mit rund 740 Mann im Clanregiment der Camerons brachen der Prinz und der 'Gentle Lochiel' am 1. November 1745 von Edinburgh Richtung England auf.

Donald Cameron of Lochiel lunchte gerade mit dem Chief der MacGregors of Glencarnock, als draußen Schüsse fielen. 'Gentle Lochiel' war überzeugt, es müsse sich um plündernde MacGregors handeln, Chief MacGregor of Glencarnock vermutete marodierende Camerons. Man kam überein, eine Wette abzuschließen und nachzusehen. Es war tatsächlich ein disziplinloser Cameron. Cameron of Lochiel oblag es, ihn niederzuschießen, sehr zur Genugtuung des Chiefs MacGregor.

Auf dem Marsch durch England kam es zu einer bemerkenswerten Episode. Der Chevalier Johnstone, der Chronist des Jakobitenaufstandes, berichtet von einer verschreckten Engländerin, bei der Highlander einquartiert worden waren.

Diese Dame war Opfer der Greuelpropaganda in England. Sie sah in den sehr diziplinierten Hochländern Barbaren schlimmster Couleur und erwartete für sich und ihre Familie das Alleräußerste. Vor Verzweiflung warf sie sich vor dem ersten Hochländer auf die Knie, flehte jämmerlich und ließ sich gar nicht beruhigen. Es war ausgerechnet Cameron of Lochiel, der das Opfer dieses Flehens wurde. Er fand nämlich zunächst überhaupt kein Argument, das die besorgte Dame hätte beruhigen können. Die anderen Highland Gentlemen sollen sich doch köstlich amüsiert haben.

Auf dem Rückzug passierten die Truppen des Prinzen Glasgow, dessen Magistrat und Einwohnerschaft alles andere als jakobitisch gesonnen waren. Die Highlander wollten die Stadt brandschatzen, allerdings intervenierte der 'Gentle Lochiel' und rettete die Stadt. Ein dankbarer Stadtrat beschloß, zur Erinnerung jedesmal die Glocken läuten zu lassen, wenn ein Chief Cameron die Stadt betritt. So geschieht es bis auf den heutigen Tag.

Am 18. März 1746 verließ Chief Cameron of Lochiel mit seinem Regiment die Hauptarmee des Prinzen. Er zog mit seinen Leuten und einigen Feldgeschützen, die man in Inverness Castle gefunden hatte, die Festungen Fort William und Fort Augustus anzugreifen, die gefährlich nahe an den Besitzungen der Camerons lagen. Am 20. März begann er die Belagerung, nach wenigen Tagen fiel Fort Augustus und wurde in Brand gesetzt. Einige Zeit später stießen die Camerons wieder zur Hauptarmee[43].

Am 16. April 1746 kam es bei Culloden zur Entscheidungsschlacht. Das Regiment der Camerons stand in der ersten Schlachtreihe der Jakobiten und zwar am rechten Flügel (der traditionellerweise den MacDonalds vorbehalten war). Der linke Nachbar der Camerons war das Appin Regiment von James Stewart of Ardsheal, der rechte Nachbar die Atholl Brigade unter Lord George Murray, dem wohl fähigsten Kommandeur der Jakobiten. Um 1 Uhr begann die Schlacht mit dem Beschuß der englischen Artillerie, die sich zunächst auf die wenigen Feldgeschütze der Jakobiten konzentrierte und diese bald zum Schweigen brachte. Nachdem ein Highlander, der nur wenige Meter neben dem Prinzen gestanden hatte, von einer Kanonenkugel gräßlich zerfetzt wurde, zog sich der Prinz etwas in den Hintergrund zurück, seine Hochländer waren aber weiter dem mörderischen Feuer ausgesetzt. Der Beschuß dauerte noch zwanzig Minuten an, während derer der Prinz zögerte, endlich den Angriffsbefehl zu geben. Dann hielten es die Männer von Lord George Murray nicht mehr aus und stürmten voran, über das Moor von Drummossie, geradewegs auf die englischen Linien zu. Die Camerons schlossen sich an. Ihr Angriff hatte zunächst Erfolg, das auf dem linken Flügel der Regierungsarmee postierte Regiment (Barrel's 4th Regiment of Foot) brach zusammen. Das verleitete die Stewarts of Appin und sogar einige Regimenter aus dem Zentrum der Schlachtreihe der Jakobiten, nach rechts zu schwenken, um den erzielten Einbruch auszunutzen.

43 *Laut der Aussage von Johnstone handelte es sich bei dem eroberten Fort um Fort William. Diese Aussage darf bezweifelt werden. Mit der Hilfe französischer Ingenieure konnten die Jakobiten Fort Augustus erobern, mußten die Belagerung von Fort William aber am 8. April abbrechen, als alle Detachements derJakobiten nach Inverness zurückbeordert wurden.*

Das hatte zwei unmittelbare Folgen: diese Regimenter gerieten in das Kreuzfeuer der hinter der Steinmauer der Leanach Farm postierten Campbell Highlanders. Außerdem fanden sich die Highlander des Zentrums ohne Unterstützung wieder. Sie hatten, die Leute des Clan Chattan voran, mit dem Schlachtruf „Claymore" attackiert. Teile des Zentrums waren aber nach rechts, in Richtung auf den Durchbruch der englischen Front abgeschwenkt. Jene wankte, fiel aber nicht. Vier Bataillone der von General Huske befehligten zweiten Linie der Regierungsarmee riegelten den Einbruch ab. Der Angriff der MacDonalds auf dem linken Flügel brachte noch weniger ein. 500 englische Dragoner griffen nun die Kavallerie der Jakobiten an. Das Gefolge des Prinzen führte diesen vom Schlachtfeld, er selbst unternahm aber auch keinen Versuch, das Ruder vermittels persönlicher Führung herumzureißen. Lord Elcho schrie ihm hinterher: „Run, you cowardly Italian!" Die englische Infanterie ging nun vor. Verwundete Hochländer wurden mit dem Bajonett niedergemacht, am Ende lagen 360 Regierungssodaten und 1.000 Jakobiten[44] tot auf dem Schlachtfeld. William Duke of Cumberland hatte seinen neuen Beinamen: the Butcher[45].

Der Rückzug der überlebenden Angehörigen der Jakobitenarmee geriet zur Flucht. Die Angriffe der englischen Dragoner forderten unter den fliehenden Clanregimentern hohe Verluste.

Am 8. Mai 1746 trafen sich einige der übriggebliebenen Jakobitenkommandeure im abgelegenen Weiler Murlaggan am Loch Arkaig, auf dem Gebiet der Camerons. Hier entschieden sie, dass sie ihre Regimenter zehn Tage später in Invermallie versammeln sollten, um den Kampf wiederaufzunehmen. In der Zwischenzeit sollten mit den 35.000 Pfund in Gold, die die zwei französischen Fregatten Mars und Bellona am 2. Mai am Loch nan Uamh gelandet hatten, die Verwundeten und die Angehörigen der Toten bezahlt werden, um die Kampfmoral zu stärken. Das Treffen der Clans bei Invermallie kam sogar zustande (verspätet zwar, doch immerhin), mit der Wiederaufnahme des Kampfes wurde es aber nichts. Der Verbleib des französischen Goldes ist nicht vollständig klar, nur Teile gelangten

44 *Dazu kamen noch 558 Gefangene.*

45 *Seine Aktivitäten auf dem nordwestdeutschen Kriegsschauplatz zu Beginn des Siebenjährigen Krieges brachten ihn in den Ruf des millitärischen Dilletantismus. Der Erbprinz von Hessen, damals wie schon zur Zeit des Aufstandes von 1745/46 Cumberlands Verbündeter, hielt gar nichts von dessen menschlichen wie militärischen Qualitäten. Wenn man Johnstone glauben darf, hatte er diese Ansicht auch schon 1746 in Schottland ganz deutlich zum Ausdruck gebracht.*

in die Hände der vorgesehenen Empfänger, ohnehin sollte eine bestimmte Menge als Kriegskasse für zukünftige Aktionen zurückbehalten werden. Diese Kriegskasse wurde irgendwo bei Murlaggan versteckt: das Gold vom Loch Arkaig.

Dem 'Gentle Lochiel' war in beide Fußknöchel geschossen worden, er wurde von seinen Getreuen vom Schlachtfeld getragen. Nach dem traurigen Ende der Erhebung von 1745/46 entkam der Chief der Camerons mit knapper Not nach Frankreich, verbrachte dort wenige Jahre als Offizier der französischen Armee (Kommandeur des Regiments d'Albany, das man 1747 eigens aufgestellt hatte, um ihm ein aktives Kommando zu geben) und starb 1748 im französischen Exil. Sein Sohn James Cameron of Lochiel diente als Offizier bei den Royal Eccosois. Donald Cameron, Cousin des 'Gentle Lochiel', war bei Culloden Stellvertreter seines Vetters als Kommandeur ihres Clanregiments. Donald Cameron versteckte sich nach der Niederlage drei Jahre lang in den Highlands, selten hielt er sich lange an einem Ort auf, oft benutzte er Verkleidungen. Dr. Archibald Cameron (1707-1753), der Bruder des 'Gentle Lochiel', ebenfalls Offizier der Jakobitenarmee, ging desgleichen nach Frankreich, kehrte aber heimlich nach Schottland zurück, wo er das versteckte Gold vom Loch Arkaig bergen wollte. Er wurde verhaftet und 1753 grausam hingerichtet. Er war der letzte Jakobit der gehängt, gestreckt und gevierteilt wurde. Ein weiterer Bruder, Priester von Beruf, wurde ebenfalls als Hochverräter hingerichtet.

Im Jahr 1752 hatte die Meldung, Jakobiten planten einen Anschlag auf die königliche Familie und schwedische Truppen stünden bereit, in Großbritannien zur Unterstützung eines neuen Aufstandes zu landen, eine Welle von Hysterie ausgelöst. Der Mord von Appin war dagegen Realität, auf dem Gebiet der Stewarts of Appin war der 'rote Fuchs', Sir Colin Campbell, erschossen worden. Obwohl sich die Justiz beeilte, den völlig unschuldigen James Stewart of the Glens zu verurteilen und Allan Breck Stewart als den vermeintlichen Mörder durch die Highlands zu jagen, stand nicht einmal fest, dass ein Stewart überhaupt der Mörder war. Schon bald lief das Gerücht um, ein Cameron hätte Sir Colin womöglich erschossen. In dieser Situation wurde Dr. Archibald Cameron gefaßt und vor Gericht gestellt.

Anno 1793 stellte Major Allan Cameron of Erracht (1753-1828), Sohn Donald Camerons, das 79. Highland-Regiment auf, das 1794 in Flandern seinen ersten Feldzug focht (gegen die französischen Revolutionstruppen). Es wurde 1873 in The Queen's Own Cameron Highlanders umbenannt, 1961 (als es mit den Seaforth Highlanders zusammengelegt wurde) in The Queen's Own Highlanders.

Achnacarry Castle ist die Residenz des Chiefs Cameron of Lochiel. Hier stand einst ein Herrenhaus, das vom 'Gentle Lochiel' bewohnt worden war. Nach Culloden hatten es Regierungstruppen angezündet.

Einige Zeit später erschienen sie wieder in der Gestalt von zwei Platoons aus Munros Regiment. Sie bezogen Feldwache auf den Ruinen. Man war auf der Suche nach dem Gold von Loch Arkaig, zumindest aber das Geschmeide und das Tafelsilber der Familie des Chiefs mußten noch irgendwo aufzufinden sein. In einer nicht weit entfernten Hütte fand man den Gärtner und den Koch des Chiefs. Beide gaben vor nichts zu wissen oder sie wußten tatsächlich nichts, jedenfalls erfuhren die Soldaten von ihnen kaum etwas, obwohl sie beide mehrfach ausgepeitscht wurden. Dann schickte man sie in Ketten nach Inverness. Das waren nicht die einzigen Clansman der Camerons, die für die jakobitische Gesinnung ihres Chiefs zahlen mußten.

Captain John Beckwith war auf Dienst in Strontian, Halbinsel Morvern. Einer seiner Korporale griff einen Mann namens Cameron auf, Diener bei Jane Cameron. Der Kerl trug tatsächlich einen Plaid! Er wurde nach Fort William gebracht, wo ihn der Sheriff zu einer empfindlichen Strafe verurteilte.

Der Enkel des 'Gentle Lochiel', Donald Cameron, erhielt 1784 die nach der Rebellion aufgehobenen Besitzungen zurück. Er erbaute neben den Ruinen des alten Hauses Achnacarry Castle, das von seinem Sohn Donald Cameron 1837 vollendet wurde. Besagter Donald Cameron hatte als Fähnrich bei den First Foot Guards bei Waterloo 1815 gekämpft. Achnacarry Castle wurde während des II. Weltkriegs das Ausbildungszentrum der britischen Kommandotruppen. Das Commando Memorial bei Spean Bridge erinnert an ihre Einsätze während des Zweiten Weltkriegs.

Das Glenfinnan Viaduct gehört zum West Highland Railway.

Touristische Hinweise:

Das Gebiet der Camerons gehört zu den landschaftlich reizvollsten Gegenden Schottlands. Es wird von der West Highlands Railway durchquert, selbst eine Touristenattraktion ersten Ranges.

Sehenswert ist das Glenfinnan Monument, das an die Anfänge der Rebellion von 1745/46 erinnert.

Achnacarry Castle und das Commando Memorial sind ebenfalls einen Besuch wert.

Die von den Camerons 1746 belagerte Festung Fort William wurde in den 1880er Jahren gänzlich abgetragen, nur ein Tor steht noch und dient heute als Portal des Friedhofs von Craig. Der Ort Fort William bietet am Nordende die eindrucksvollen Ruinen von Inverlochy Castle und kann als Ausgangspunkt für Touren zum Ben Nevis dienen. Das West Highland Museum in Fort William beherbergt viele Erinnerungsstücke aus der Zeit des Jakobitenaufstandes von 1745/46. Es ist im Sommer täglich geöffnet, im Winter an Montagen geschlossen.

Archnacarry Castle

An den Ruinen von Sinclair Castle, auch Girnigoe Castle genannt, wird viel gebaut.

Die grimmigen Grafen von Caithness: Die Sinclairs

George Sinclair, der 4. Earl of Caithness, war ein zäher und grimmiger Bursche. 1570 unternahm er einen Angriff auf die Murrays. Die sich entspinnende Fehde wurde durch seinen Sohn John Sinclair, den Master of Caithness, vermittels eines Friedensabkommens beigelegt. Das konvenierte dem Earl ganz und gar nicht. Er ließ seinen Sohn in Ketten legen und in das Verließ von Girnigoe Castle werfen. Der Master of Caithness war aber ebenfalls hart im Nehmen und überlebte sieben Jahre Kerkerhaft, von 1571 bis 1578. Sein intriganter und exekrabler Bruder William Sinclair of Mey kam auf die blendende Idee, ihn mit gesalzenem Fleisch versorgen zu lassen, ihm aber nichts zu trinken zu geben. Bevor der Master of Caithness aber Durstes verstarb, stattete ihm sein Bruder einen Besuch ab, um den vor Durst halb Wahnsinnigen zu verspotten. Das hätte er besser gelassen. Der Master of Caithness griff ihn an und versuchte mit letzter Kraft, ihn mit seinen Ketten zu erwürgen. Das gelang zwar nicht, die Wärter retteten William Sinclair, aber er starb trotzdem (verdientermaßen) innerhalb einer Woche an den erlittenen Verletzungen. David Sinclair und Ingram Sinclair, die Kerkermeister von Girnigoe, fielen nach einigen Jahren der Rache von George Sinclair, 5. Earl und Sohn des unglücklichen Masters of Caithness, zum Opfer.

Es gibt wohl kaum einen Namen, der in Schottland mehr Schrecken hervorgerufen hätte, als den der Sinclairs.

Er stammt aus dem Städtchen Saint-Clair-sur-Elle in der Nähe von St. Lo in der Normandie. Im Jahr 1162 hielt ein Henry de St. Clair Ländereien in Lothian. Einer seiner Nachfahren, Sir William Sinclair, war zur Zeit König Alexanders III. einer der mächtigsten Männer in Schottland. Er war Sheriff von Edinburgh, Haddington, Dumfries und Linlithgow, Beschützer des Thronfolgers und erhielt 1280 die Baronie von Rosslyn. Er bekämpfte König Edward I. von England bei dessen Versuch, Schottland zu unterwerfen, wurde gefangen und eingekerkert. Sein Sohn Henry Sinclair of Rosslyn kämpfte für Bruce 1314 bei Bannockburn. Er gehörte zu den Unterzeichnern der Deklaration von Arbroath 1320.

Mit der Schlacht von Bannockburn war der Schottische Unabhängigkeitskrieg längst nicht vorüber. Die totale Niederlage der Engländer verleitete die Schotten zur Offensive. Jahrzehntelang waren sie Opfer einer Invasion nach der anderen gewesen, jetzt vertrieben sie die Engländer und ihre Sympathisanten von schottischem Boden.

Robert the Bruce ließ alle Burgen, die jemals wieder dem Feind aus dem Süden zur Unterwerfung Schottlands von Nutzen hätten sein können, schleifen (darunter Bothwell und Caerlaverock Castle). Randolph de Moray und James Douglas führten schottische Stoßtrupps über die Grenze, brannten Appleby nieder, verwüsteten das Tynedale und stürmten gegen die Mauern von Richmond Castle. Ein Jahr später wurden Durham verbrannt und Hartlepool eingenommen. Die Magnaten Nordenglands waren sich einig, das konnte so nicht weitergehen. Sie erpreßten von Edward II. geradezu eine Strafexpedition nach Norden. Aber Bruce war ihnen einen Sprung voraus. Nach einer elfwöchigen Belagerung fiel Berwick, das von der Flotte Angus Ogs von See blockiert worden war. Mit einer Serie von Blitzangriffen zerstörte Robert the Bruce Northallerton, Boroughbridge und Knaresborough, er gelangte bis vor die Mauern Yorks. Als Edwards Armee endlich die Borderlands erreichte, war König Robert mit reicher Beute nach Schottland zurückgekehrt. Da verließen die englischen Barone ihren König und der löste die Armee auf. Im Jahre 1319 hatte Edward hingegen eine neue Armee in Newcastle versammelt. Die wichtigsten Barone waren mit ihrem persönlichen Gefolge erschienen. Der vorsichtige Bruce aber bot keine offene Schlacht an, sondern schickte ein Streifkorps mit Douglas an der Spitze Richtung York. Hier gelang es Douglas beinahe, die englische Königin gefangenzunehmen. Als die englischen Soldaten von einem gefangenen schottischen Spion erfuhren, dass York das eigentliche Ziel des schottischen Expeditionskorps war, war James Douglas nur noch dreizehn Meilen von York entfernt. Mit äußerster Eile versammelte man die wehrfähigen Leute der lokalen Landbevölkerung beim Dorfe Myton. Die englischen Bauern, nur mit improvisierten Waffen ausgestattet, schlecht geführt, schlecht postiert, hatten nicht den Hauch einer Chance gegen Douglas kampferprobte Männer. Bei der ersten schottischen Attacke wandten sich die unglücklichen Engländer zur Flucht, man hatte es aber versäumt, den Rückzugsweg (eine Brücke über den Fluß Swale) zu sichern. Schottische 'Hobilars', berittene Infanteristen, schnitten jede Fluchtmöglichkeit ab. Von den 4.000 Toten der Schlacht von Myton (20. September 1319) waren nur sehr wenige Schotten. Die Schotten bedrohten nun Pontefract Castle, den Sitz des Earls of Lancaster. Der sah seine Familie und sein Heim in höchster Gefahr und verließ Edwards Armee. Ihm folgte rasch der Großteil der englischen Armee, die ihre Belagerung Berwicks aufgab. Ohne Schlacht hatte Bruce gewonnen. Anno 1322 wiederholte er diese Strategie. Eine neue englische

Armee verließ Newcastle Richtung Norden, als Bruces Leute weiter im Westen die Grenze ihrerseits überschritten, tief nach England vorstießen und Lancaster und Preston niederbrannten. Mit großer Beute kehrten sie heim. Diesmal gelangte die englische Armee nach Schottland hinein, sie kam bis vor die Tore Edinburghs. Allerdings hatten die Schotten den englischen Vormarschweg verwüstet, nach 2 Wochen waren die englischen Truppen erschöpft und drehten um. Bruce setzte nach, er holte die englische Armee ein und schlug sie bei Byland Abbey. Der englische König und sein Halbbruder (der Earl of Kent) entkamen nur mit knapper Not.
Am 21. September 1327 wurde Edward II. in Berkeley Castle ermordet. Sein Sohn und Nachfolger Edward III. schloß am 1. März 1329 einen 13jährigen Waffenstillstand mit Bruce. Unter dem Einfluß des Regenten Mortimer nahm Edward III. den Konfrontationskurs seines Vaters aber wieder auf. Bruce stellte eine Armee von 4.000 Rittern und leichten Kavalleristen auf und setzte 20.000 Infanteristen auf Galloway Ponies. Er schickte diese Reitertruppe, die stärkste Armee, die Schottland bis dahin je besessen hatte, unter dem Kommando von Sir James Douglas nach Süden. Douglas vermied jede offene Feldschlacht, setzte den englischen Vormarschweg gründlich in Brand und kappte die englischen Versorgungslinien so nachhaltig, dass die englische Armee unter Mortimer aufgelöst und um Frieden nachgesucht wurde[46]. Da der Papst lange Zeit an der Vorstellung von der Suprematie Englands über Schottlands festgehalten hatte und ohnehin Bruce wegen des Todes Comyns grollte (Robert the Bruce hatte diesen Rivalen um die schottische Krone ausgerechnet in einer Kirche erschlagen), sahen sich die schottischen Adligen und der Episkopat genötigt, sich in der Arbroath Abbey zu versammeln, um in einer Deklaration ihren Standpunkt darzulegen:
„For so long as a hundred of us shall remain alive, we shall never accept subjection to the domination of the English. For we figh not for glory, nor honour or riches, but only and alone for freedom which a good man will not consent but with his life.“

Henry Sinclairs Sohn William Sinclair gehörte zu den Begleitern des alten Schlachtrosses Sir James Douglas auf dessen Reise ins Heilige Land. Dort sollten sie das einbalsamierte Herz von König Robert beisetzen, der 1329 an der Pest gestorben war. Sie kamen dort allerdings nie an. In Spanien gerieten sie in die Kämpfe zwischen Christen und Mauren.

46 *Vgl. Rothero, Christopher: The Scottish and Welsh wars 1250-1400, London 1984, Seite 15-16.*

Als unter heißer andalusischer Sonne der Kampf zwischen Gläubigen und Ungläubigen tobte, ging das Temperament mit Sir James durch. Er nahm das Herz des großen Königs, schleuderte es mitten zwischen die Mauren und sprang mit gezogenem Schwert hinterher. Sir William tat es ihm gleich, das war ihr Ende und das Ende des Versuchs, König Roberts letzten Wunsch zu erfüllen[47]. Sir Henry, der Vater des mutigen Sir William, starb irgendwann 1334 oder 1335. Die Chiefwürde des Clans kam an einen Enkel, auch William mit Namen, der Lady Isabel, die Erbin von Orkney und Caithness, heiratete. Ihr Sohn Henry Sinclair wurde 1379 von König Haakon VI. von Norwegen zum Jarl (Earl) der Orkneys erhoben. Als Jarl der Orkneys war Henry 'der Heilige' Sinclair in Norwegen der angesehenste Adlige und rangierte gleich hinter dem König. Die pikto-nordischen Vorfahren Lady Isabels gehörten zu den ersten (keineswegs zu den feinsten) Häusern des europäischen Nordens, darunter waren der piktische Kleinkönig ('ri') Duncan und der Jarl Thorfinn 'Schädelspalter' aus der Ynglingar-Dynastie († 977).

Die Inselgruppe der Orkneys steht in einer nur losen kulturellen Verbindung zu den schottischen Highlands. Schon in der Steinzeit entwickelte sich hier eine Zivilisation, die dem Entwicklungsstand auf dem Festland sehr weit voraus war. Aus jener Zeit stammen die vielen Megalithbauten Orkneys. Zwischen 1250 v.Chr. und 650 v.Chr. trat eine Klimaverschlechterung ein, die zu Nahrungsverknappung und damit folgerichtig zu Unruhe und Krieg führte. Aus dieser Zeit stammen die sogenannten 'Brochs', turmähnliche Verteidigungsanlagen. Die Pikten gaben den Inseln ihren Namen, 'Orc' bedeutet Eber. Im 8. Jahrhundert tauchten die Wikinger das erste Mal auf. Sie besiedelten die Inseln und nutzten sie als Ausgangsbasis für ihre Feindfahrten in die Irische See (Thorfinns Enkel Sigurd fiel in der mythischen Schlacht von Clontarf 1014 gegen den irischen Hochkönig Brian Boru). Ab dem 9. Jahrhundert gehörte Orkney zum Königreich Norwegen bzw. Dänemark. Das nordische 'Orkneyjar' bedeutet 'Insel der Seehunde'. Die 'Orkneyinga Saga', die um 1200 entstand, handelt von den Jarls wie Thorfinn Schädelspalter usw. Aber mit der Schwächung Norwegens im 13. Jahrhundert gewannen die schottischen Könige mehr Einfluß über die Inseln. 1468 oder 1469 verpfändete der norwegische König die Inselgruppe an Schottland, mit der Eheschliessung von Margaret, der Tochter König Christians I. von Norwegen, mit König James II. kamen die Orkneys 1472 zu Schottland.

47 Dem hätte dieser posthume Kampfeinsatz sicherlich gefallen, sein Herz liegt nun in der Melrose Abbey in den Borders begraben.

Jarl Thorfinns Nachkommen waren als Jarle von Orkney Vasallen des norwegischen Königs, als Earls of Caithness Vasallen des schottischen Königs. dass letzterer Sutherland aus der Grafschaft Caithness herauslöste und einer anderen Familie als Lehen gab, ist die Erklärung für die Jahrhunderte währende Fehde zwischen den Sinclairs und den Sutherlands.

Im Jahr 1391 eroberte Henry Sinclair die Faröer-Inseln. Eine große Hilfe war ihm dabei Antonio Zeno, vordem Kapitän in venezianischen Diensten. 1395 brachen sie zusammen zu einer großen Entdeckungsreise auf.

Die Schiffsreise führte das ungleiche Gespann zunächst nach Grönland, dann weiter westwärts. Irgendwo ging die Expedition an Land und überwinterte, nun aber ohne Zeno, der mit einem Teil der Flotte zurückgeschickt worden war. In Westfort, Massachusetts, United States of America, wurde in den 60er Jahren eine Felszeichnung entdeckt, die einen Ritter in voller Rüstung darstellt. Sein Wappen ist das der Gunns, Vasallen der Sinclairs im 14. Jahrhundert...

Henry Sinclair machte nicht viel Aufhebens von seiner Entdeckung und starb 1404. Sein Sohn Henry, 2. Jarl of Orkney, war eine Zeitlang Protektor des jungen James Stuart, später König James I. von Schottland (1406-1437). Sein Sohn William Sinclair, letzter Jarl von Orkney und erster Earl von Caithness, wandte sich der Architektur zu. Er ließ die wundervolle Rosslyn-Kapelle erbauen[48]. Anno 1455 hatte ihn der König zum Earl of Caithness erhoben, die Orkneys mußte er aber an die schottische Krone abtreten. Sein ältester Sohn war schwachsinnig, wurde konsequenterweise enterbt, und so fiel das Erbe an den zweiten Sohn (er bekam die Baronie Rosslyn) und den dritten Sohn (er bekam Caithness). William Sinclair, 2. Earl of Caithness, fiel 1513 in der Schlacht von Flodden[49]. John Sinclair, 3. Earl of Caithness, half seinem Cousin Lord Sinclair[50], auf den Orkneys eine Revolte (angezettelt von weiteren Sinclairs) niederzuschlagen. Dabei wurde er 1529 getötet.

Von George Sinclair, dem 4. Earl of Caithness, haben wir schon gehört. Nachdem sein Enkel William Sinclair im Jahre 1582 das Erbe übernommen hatte, richtete der in Girnigoe Castle eine Münzprägeanstalt ein, die von einem Schmied namens Smith geführt wurde.

48 *Der 2. Jarl hatte Rosslyn Castle in der Form eines Turmhauses um das Jahr 1390 erbaut. Später wurden weitere Gebäude hinzugefügt. In den 1540er Jahren ließ es der Earl of Hertford mit Artillerie zusammenschießen, einhundert Jahre später Cromwell.*

49 *Diesen William Sinclair porträtierte Theodor Fontane sehr frei in einer Anekdote in „Jenseit des Tweed".*

50 *Die Lords Sinclair waren Nachfahren eben jenes schwachsinnigen William `the waster`Sinclair.*

George Sinclair hatte eine Fehde mit dem momentanen Earl of Orkney. Die Stuarts hatten die Grafschaft einem ihrer illegitimen Abkömmlinge verschafft, sehr zum Verdruß der Sinclairs. Als ein Sturm einige Bedienstete des Earls von Orkney nach Caithness trieb, frohlockte Earl George. Er lud die Gestrandeten ein, machte sie mit Whisky betrunken und ließ dann seinem rauhen Humor freien Lauf. Die Ärmsten wurden geschoren und rasiert, aber nur auf einer Gesichts- und Kopfhälfte. Dann brachte man sie wieder auf ihr Schiff und trieb sie auf See. Der Sturm war allerdings noch gar nicht so sehr abgeflaut. Der König (James VI.) war gar nicht amüsiert, und Caithness bekam 1609 eine unmißverständliche Warnung[51].

Der 6. Earl of Caithness war so verschuldet, dass er in die Abhängigkeit seines Gläubigers geriet. Der war fatalerweise Sir Iain (oder John) Campbell of Glenorchy, genannt 'Slippery John'. Er hatte alle Schulden des alten Earls übernommen und sich sozusagen dessen Titel erkauft. Mit dem Tod des 6. Earls, der verstarb, ohne Kinder zu hinterlassen, begannen die Auseinandersetzungen. Denn der Clan Sinclair war nicht bereit, einen Campbell als Earl von Caithness zu akzeptieren. Anno 1677 hatte Sir Iain eine Charta erlangt, die ihn tatsächlich als Earl of Caithness bestätigte. Ein Prätendent aus dem Hause Sinclair bot seinen Clan auf. Sir Iain Campbell marschierte mit 700 Clansmen nordwärts und schlug die Sinclairs in einer der letzten Clanschlachten.

Die Campbells trugen Highlandtracht, die Sinclairs aber waren anders gewandet. Man sollte bedenken, dass die Zugehörigkeit von Caithness zu den Highlands oft bestritten wird, und in Lebensweise und Kleidung war der skandinavische Einfluß immer noch sehr spürbar. Der Dudelsackpfeifer Sir Iains, Finlay MacIver mit Namen, komponierte eigens ein Spottlied auf die Sinclairs, das später zu einer Hymne der Campbells werden sollte, Bhodach nam Brigeis, auf deutsch: „Gaffer in Hosen".

Die Krone intervenierte, und ein jüngerer Sohn des 5. Earls wurde neuer Earl of Caithness, Sir Iain wurde ersatzweise 1681 zum Earl of Braedalbane erhoben[52].

51 *Mit den Earls of Orkney, gleichwohl aus dem Hause Stewart, hatten die schottischen Könige auch so ihre Schwierigkeiten. Earl Patrick Stewart war wegen seiner Grausamkeit berüchtigt und wurde zu Beginn des 17. Jahrhunderts als Verräter exekutiert.*

52 *Sir Iain (John) Campbell of Breadalbane sollte zur Nemesis der MacDonalds of Glencoe werden. Schon der Zwischenfall mit den Sinclairs hatte gezeigt, daß `Slippery John`nur seine eigenen Interessen vertrat. Das Beispiel der Sinclairs hätte MacIain of Glencoe, Breadalbanes späteres Opfer, warnen sollen. Er hatte den Charakter dieses Mannes durchschaut: „ Jamie´s man in the highlands, Willies´s man in London".*

In der Zeit der Jakobitenaufstände verhielten sich die Sinclairs, wie die meisten Clans des Nordens, loyal zur Londoner Regierung.

Das Lordship of Sinclair fiel 1677 an die Nebenlinie der Sinclairs of Herdmanston. Ein St. Clair of Herdmanston hatte an der Schlacht von Bannockburn teilgenommen, ein weiterer hatte mit den Douglas gegen die Percies bei Otterburn gekämpft.

Der Kampf zwischen England und Schottland war schon jahrhundertealt, als zwei mächtige Familien daraus eine Herzensangelegenheit machten. Auf schottischer Seite war dies die Sippe Douglas, bei den Engländern die Familie der Percies. Anno 1388 war der junge englische König Richard II. durch einen Bauernaufstand beschäftigt, als die Douglas' die Gelegenheit zu einer Invasion Nordenglands ergriffen. Sir Archibald Douglas griff Carlisle an, während James Douglas mit 300 Kavalleristen und 2.000 Fußkämpfern in Northumberland einfiel. Das war das Land der Familie Percy. Sir Henry 'the Hotspur' Percy marschierte Sir James entgegen. Vor den Toren Newcastles kam es zu einem Gefecht, das für die Percies unglücklich ausging. Sir Henrys Fahne geriet in die Hand des Feindes. Sir James beleidigte seinen Gegner noch, indem er ihm zurief, dass er diese Fahne vor seinem Zelt aufstellen wolle.
Am 19. August 1388 kampierte die Truppe von Sir James Douglas in der Nähe von Otterburn, um den Markttag im nahen Elsdon abzuwarten. Als Percy mit einigen Reitern das schottische Lager aus sicherer Entfernung ausspähte, ging schon die Sonne unter. Percy ordnete einen Nachtangriff an, er befürchtete, die Schotten könnten in der Nacht unbemerkt abziehen. Der englische Angriff traf dann aber die schottische Bagage, so hatte Douglas genug Zeit, einen Gegenangriff anzuordnen. Den wollte er höchstpersönlich anführen. Er griff sich seine Axt und bahnte sich seinen Weg durch den Feind, bis ihn zuletzt drei Speere niederstreckten: einer traf ihn in die Brust, einer in die Schulter, einer in den Oberschenkel. 'Hotspur' Percy aber sollte keine Freude am Tod seines Gegners haben. Er wurde verwundet und fiel in Gefangenschaft. Der Rest seiner Truppe zog sich vom Schlachtfeld zurück[53].

Die Sinclairs of Ulbster stammen von einem unehelichen Sohn des 4. Earls ab. John Sinclair of Ulbster (1754-1835) war Wissenschaftler und Politiker und wurde 1786 zum Baron erhoben. Als er Ende des 18. Jahrhunderts ein Regiment aufstellte (das Caithness Fencible Regiment), kleidete

53 *Vgl. Guest, Ken und Denise: British Battles; The front lines of history in colour photographs, London 1996, Seite 42-43.*

er die Soldaten unter seinem Kommando in Karohosen ('trews'). Mit seiner Bemerkung, diese Hosen seien die ursprüngliche Kleidung aller Kelten gewesen, gab er der Diskussion um Kilt und Plaid neuen Auftrieb. John Sinclair of Dunbeath (1860-1925) war von 1905 bis 1909 Staatssekretär für Schottland und 1912 bis 1919 Gouverneur von Madras. Er wurde 1909 zum Baron erhoben.

Die Sinclairs of Pitcairns hatten ihren großen Moment im Jahre 1542. Sir James Sinclair of Pitcairns war einer der Höflinge, die das Vertrauen König James V. genossen.

Jener hatte die Allianz mit Frankreich erneuert und den englischen König Henry VIII. provoziert, indem er einer Einladung zu einer Zusammenkunft in York nicht nachgekommen war. Der aufgebrachte König Henry sandte eine Strafexpedition von 20.000 Mann unter dem Duke of Norfolk über die Grenze. Norfolk brannte Roxburgh und Kelso nieder und zog sich dann zurück. Jetzt sammelte James V. eine Armee, rüstete sie aus und schickte sie südwärts über die Grenze. König James selbst blieb krank in Lochmaben zurück und versäumte, einen Befehlshaber für seine Expeditionsarmee zu ernennen! Thomas Wharton, Stellvertreter des 'Warden of the March', zog mit nur 3000 Mann von Carlisle der schottischen Armee entgegen, stellte den viel stärkeren Gegner bei Solway Moss am 24. November 1542. Die folgenden Ereignisse tragen die Züge einer Farce. Da der König es schlicht versäumt hatte, einen Kommandeur für seine Armee einzusetzen, erklärte sich Sir James Sinclair of Pitcairns selbst zum Oberbefehlshaber. Allerdings wollten die anderen schottischen Adligen davon nichts wissen und gaben ihren Soldaten den Rückzugsbefehl. Die schottische Artillerie gab einige Salven ab und zog sich, gefolgt vom Rest der Armee, zurück. In den Marschen blieben die Geschütze stecken. Whartons kleine Truppe hatte keinerlei Schwierigkeiten, 200 schottische Adlige, 800 Infanteristen gefangenzunehmen und 24 Geschütze zu erbeuten. König James V. starb rund zwei Wochen später in Falkirk.

oben: Rosslyn Chapel; unten: Barrogil Castle;

Touristische Hinweise:

Unbedingt ansehen sollte man sich die Burgen Girnigoe Castle und Sinclair Castle. Beide liegen dicht nebeneinander, spektakulär auf einer steilen Klippe über der Nordsee. Man erreicht sie von Wick, indem man zunächst Richtung Flugplatz fährt, mit dem Auto die Landebahn überquert (Ampelverkehr, trotzdem auf startende und landende Flugzeuge achten) und vom Parkplatz die letzten 200m zu Fuß zurücklegt. Beim Betreten der Ruinen ist äußerste Vorsicht geboten.

Barrogill Castle, oder the Castle of Mey, gehörte auch einst den Earls of Caithness. Es ist nun der schottische Wohnsitz der Königinmutter.

Rosslyn Castle, einige Kilometer südlich von Edinburgh, ist in Privatbesitz. Zu besichtigen ist aber die nahegelegene Rosslyn Chapel.

Im Inneren von Rosslyn Chapel

Cock of the North: Die Gordons

Der Mann war ein Alptraum. Er schaffte es, seinen Souverän bis in dessen Schlaf zu verfolgen. Seine allerchristliche Majestät, König George II. von England, Schottland und Irland, auch Kurfürst von Hannover, schreckte nachts aus dem Schlaf hoch und schrie in seinem furchtbaren Englisch: „De gread Glenbogged is goming.“

Nun waren alle Anführer der Jakobiten (der Anhänger des entthronten Hauses Stuart) den Monarchen aus dem Hause Hannover ein Greuel, aber während solch kultivierte Leute wie der ‘Gentle Lochiel’ oder Lord George Murray zwar unerschrockene Krieger, aber auch Gentlemen feinster Manieren waren, war Sir John Gordon of Glenbucket (1674-1750) ein altes Schlachtroß, dessen Ruf allein den König im fernen London nachgewiesenermaßen erschaudern ließ.

An Selbstbewußtsein und Starrsinn hat es den Gordons niemals gemangelt, seit sie zum ersten Mal in der Geschichte Schottlands auftauchten.

Eine anglo-normannische Familie des Namens Gordon ist in Berwickshire im 12. Jahrhundert nachweisbar. Vermutlich ist der Name eine Ableitung des gälischen *gor-dun*, was ‘große Festung’ bedeutet. Im ausgehenden 13. Jahrhundert zogen die Gordons in die Highlands. Sir Adam de Gordon war ein enger Verbündeter von John of Badenoch, dem ‘Red Comyn’, der mit Robert the Bruce um den schottischen Königsthron konkurrierte. Comyn wurde 1306 von Bruce in der Kapelle von Dumfries erstochen. Ein angewiderter Adam de Gordon machte daraufhin dem englischen König Edward I. Angebote, die auch nicht zurückgewiesen wurden. Als aber im Durcheinander nach Edwards Tod die Krone auf dessen unfähigen Sohn Edward II. überging, lockerte sich die Kontrolle der Krone über die englischen Kommandeure in Schottland. Einer dieser Kommandeure ließ seine Truppen in den Besitzungen der Gordons plündern. Adam de Gordon wechselte die Seiten und unterstützte fürderhin nachdrücklich und loyal Robert the Bruce. Es gibt keinen Hinweis, dass er bei Bannockburn 1314 beteiligt war, aber er war 1320 der Gesandte Schottlands beim Papst, dem er die Deklaration von Arbroath persönlich überreichte. Er versöhnte Robert the Bruce mit dem Papst und erhielt für diese Leistung von der schottischen Krone die Landschaft Strathbogie. Aber Sir Adam war nicht nur Diplomat, er war auch ein Krieger. Er fiel am 19. Juli 1333 in der Schlacht von Halidon Hill.

Nach dem Tode König Roberts beanspruchte auch Edward Balliol den schottischen Thron. Im englischen Exil stellte er eine Armee auf, die hauptsächlich aus Engländern bestand und de facto unter der Kontrolle des englischen Königs Edward III. stand. Die Truppe, angeblich 500 Ritter und 15.000 Infanteristen, wurde über See nach Schottland gebracht, wo sie in der Nähe von Perth am 12. August 1332 auf eine rund 10.000 Mann starke schottische Truppe stieß. Der Name des Ortes war Duplin Muir. Die englischen Ritter saßen ab und bildeten mit der Infanterie eine lange Schlachtreihe, an deren Enden die Bogenschützen postiert waren. Die schottischen Speerträger attackierten die Engländer bergan, wurden aber zurückgeworfen. Die Schotten erlitten große Verluste. Als sie zurückzuweichen begannen, saßen die englischen Ritter auf und ritten die fliehenden Schotten nieder. Während die englischen Verluste nur 33 Mann betragen haben sollen, gingen die schottischen in die Tausende. Balliol wurde zum schottischen König proklamiert, konnte sich aber nur vier Monate an der Macht halten. Er suchte erneut Zuflucht in England, dessen König nun die Angelegenheit persönlich in seine Hände nahm. Mit Balliol und 10.000 Mann marschierte Edward III. nordwärts und begann im Mai 1333, Berwick zu belagern. Sir Archibald Douglas, Oberbefehlshaber der schottischen Armee, rückte in die Nähe der Belagerungstruppe. Edward tat ihm aber nicht den Gefallen, die Belagerung abzubrechen und die Entsatzarmee anzugreifen. Statt dessen setzte er die Blockade fort, bis die erschöpften Bürger Berwicks einen Vertrag anboten. Sie wollten kapitulieren, hatte nicht Douglas eines von drei festgesetzten Kriegszielen bis zum 19. Juli erreicht. Douglas sollte wahlweise eine Schlacht gewinnen, den Fluß Tweed an einer bestimmten Stelle überqueren oder 200 Mann in die Stadt schleusen. Am Morgen des 19. Juli 1333 zogen 1.200 Men-at-arms und 13.500 Speerträger der Schotten bei Halidon Hill auf. Die schottischen Kommandeure hatten aus der Niederlage von Duplin Muir nichts gelernt und ließen wieder bergan angreifen. Dazu kam die Beschaffenheit des Bodens (weicher morastiger Heideboden), der die Verteidiger begünstigte. Als die Angriffskolonnen der Schotten durch den Beschuß der Bogenschützen stark dezimiert und durch die Attacke bergauf erschöpft die englischen Linien erreichten, waren sie zu schwach, einen Durchbruch zu erzwingen. Am Ende des Tages waren neben Sir Archibald Douglas noch 4000 weitere Schotten tot, darunter auch Adam de Gordon. Die Engländer hatten nur 14 Tote zu beklagen[54]. Der junge schottische König David Bruce ging 1334 ins französische Exil, aus dem er erst 1341 zurückkehrte.

Sir Adams Urenkel, auch Sir Adam mit Namen, starb 1402 bei der Schlacht von Homildon Hill.

In England hatte Henry Bolingbroke mit Hilfe der Familie Percy König Richard II. gestürzt und selbst als Henry IV. den Thron bestiegen. In Wales rief Prinz Owen Glendower seine Landsleute zu den Waffen, um das englische Joch abzuschütteln. Deshalb standen die königlichen Truppen in Wales, als 1402 Sir Archibald Douglas mit einer Expeditionsarmee in Nordengland einfiel.

Seine Leute waren reich beladen mit Beute auf dem Rückweg, als ihnen eine Streitmacht der Percies den Weg versperrte. Douglas bezog auf dem Homildon Hill bei dem Orte Humbledon Stellung. Während er auf den englischen Angriff wartete, berieten die englischen Kommandeure ihre Taktik. Der junge 'Hotspur' Percy hatte seit Otterburn nichts von seinem Temperament verloren und schlug einen Frontalangriff vor. Doch sein Vater, der Earl of Northumberland, setzte ein weitaus vernünftigeres Vorgehen durch. Am 14. September 1402 erklommen die englischen Bogenschützen, den schottischen an Zahl weit überlegen, einen steilen Hügel in der Nähe der schottischen Positionen. Hier waren sie durch die Böschung vor Kavallerieattacken geschützt und in hervorragender Schußposition. Im englischen Pfeilhagel sanken die schottischen Krieger einer nach dem anderen. Das brachte Sir John Swinton, einen schottischen Ritter, so in Rage, dass er seine Kameraden beschwor, ihm bei einer selbstmörderischen Attacke zu folgen. Da trat Adam de Gordon hervor, kniete vor Swinton nieder (beide waren seit Jahren verfeindet), und pries ihn laut als den tapfersten Ritter des Landes. Rund hundert Ritter sammelten sich um Gordon und Swinton und marschierten den Hügel hinunter geradewegs auf die englische Streitmacht zu. Sir Archibald Douglas ließ sich von diesem Beispiel hinreißen, mit einer Schwadron Reiter griff er ebenfalls an. Trotz seiner Rüstung wurde er von fünf Pfeilen verwundet und fiel in die Hände der Percies. Adam de Gordon fiel im Kampf. Die schottischen Reihen lösten sich auf, 500 Mann wurden auf dem Rückzug getötet oder ertranken im River Tweed, der Rest ergab sich. Die Percies, die sich schon ein gewaltiges Lösegeld für die Gefangenen ausrechneten, wurden vom englischen König gezwungen, ihm die Gefangenen zu übergeben.

54 Berwick fiel in die Hände der Engländer. Dabei spielte sich noch eine tragische Episode ab. Sir Alexander Seton, der Gouverneur Berwicks, haßte die Engländer aus persönlichen Gründen. Sein Bruder Sir Christopher Seton war ein Schwager von Robert the Bruce gewesen und 1306 von den Engländern gehängt worden. Als Sir Alexander mit der Umsetzung des Kapitulationsvertrages zögerte, hängten die Engländer seinen Sohn Thomas, der sich als Geisel in ihren Händen befand. Darauf gab Sir Alexander Seton den Widerstand auf. Vgl. Fulton, Alexander: Scotland and her Tartans, The romantic heritage of the Scottish clans and families, London u.a. 1992, S. 193.

oben: Glenbuchat Castle; unten: Huntly Castle;

Sir Adams Tochter Elisabeth war mit Sir Alexander Seton verheiratet. Ihr Sohn wurde 1447 der 1. Earl von Huntly. Er nahm anstelle des Namens Seton den der mütterlichen Linie, also Gordon, an.

Zwei Jahre zuvor war ein Patrick Gordon of Methlic in der Schlacht von Arbroath gefallen, als zwei Adelsfraktionen versucht hatten, die jeweils andere auszuschalten, um die Kontrolle über den minderjährigen König James II. zu gewinnen.

Auch in die Thronstreitigkeiten in England (im Zusammenhang mit den sogenannten 'Rosenkriegen') waren die Gordons verwickelt. Nachdem Henry Tudor, Earl of Richmond, nach der Schlacht von Bosworth am 22. August 1485 die englische Krone erlangt hatte, tauchte bald ein gewisser Perkin Warbeck auf, der sich als Duke of York ausgab. Er erhob Ansprüche auf den Thron (obwohl er weder mit der letzten englischen Dynastie verwandt, noch überhaupt Engländer war: er kam aus Flandern). Kaiser Maximilian erkannte Warbeck an, und mit der Unterstützung irischer Adliger stellte Warbeck in den Niederlanden eine Truppe zusammen, landete 1495 in England und wurde besiegt. Er floh nach Schottland, wo er den Schutz des Königs (James IV.) genoß. Der Monarch arrangierte die Heirat Warbecks mit Katherine Gordon, Tochter des Earls von Huntley. Der hatte an seinem Schwiegersohn nicht lange Freude, denn Warbeck setzte sich an die Spitze eines Aufstands in Cornwall, wurde gefangen und am 23. November 1499 im Tower hingerichtet[55].

In der Schlacht von Flodden 1513 spielten die Gordons eine besondere Rolle. Sie waren auf dem linken Flügel zusammen mit den Borderern postiert und standen unter dem Befehl des 3. Earls of Huntly. Der Angriff des linken Flügels der schottischen Armee war erfolgreich und warf einen englischen Heeresflügel. Der Kommandeur Lord Home weigerte sich jedoch, seine Leute einschwenken zu lassen und damit die ganze englische Schlachtlinie von der Flanke aufzurollen. Dieser überaus kluge Vorschlag, der die Schlacht für Schottland hätte gewinnen können, stammte vom Earl of Huntly. Lord Home hörte nicht auf ihn, der Tag endete mit einer katastrophalen Niederlage der Schotten[56].

George, der 4. Earl of Huntly, war ein extrem einflußreicher Adliger. Die Gordons of Huntly agierten im Auftrag der Krone als deren Verwalter in den östlichen Highlands, in den westlichen Highlands nahmen diese Rolle die Campbells ein. Man nannte den Chief der Gordons deshalb auch 'Cock of the North'. Mit königlicher Erlaubnis stellte der einflußreiche Earl of Huntley zwei Kompanien Highlander für die Armee des französischen

55 *Vgl. Schreiber, Hermann: Die Geschichte Schottlands, Augsburg 1994, Seiten 197/198.*
56 *Vgl. das Kapitel 'Stewart of Appin'.*

Königreiches auf. Der 4. Earl of Huntly wurde in einem Gefecht bei Corrichie im Jahre 1562 getötet. Ein Lord Gordon of Huntly gehörte zum Kreis der Verschwörer um Bothwell, die vielleicht mit Einverständnis von Königin Mary, sicherlich aber in ihrem Sinne, den ungeliebten Ehemann Lord Darnley mittels einer Pulverladung vom Leben zum Tode beförderten.

Im Jahr 1571 hatten die Gordons of Auchindoun eine Fehde mit dem Clan Forbes. Lady Margaret Forbes hielt sich mit ihren Kindern und dem Gefolge in Corgarff Castle verschanzt. Die Gordons brachen durch das Mauerwerk des Kamins ein Loch und setzten die Burg in Flammen. Alle Bewohner verbrannten jämmerlich. Auch Drumminor Castle, eine andere Burg der Forbes, fiel 1571.

Im Februar 1592 ordnete König James VI. die Verhaftung von James Stewart of Moray ('Bonnie Earl of Moray') an. Den Auftrag dazu erteilte der König niemand anderem als dem Earl of Huntley, der nur zu gerne annahm. Mit den Earls of Moray lagen die Gordons nämlich schon seit langem in Fehde. Huntley dachte gar nicht daran, den Earl lebendig zu fangen. Das hätte dem König bewußt sein müssen, vielleicht stimmt es wirklich, dass der 'Bonnie Earl' der Geliebte der Königin war (wie es in der berühmten Ballade heißt). Huntley jedenfalls machte sich mit 40 ausgesuchten Kriegern der Clans auf den Weg. Bei Donibristle fanden sie ihr Opfer.

Kurzerhand zündeten die wilden gordons das Haus des 'Bonnie Earl' an und warteten. James Stewart flüchtete aus dem flammenden Inferno und wäre vielleicht in der Dunkelheit verschwunden, wenn nicht ein Funke sein Haar entzündet hätte. Huntley schlug ihm einen Dolch über das Gesicht, den Rest erledigten die Schwerter seiner Leute. Das war denn selbst für den königlichen Auftraggeber des Guten zuviel, denn die Nachricht vom Tode des Earls verbreitete sich schnell. Es gibt ein makaberes Gemälde des nakten und mißhandelten Leichnams. Ob denn der König nun Huntley verboten hatte, James Stewart zu töten oder nicht, Huntley bekam seine Strafe: ganz genau eine Woche Arrest auf Edinburgh Castle...

Die Gordons hatten die Einführung der Reformation strikt abgelehnt und überwarfen sich deshalb mit der Krone. Anno 1594 besiegten sie mit Hilfe der Camerons und der Hays die königlichen Streitkräfte bei Glenlivat, die Gordons hielten immer noch am katholischen Glauben fest. Ihre eigene Burg

Huntly Castle wurde das Opfer einer Strafexpedition. In Huntly stand seit dem 12. Jahrhundert eine normannische Hügelburg, eine sogenannte 'Motte'. Im 15. Jahrhundert begannen die Gordons den Bau einer größeren Burg. Der 1. Earl of Huntly , dem das nicht reichte, fügte diesem Bau, nun 'Auld Werk' genannt, einen weiteren Flügel, das 'New Werk', hinzu. Nachdem der 5. Earl George Gordon zusammen mit dem Earl of Errol (aus dem Clan Hay) nach dem bereits erwähnten Sieg über die königlichen Streitkräfte bei Glenlivat in die Defensive gedrängt worden war, wurde seine Burg gesprengt. Er machte seinen Frieden mit dem König. Der 5. Earl of Huntly wurde daraufhin von König James VI. zum Marquis of Huntly erhoben, die Burg wiederaufgebaut. Er starb 1636. Sein Sohn George Gordon, der 2. Marquis of Huntly, war aktiver Royalist und Gefolgsmann Montroses im Bürgerkrieg. Für ihre Unterstützung Montroses mußten die Gordons einen hohen Blutzoll entrichten. Montrose Truppe bestand zunächst nur aus einer Handvoll schottischer Veteranen des Dreißigjährigen Krieges. Zusammen mit den wilden irischen MacDonells, die Alaisdair MacDonald nebst weiteren irischen Katholiken und seiner Leibgarde von Hebrideninsulanern mitbrachte, bildeten sie den Kern einer kleinen, aber äußerst entschlossenen und kampfstarken Truppe. Bald schlossen sich die Stewarts of Appin und die Robertsons an. Im Jahr 1645 stießen auch die Gordons dazu. Da die Hauptarmee der Covenanter zusammen mit Cromwell in England gegen den König kämpfte, hatte Montrose zunächst leichtes Spiel und errang die Siege von Tippermuir[57], Aberdeen (oder Fyvie), Inverary und Inverlochy.

Die Schlacht von Auldearn (am 9. Mai 1645) war ein weiterer Sieg der Royalisten, auch diesmal mit Beteiligung der Gordons. Lord George Gordon (Sohn des Marquis of Huntly) befehligte 200 Kavalleristen (von insgesamt 250 Reitern, die Montrose zur Verfügung standen; die anderen 50 standen unter dem Kommando des Viscount Aboyne, einem jüngeren Bruder von George Gordon). Zusammen mit den Gordons of Strathbogie, die Montroses Infanteriereserve bildeten, spielten sie eine entscheidende Rolle beim Sieg über die Covenanter. Am 2. Juli 1645 kam es bei dem Dorfe Alford am Flüßchen Don zu einer weiteren Schlacht. Wieder hatten die Gordons entscheidenden Anteil. Beide Seiten waren ungefähr jeweils 2000 Mann stark. Von den fünf Infanterieregimentern Montroses war eines das Clanaufgebot der Gordons of Strathbogie unter dem Kommando von Nathan Gordon. Die Kavallerie wurde von Lord George Gordon (rechter Flügel) und

57 *In der Schlacht von Tippermuir waren die Highlander Montroses noch so schwach mit Feuerwaffen ausgerüstet, daß sie den Gegner mit Salven von Steinwürfen angriffen.*

seinem Bruder Viscount Aboyne (linker Flügel) befehligt. Als ersterer sah, dass beim Troß der Covenanter eine Herde den Gordons gestohlenen Rinder mitgeführt wurde, wartete er keine Befehle ab. Er attakkierte mit einer Schwadron Kavallerie die feindliche Kavallerie (drei Schwadronen). Es entwickelte sich ein verbissenes Handgemenge, in das ein irisches Infanterieregiment eingriff. Während sich die Lage auf dem rechten Flügel günstig entwickelte, tat es Aboyne seinem Bruder nach, griff mit seinen Reitern an und errang ebenfalls mit der Unterstützung irischer Fußsoldaten einen glorreichen Erfolg. Die Armee der Covenanter wurde vernichtet, von 2.000 Mann fielen 1.600. Trotzdem war die Stimmung im Lager Montroses getrübt. Unter den Toten war auch Lord George Gordon, getötet durch einen Schuß in den Rücken.

In der Schlacht von Kilsyth (15. August 1645) zeichneten sich die Gordons wieder aus. Nach diesem Sieg gab es keinen Gegner, den Montrose in Schottland noch bekämpfen konnte. Montrose wendete sich nach Süden, um in England einzumarschieren und den dem König (Charles II.) zu unterstützen. Viele seiner Hochländer weigerten sich aber, Schottland zu verlassen. Von England aus zog der kleinen Truppe, die Montrose noch verblieben war, Sir David Leslie mit der kampferprobten Hauptarmee des schottischen Covenants entgegen. Bei Philiphaugh wurde Montrose am 13. September 1645 geschlagen. Montrose kehrte in die Highlands zurück und unternahm den erfolglosen Versuch, Inverness zu erobern. George Gordon sen., der Marquis of Huntly, kehrte aus seinem Exil im äußersten Norden Schottlands zurück. Er begann mit seinen Clansmen, die Posten der Covenanter in Morayshire nach und nach auszuheben. Während er sich mit der Belagerung von Letham Castle aufhielt, eroberte sein jüngerer Sohn Lord Lewis Gordon Rothes. Zwischen den Gordons und den Grants of Ballindaloch entwickelten sich während der Wintermonate ein entsetzlicher Kleinkrieg. Einige Gordons hatten im Dreißigjährigen Krieg[58] auf dem Kontinent gedient und die Methoden des Plünderns und Brandschatzens perfektioniert: die Gegend zwischen Inverness und Aberdeen stand alsbald in Flammen. Im Juli 1646 gab der König Montrose den Befehl, seine Truppen zu entlassen und Schottland zu verlassen.

Der König wurde am 30. Januar 1649 enthauptet, seinen treuen Gefolgsmann Lord George Gordon, Marquis of Huntly ereilte ein ähnliches Schicksal. Er bestieg 1649 den Richtblock mit den Worten: „You may take my head from my shoulders, but not my heart from my king“.

Ein Zweig des Clans Gordon (Gordon of Haddo) stieg zu politischer Bedeutung auf. Sein Chieftain, John Gordon of Haddo, wurde vom König 1682 zum 1. Earl of Aberdeen erhoben. Er war von 1682 bis 1684 Lordkanzler von Schottland. Auf dem Rückweg von seiner Ernennung in London sank sein Schiff, Earl John überlebte aber den Schiffbruch. Der 4. Marquis of Huntly wurde 1684 zum Duke of Gordon erhoben.

Während des Jakobitenaufstandes von 1689 spielten die Gordons keine prominente Rolle. 1715 waren die Gordons unter dem Kommando von John Gordon of Glenbucket an der Rebellion beteiligt.

Anno 1745 schlossen sie sich wieder den Jakobiten an und wieder spielte John Gordon eine besondere Rolle. Nach der Besetzung Edinburghs marschierte er mit 420 Soldaten seines Regiments an der Seite des Prinzen Richtung England[59].

Sein Ruf eilte ihm voraus. In Edinburgh hatte ein namentlich nicht bekannter Zeichner (der sogenannte 'Penicuik-Artist') in einer Reihe von Skizzen das Erscheinungsbild der Soldaten der Jakobiten festgehalten. John Gordon of Glenbucket macht auf den Zeichnungen genau den Eindruck, den man von ihm erwartet. Er wird als alter, griesgrämiger Haudegen auf einem zotteligen Pferd dargestellt. Er taugte wohl derartig als Personifizierung der jakobitischen Gefahr, dass seine Majestät in London große Ängste ausstand. So kam es in den königlichen Gemächern zu den eingangs erwähnten unerfreulichen Bettszenen.

Die Jakobiten kamen nicht bis London. Nach Schottland zurückgekehrt, stießen weitere Gordons zu ihren Fahnen. Es war das Regiment von Lord Lewis Gordon[60]. Nach der Schlacht von Falkirk wurde es mit dem Aufgebot der Farquharsons of Monaltrie zusammengelegt. Bei Culloden standen beide Gordon-Regimenter in der zweiten Schlachtreihe der Jakobiten. Sir John Gordon überstand die Niederlage und die anschließende Verfolgung der Jakobiten durch die Krone und starb im Jahr 1750 im niederländischen Exil.

Alexander Gordon (1743-1827), der 4. Duke, stellte ab 1793 auf eigene Kosten ein Highland-Regiment auf. Die Umstände der Entstehung dieses später als die Gordon-Highlanders bekannt gewordenen Regiments verdienen Erwähnung. Der Sohn des Dukes, der junge Marquis of Huntly, erhielt am 10. Februar 1794 die Kommission der Krone, mit den Anwerbungen zu beginnen. Seine Mutter, Duchess Jean Gordon, war sehr enthusias-

58 *Zu den schottischen Söldnern unter den verschiedenen Armeen des Dreißigjährigen Krieges gehörte auch John Gordon, der Kommandeur von Eger. Er ließ sich durch Oberst Butler dazu überreden, am Mordanschlag auf Generalissimus Wallenstein teilzunehmen (am 25.Februar 1634).*

59 *Die militärische Großtat John Gordons of Glenbucket war die Eroberung von Ruthven Barracks.*

60 *Lord Lewis Gordon (1725-1754), war britischer Marineoffizier gewesen, bevor er zu den Jakobiten überlief.*

tisch und offerierte jedem Freiwilligen der Gordon-Highlanders eine Guinea Handgeld und einen Kuß. Inwieweit letzteres Angebot das seine zur Aufstellung des Regiments beitrug, kann man aus den alten Akten nicht mehr quantifizieren. Die Duchess galt freilich als äußerst reizende Person.

Mit den Strafgesetzen, die das Tragen von Waffen, den Gebrauch der gälischen Sprache, das Spielen von Dudelsäcken und das Tragen der Highlandtracht verboten hatten, war der eigentümlichen Kultur des Hochlandes ein schwerer Schlag versetzt worden. Es waren die Hochlandregimenter, die das Überleben der kulturellen Tradition sicherten.

Der jüngere Bruder des 4. Dukes, Lord George Gordon, war Seeoffizier und wurde 1774 Mitglied des Unterhauses. Waren frühere Gordons noch ergebene Katholiken, so zeichnete sich Lord George durch eifernden Puritanismus aus. Er war der Anführer fanatischer Presbyterianer und bekämpfte entschieden die Aufhebung der Sondergesetze für die Katholiken. Deshalb kam es im Juni 1780 zu einem blutigen Aufstand in London, den sog. 'Gordon riots'. Später trat der besagte Lord George Gordon zum Judentum über, und weil er seine giftigen Attacken gegen die englische Gesetzgebung noch mit einem Angriff auf das Justizwesen kombinierte, landete er im Gefängnis. Dort starb er 1793.

Eine Catherine Gordon of Gight, die Erbin von Gight Castle und zugehörigen Ländereien, war die Mutter des berühmten Lord Byron (1788-1824). Da ihr Gemahl ein notorischer Verschwender war (wie später ihr Sohn), mußte das Erbe 1787 verkauft werden, um aufgelaufene Spielschulden begleichen zu können.

GORDON, MARQUIS OF HUNTLY

links: Wappen des Chiefs des Clans Gordon; rechts: Fahne des Clans Gordon, beide aus: Fulton, A.: Scotland and her Tartans

Touristische Hinweise:

Huntly Castle in Huntly, Grampian Region, ist heute eine Ruine. Es ist täglich geöffnet außer freitags und am Donnerstagnachmittag.

Haddo House (bei Ellon) ist von Mai bis September von 14.00 - 18.00 Uhr, von Juni bis August von 11.00 - 18.00 Uhr geöffnet, im April und Oktober nur an Samstagen und Sonntagen von 14.00 - 17.00 Uhr.

Südlich von Huntly liegen an der A 944 drei äußerst interessante Burgen. Zunächst erreicht man Kildrummy Castle, das im Schottischen Unabhängigkeitskrieg eine bedeutende Rolle gespielt hatte. Es ist im Sommer täglich geöffnet, während der Wintermonate an Wochenenden. Rund 6 Kilometer weiter liegt Glenbuchat Castle, der Sitz des alten 'Glenbucket'. Es ist frei zugänglich. Noch ein paar Kilometer weiter entfernt erreicht man die Abzweigung nach Tomintoul. Nach drei Kilometern, die man dieser Straße folgt, kommt man zu Corgarff Castle. Es zeigt den Zustand aus der Mitte des 18. Jahrhunderts, als es eine Garnison von Regierungstruppen war, mit einem interessanten Museum in Inneren (im Sommer täglich geöffnet).

In der Nähe von Rhynie (ca. 10 Kilometer südlich von Huntly) liegen die Ruinen von Drumminor Castle. - Ebenfalls Ruine ist das bei Methlick gelegene, im 16. Jahrhundert erbaute Gight Castle.

Auf dem freien Gelände zwischen Alford und Alford Bridge am Fluß Don liegt das Schlachtfeld von Alford, das nicht überbaut ist.

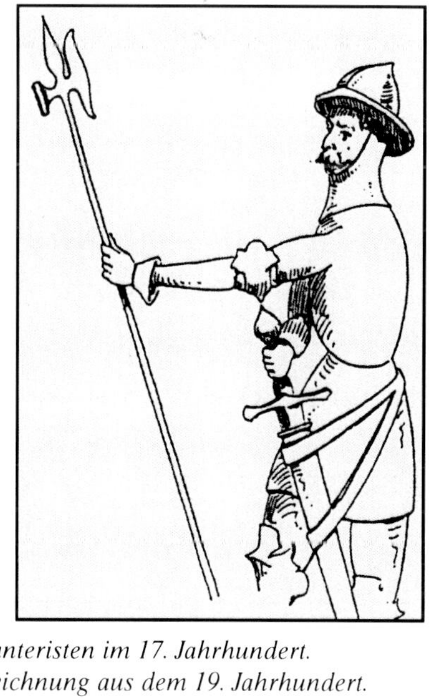

links: Gepanzerte Kavallerie im Kampf gegen Infanteristen im 17. Jahrhundert.
rechts: Infanterist aus der Mitte des 14. Jahrhunderts, Zeichnung aus dem 19. Jahrhundert.

oben: Craigmillar Castle; unten: Leith Hall;

Im Dienste des Koenigs: Die Hays

Im kleinen Örtchen Cruden Bay pflegte ein Mr. Stoker zu verweilen, zwecks Erholung von den Strapazen des Berufslebens. Hier an den von der Nordsee umspülten Klippen fand er Ruhe, ein gesundes Klima, freundliche Menschen und eine gewisse Inspiration.

Mister Stoker war zwar in seiner Studentenzeit ein erstklassiger Sportler gewesen, jetzt holte ihn die seit seiner frühesten Kindheit angegriffene Gesundheit ein. Der Urlaub war eine willkommene Abwechslung vom Alltag seines Berufes als Sekretär und Theaterkritiker. Seine ausgedehnten Spaziergänge führten ihn auch an die Ruinen von Slains Castle[61], das eine ganz düstere Atmosphäre umgab. Hier könnten sich blutige Dramen abgespielt haben, hier war eine ganz hervorragende Kulisse für die Geistergeschichten, die Mr. Stoker aus dem heimatlichen Irland kannte. Abraham (genannt Bram) Stoker erinnerte sich an die Sage vom Grafen Vlad, dem 'Pfähler'. Slains Castle hätte eine hervorragende Residenz für diesen Unmenschen abgegeben. Und irgendwie paßten auch die 'Banshees', die Luftgeister, dazu.

Mr. Stoker machte sich daran, seine Impressionen in literarische Formen zu gießen. Sein Buch 'Dracula' erschien 1897 und wurde sein größter Erfolg.

Der Clan Hay, Erbauer von Slains Castle, spielte in der schottischen Geschichte eine wichtige Rolle.

Die Familie ist normannischen Ursprungs. Die de la Hayes kamen von der Halbinsel Cotentin. Der erste nachweisbare Hay in Schottland war William de la Haye, Mundschenk des Königs, der 1178 zum 1. Baron of Erroll erhoben wurde. Er war ein enger Vertrauter der Könige Malcolm IV. und William the Lyon. Gegen Ende des 12. Jahrhunderts war er der Gesandte Schottlands in England.

> *Einer Legende nach kamen die Hays durch ein Gottesurteil in den Besitz Errolls. Sie hatten in einer Schlacht gegen die Norweger den Sieg zugunsten der Schotten herbeigeführt, indem sie Ochsenjoche als Waffen einsetzten[62]. Der König ordnete an, dass die Ländereien, über die der Falke, der gerade am Himmel kreise, fliege, den Hays gehören sollen.*

Sein Enkel Gilbert de la Haye, der 3. Lord Erroll, war Sheriff von Perth und zweimal Regent Schottlands (während Alexanders III. Minderjährigkeit).

61 *Eigentlich New Slains, es gibt auch ein Old Slains Castle.*
62 *Daher kommt das Motto des Clans: 'Serva jugum'.*

Der 5. Lord Errol, ebenfalls Gilbert de la Haye mit Namen, war ein konsequenter Anhänger von Robert the Bruce. Er zeichnete sich in der Schlacht von Bannockburn besonders aus, indem er (der Sage nach) Robert the Bruce das Leben rettete. Deshalb erhob ihn Bruce zum Constable of Scotland (dieses Amt hatte vorher Bruces Gegner Comyn innegehabt.) Außerdem wurde er zum Kommandeur der königlichen Leibgarde ernannte. Beide Ämter waren erblich, sie sollten in der Familie der Chiefs des Clan Hay später Opfer fordern. Das erste war der 6. Lord Erroll, der in der Schlacht von Neville's Cross getötet wurde. Während Edward III. in Frankreich kämpfte, hatte David II. den schottischen Thron zurückgewonnen. Er bekräftigte das Bündnis mit Frankreich und kam seinem Alliierten im Spätsommer zu Hilfe.

In Frankreich standen die Dinge ungünstig, Edward hatte den französischen König am 26. August 1346 bei Crecy geschlagen. Und auch in Nordengland war man auf die schottische Invasion nicht unvorbereitet. Als König David II. mit 15.000 Mann die Grenze überschritt, stellten sich ihm Sir Ralph de Neville, Sir Henry de Percy und der Erzbischof von York entgegen. Sie hatten 700 Ritter und 10.000 Infanteristen und Bogenschützen unter ihrem Kommando.

Am Morgen des 17. Oktober 1346 plünderte Sir William Douglas mit 500 berittenen Infanteristen ('Hobilars') das kleine Städtchen Merrington. Als sich der Nebel verzog, stellten sie fest, dass sie sich in unmittelbarer Nähe die englische Streitmacht befand. Sofort brach unter Douglas' Leuten Panik aus, nur die Hälfte gelangte zurück zu den schottischen Linien. Dem König war nun klar, dass er starken Streitkräften gegenüberstand. Den Engländern war klar, dass ihre Präsenz den Schotten nun bekannt war. Sie stellten sich vor den Mauern Durhams bei einem alten Wegkreuz auf. Der Boden war für einen Kavallerieeinsatz ungeeignet, deshalb stellten sich in der vordersten Linie die Bogenschützen auf, dahinter die Infanterie (in drei Blöcken). Dem Anführer der schottischen Vorhut, Earl Patrick, kam die ganze Angelegenheit nicht geheuer vor, er bat den König die Nachhut anführen zu dürfen. Deshalb ging das Kommando der Vorhut an den Earl of Moray über, der auf dem rechten Flügel attackierte. Dabei gerieten seine Leute an einen Hohlweg, wichen nach links aus und stießen mit dem vom König selbst befehligten schottischen Zentrum zusammen. Die Masse enggedrängter Schotten bot den englischen Bogenschützen ein ideales Ziel. Der linke Flügel der Schotten, kommandiert von Robert Stewart, wurde von der englischen Kavallerie zum Rückzug gezwungen. Ein weiterer Kavallerieangriff drängte Morays rechten Flügel ebenfalls zurück. Der König stand mit seinen Leuten nun ohne Unterstützung der ande-

ren Armeeflügel auf dem Schlachtfeld. Am Ende des Tages waren die Schotten am Ende ihres Durchhaltevermögens. Tausend Mann waren tot, darunter der Earl of Moray. König David wurde von den Engländern umzingelt, seine Leibgarde fiel Mann um Mann. Der König schlug noch einem englischen Ritter, John of Coupland, zwei Vorderzähne aus, bevor der ihn überwältigte und gefangennahm. Der König blieb elf Jahre in Gefangenschaft, da Schottland das Lösegeld nicht aufbringen konnte[63].

Sir Thomas Hay, der 7. Lord Errol und 4. Constable of Scotland, heiratete eine Tochter König Roberts II. (1371-1390). Ihr jüngerer Sohn, Sir Gilbert Hay, begleitete Jean d'Arc, die Jungfrau von Orleans. Bei der Krönung von Charles VII. 1429 in Reims zum König von Frankreich war er anwesend. Aus der Linie Sir Thomas Hays stammte auch William Hay, der 1452 zum 1. Earl of Errol erhoben wurde. Ein späterer William Hay, der 4. Earl of Erroll, fiel 1513 in der Schlacht von Flodden.

Der Sage nach zahlte der Clan Hay einen besonders hohen Blutzoll für die Niederlage von Flodden. Neben dem Chief fielen 87 weitere Hays.

Ein Hay of Tallo war an einem Mordkomplott beteiligt, das ganz Schottland in Aufruhr und Unfrieden stürzen sollte. Mary Stuart, Königin von Schottland, war ihrem charakterlosen zweiten Ehemann Lord Darnley, Sohn des 4. Earls of Lennox, nicht sehr zugetan. Als dieser am 9. März 1566 mit einer Gruppe vom Begleitern vor den Augen der Königin deren Vertrauten, den italienischen Schreiber David Rizzio, ermordet hatte, schlug die Abneigung in tödlichen Haß um. Im Dezember 1566 traf sich in Craigmillar Castle bei Edinburgh ein Gruppe von Verschwörern angeführt von Lord Gordon und Bothwell, dem Liebhaber der Königin. Darnley war in Glasgow an den Pocken erkrankt und deshalb konnte er nicht zusammen mit seiner Frau und dem kleinen Sohn (dem späteren König James VI.) wohnen. Er logierte deshalb in Kirk o'Field, einem Haus am Stadtrand Edinburghs. Während Darnley und ein paar Freunde am Abend des 9. Februars 1567 im Hause feierten, ließ Bothwell Pulversäcke in den Keller schaffen. John Hepburn und Hay of Tallo zündeten gegen 2 Uhr nachts die Lunten an. Eine gewaltige Explosion erschütterte Edinburgh. Später fand man unter den Toten auch die Leiche Darnleys. dass Bothwell hinter dem Anschlag steckte, wurde bald der Öffentlichkeit bekannt, und damit neigte sich die Herrschaft Mary Stuarts ihrem Ende entgegen.

63 König David war 11 Jahre lang Gefangener der Engländer, dann ließ man ihn für 65.000 Pfund frei. Immerhin hatte er im letzten Jahr seiner Gefangenschaft in der Person des französischen Königs, der 1356 in der Schlacht von Poitiers in englische Hände gefallen war, einen standesgemäßen Mitgefangenen.

Im Jahr 1559 wurde George Hay, der 7. Earl of Erroll, zum Lord-Lieutenant von Zentralschottland ernannt. Sein Enkel Francis, 9. Earl of Erroll, war an einer Verschwörung mit dem spanischen König Philipp II. beteiligt. Nachdem dessen Versuch, England mit Hilfe der Armada zu erobern, gescheitert war, versuchte er, von Schottland aus Königin Elisabeth II. von England zu stürzen. Der junge König James VI. von Schottland sollte ihren Platz einnehmen, er wiederum sollte zum katholischen Glauben bekehrt werden. Ganz Schottland sollte nach dem Willen der Verschwörer rekatholisiert werden. Mit Hilfe der Clans Gordon, Hay, Cameron in den Highlands und den Vasallen der Familie Douglas in den Borders gelang es, den königlichen Truppen eine Niederlage beizubringen (Schlacht von Glenlivat 1594)[64]. Dann wendete sich das Blatt, die Anführer der Rebellion, die Earls Erroll, Huntly und Douglas mußten ins Ausland flüchten. Slains Castle, Residenz des Chiefs seit den Zeiten König Roberts the Bruce, wurde 1595 zerstört. Der Earl of Erroll kehrte wenige Jahre später aus dem Exil zurück, und versöhnte sich mit dem König. Sein neuer Sitz wurde das Castle New Slains, das gegen Ende des 16. Jahrhunderts erbaut wurde.

Im Dreißigjährigen Krieg war ein Alexander Hay Offizier von Mackays Regiment (in dänischen Diensten). Er trat in schwedischen Dienst über und wurde in einer Schlacht getötet. Die Barone von Haij in Schweden stammen von ihm ab.

Die Hays gehörten zu den Anhängern der 1688 entthronten Stuarts. Slains Castle war am Vorabend des großen Aufstands von 1745/46 ein konspirativer Treffpunkt führender Jakobiten. Mary Hay, Countess of Erroll, war überzeugte Jakobitin und bot 1745 den Clan zum Kampf für 'Bonnie Prince Charlie' auf.

Andrew Hay of Rannes vererbte seine Güter und Titel an General Alexander Leith (1758-1838), der sich fortan Leith-Hay nannte. Die Leith-Hays waren eine Soldatenfamilie, die auf Leith Hall residierte. Ihr berühmtester Vertreter war Colonel Alexander Sebastian Leith-Hay, der 1862 zum Laird erhoben wurde.

Der Laird hatte in der Thin Red Line der Hochländer in der Schlacht von Balaklava gekämpft. Er war an der Niederschlagung der Meuterei in Indien beteiligt und kam aus Indien in Begleitung eines Vogels zurück, der genauso exzentrisch war wie er selbst. Dieser weiße Kakadu sprach exzellent Hindustani und lebte 50 Jahre lang auf Leith Hall. Nachdem er gestorben war, ließ man ihn mit vollen militärischen Ehren beisetzen.

64 *Francis Hay wurde in der Schlacht durch den Pfeilschuß eines MacLeans verwundet. Viele Highland-Clans nahmen an der Schlacht von Glenlivat auf der einen oder der anderen Seite teil, leider ist die Überlieferung sehr lückenhaft.*

Josslyn Hay, der 22. Earl of Errol (1901-1941), war einer der bestausehendsten Männer der Londoner Gesellschaft. Er ging in den 20er Jahren nach Kenia. Im Jahr 1941 wurde er in der Nähe Nairobis erschossen aufgefunden. Er hatte eine Affäre mit Diana Broughton gehabt, die des Mordes an ihm angeklagt, aber freigesprochen wurde. Der Mord ist niemals aufgeklärt worden.

oben: Rekonstruktion von Slains Castle; unten: vorhandene Ruinen von Slains Castle;

Touristische Hinweise:

An der Straße von Aberdeen nach Peterhead befindet sich das Dorf Cruden Bay. Direkt an den Klippen liegen die imposanten Ruinen von Slains Castle, oder (um genauer zu sein) von New Slains. Einige Kilometer südlich liegt ebenfalls an der Küste im Örtchen Kirktown of Slains das Castle Old Slains, von dem aber nur spärliche Überreste verblieben sind. Zwischen Cruden Bay und Coldwells liegen die sehenswerten Klippen der Bullers of Buchan.

Leith Hall, 10 km südlich Huntly bei Kennethmont gelegen, erinnert mehr an ein französisches Chateau als an ein schottisches Castle. Es ist trotzdem auf jeden Fall einen Besuch wert. Die Gärten sind ganzjährig geöffnet (von 9.30 Uhr bis Sonnenuntergang), das Schloß selbst von Mai bis September 14 - 18 Uhr, im Oktober nur an Samstagen und Sonntagen von 14 - 17 Uhr.

Am Stadtrand von Edinburgh (nördlich der Straße nach Dalkeith) liegt Craigmillar Castle, das ehemalige Hauptquartier der Verschwörung, die zu Darnleys Ermordung führte. Es ist im Sommerhalbjahr täglich geöffnet, von Oktober bis März an Freitagen und Donnerstagnachmittagen geschlossen.

Klippen der Bullers of Buchan.

Die Kinder des Nebels: Die MacGregors

Liam Neeson alias Rob Roy MacGregor beschützt die Galloway-Herden schottischer Barone und erledigt Inkasso-Aufträge, als er Opfer einer gemeinen Intrige seines Auftraggebers, des Marquis of Montrose (John Hurt) und dessen bösartigen Verwalters (Jim Roth) wird. Nach vielem Ungemach, das ihm, seiner Frau (Jessica Lange) und seinem Clan widerfährt, verbündet er sich mit dem Herzog von Argyll und weist Montrose in seine Schranken, der Verwalter wird im Schwertduell mit dem Claybeg gekonnt zur Strecke gebracht...

Soweit die filmische Umsetzung der literarischen Vorlage von Scott. Mit der historischen Wirklichkeit haben beide nur recht bedingt zu tun. Der aus finanziellen Gründen an der irischen Westküste gedrehte Film deutet allerdings einige Aspekte der Clanhistorie der MacGregors an, die es wert sind, genauer betrachtet zu werden.

Die MacGregors führen ihren Ursprung auf das Haus Kenneth MacAlpines, des sagenhaften ersten Königs Schottlands, zurück. Sein Bruder Gregor soll der Gründer des Clans MacGregor gewesen sein. Ein MacGregor soll Gefangener des englischen Königs Edward I. gewesen sein, das erscheint möglich, ist aber urkundlich nicht belegbar. Der erste nachweisbare Chief war Iain der Einäugige, der um 1390 vom Namensgeber des Clans, seinem Sohn Gregor, abgelöst wurde. Seit alters her siedelten die MacGregors in den sogenannten Trossachs und westlich davon im Tal des Flusses Orchy. Damit lebten sie in gefährlicher Nähe des machtvollen Clan Campbell. Sir Duncan Campbell hatte am Beginn des 15. Jahrhunderts die MacGregors (oder auf gälisch Grigarach) aus dem Glenorchy vertrieben. Ein Chief der MacGregors starb, ohne Söhne zu hinterlassen, da hoben die MacGregors einen Neffen auf den Schild. Die Campbells proklamierten jedoch einen Chief MacGregor von eigenen Gnaden, den sie zur Heirat mit einer Campbell gezwungen hatten. Dieser Chieftain aus dem Clan MacGregor war jedoch nicht unschuldig gewesen. Er hatte die junge Campbell zunächst vergewaltigt und war dann von ihrem mächtigen Bruder, Black Duncan Campbell of Glenorchy zur Heirat gezwungen worden. Der mächtige Clan Campbell trat eine Zeitlang als Sachwalter des 'legitimen Erben' (ihrer Marionette) auf, gab diese ohnehin durchschaubare Maskerade aber bald auf. Seine Chieftains brachten es später bis zur Herzogswürde (Duke of Argyll). Da ein Teil der MacGregors für dieses Vorgehen keinerlei Verständnis aufbrachte, führten diese Renegaten in den waldreichen Gegenden um Loch Lomond und Loch Katrine Guerillakrieg gegen die Campbells. Man nannte diese Rebellen auch 'Children of the Mist', Kinder des Nebels. Ihr Anführer wurde 1552 gefangen und enthauptet. Besagter Chief Black Duncan Campbell, nun schon etwas betagt, ließ es sich nicht nehmen, das Urteil eigenhändig zu vollstrecken. Im Jahr 1558 fielen die MacGregors über die MacLarens in Balquidder her, die unter der Patronage der Campbells standen, und massakrierten die Angehörigen von 18 Haushalten.

Im Jahr 1589 tischten einige MacGregors der Lady of Ardvorlich den abgeschlagenen Kopf ihres Bruders auf. Der hatte als Forstverwalter von Glenartney einigen wildernden MacGregors die Ohren abschneiden lassen. Die Lady of Ardvorlich war hochschwanger, floh traumatisiert von der Szene und gebar in der Wildnis einen Sohn. Als ihr Ehemann, Alasdair Stewart of Ardvorlich, von der ungeheuerlichen Angelegenheit hörte, ließ er sofort 12 MacGregors an einer Eiche in Meovie aufhängen[65].

Aber es sollte noch schlimmer für die MacGregors kommen. Anno 1602 gerieten sie über einen Bruch des Gastrechts, das in den Highlands stets einen ganz besonderen Status genoß, in eine Fehde mit den Colquhouns. Einige Männer aus dem Clans der MacGregors, der in den Highlands freilich nicht die allerbeste Reputation besaß, waren auf Reisen, als sie das Gebiet der Colquhouns durchquerten. Ihnen wurde die gastliche Aufnahme verweigert. Die MacGregors zogen sich in eine Scheune zurück und schlachteten ein Schaf der Colquhouns. Sie wurden gefangen und, obwohl sie Bezahlung für das getötete Tier anboten, exekutiert. Die MacGregors überfielen daraufhin die Colquhouns im Glen Luss, töteten zwei, verwundeten weitere und führten neunhundert Stück Vieh fort. Die Beute verkauften sie an die Campbells, die sich gerade in einer Fehde mit den Colquhouns befanden. Die Colquhouns zogen an den königlichen Hof, dramatisierten die Ereignisse und präsentierten dem König blutgetränkte Hemden, die angeblich den getöteten Colquhouns gehört hatten. So erwirkten die Colquhouns die Erlaubnis des Königs (James VI.) zu einer Strafexpedition gegen die MacGregors. Das erklärte Ziel war es, den Clan vollständig

65 *Auch der Sohn, James Stewart of Ardvorlich, bekannt als der 'Mad Major', bekämpfte später eine Zeit lang die MacGregors.*

oben links: Portrait von Rob Roy; oben rechts: Grab von Rob Roy in Balquidder; unten: Edinample Castle

auszurotten, „*the haill tribe, root and branch*". Wieder blieben die seit einem Jahrhundert um ihr Land kämpfenden MacGregors siegreich. Im Glen Fruin, westlich von Loch Lomond, marschierten 400 Colquhouns in einen Hinterhalt, hundert wurden getötet. Jetzt ergriff der König drakonische Maßnahmen, der Chief der MacGregors, Alexander MacGregor of Glenstrae, wurde in Edinburgh nebst Gefolge gehängt, der ganze Clan für vogelfrei erklärt, sogar der Name 'MacGregor' wurde verboten. Kein mit einem MacGregor geschlossener Vertrag sollte Gültigkeit haben. Wer den MacGregors half, wurde selbst bestraft, wie z. B. Ewin McVean Gair 1613 in Urquhart, er hatte einigen MacGregors Unterschlupf gewährt. Angeblich beruhte die ganze Entwicklung auf einer Intrige des Earls of Argyll, Chief Archibald the Grim Campbell, der zumindest den MacGregors das gestohlene Vieh der Colquhouns abgekauft hatte.

Neben mächtigen Feinden hatten die MacGregors aber auch Verbündete. Im Jahr 1624 führte Malcolm Og MacGregor 300 MacGregors gegen den Clan Chattan ins Feld, um dem Earl of Moray zu helfen. Die Sanktionen blieben bis zum Jahr 1661 in Kraft, als König Charles II. den MacGregors ihren Namen und ihre Freiheit wiedergab, nicht aber ihre Ländereien.

Die Jagd auf die MacGregors war für einige schottische Adlige die Gelegenheit, mit königlicher Erlaubnis private Fehden auszutragen. Robert Galbraith of Culcreuch hatte schon seit 1592 eine Kommission, die MacGregors mit Feuer und Schwert zu verfolgen. In Wirklichkeit griff er aber seinen Stiefvater an, den Chief der MacAulays, Sir Aulay MacAulay. Letzterer hatte nämlich früher die verwitwete Mutter von Robert Galbraith gegen dessen Willen geehelicht. Anno 1592 schlossen die MacAulays ein Bündnis mit den MacGregors und gaben damit dem Chief Galbraith den willkommenen Vorwand zu seinem Rachefeldzug[66].

Zu Beginn des 18. Jahrhunderts machte ein gewisser 'Robert Campbell' von sich reden, der in Wahrheit Robert Ruadh (Rothaar oder Feuerkopf) MacGregor hieß: Rob Roy. Er war der dritte Sohn des 1702 gestorbenen Donald Glas MacGregor, dem 5. Chief of Glengyle. Rob Roy MacGregor erfand die Highland-Version des Schutzbriefes. Gegen einen angemessenen Obulus beschützten die kampferprobten MacGregors das Vieh eines Barons, eines Dorfes oder eines Clans, wurde die Zahlung verweigert, trieben sie es selbst fort. dass er unter dem Mädchennamen seiner Mutter auf-

66 *Chief Galbraith geriet aber später selbst in die Position des Gejagten und starb 1640 verfemt im irischen Exil.*

trat (Campbell), war weniger Schutzmaßnahme als launiger Scherz. 1715, während des Jakobitenaufstandes, schlossen sich die MacGregors sehr zögerlich den Anhängern der Stuarts an. Am 13. November 1715 führte Rob Roy eine kleine Schar seiner Leute in die Schlacht von Sheriffmuir. Er vermied aber jegliche riskante Aktion, so dass die ohnehin relativ geringen Verluste der Jakobiten nicht auf Kosten seiner Leute gingen. In die Rebellion 1719 war Rob Roy marginal verwickelt, es ist anzunehmen, dass er bei der Schlacht von Glenshiel[67] beteiligt war. Es ist mehr als wahrscheinlich, dass Rob Roy geheimen Kontakt zu beiden Seiten hielt. Trotzdem galt er als Jakobit, als Rebell gegen die Krone und den rechtmäßigen König George. Er entging nur knapp der Deportation nach Barbados. Zweimal wurde er gefangen, konnte aber wieder entkommen. Daneben ging er wieder seiner alten Beschäftigung nach, überfiel gelegentlich noch Reisekutschen auf den wenigen Straßen zwischen Glasgow und Perth und unterstützte die Landbevölkerung, wenn es Ärger mit dem Gesetz gab. Er galt als hervorragender Schwertkämpfer, genoß die Sympathie weiter Teile der ärmeren Schichten und wußte wahrscheinlich so viel über einige Politiker und Hochadlige, dass man die Suche nach ihm einstellte. Geradezu penetrant verfolgte James Graham Marquis of Montrose, Nachfahre des berühmten Montrose, über 12 Jahre hinweg (von 1712 bis 1724) Rob Roy und ruinierte dabei seine Finanzen derart, dass er endlich aufgab. Robert Ruadh MacGregor starb 63jährig friedlich und unbehelligt im Jahre 1734, so vermutet man jedenfalls[68]. Möglicherweise ist Rob Roys Tod jedoch eine Verwundung beim Schwertkampf vorausgegangen. Im Jahr 1734 befanden sich die MacGregors wieder einmal in einem Spannungszustand mit den MacLarens, die sich um Hilfe an die Stewarts of Appin wandten. Rob Roy soll die Herausforderung Alasdair Stewarts of Invernahyle zum Duell akzeptiert haben, um eine Clanfehde zu verhindern. In diesem Duell wurde er leicht verwundet. Einige Tage später verstarb er.

Übrigens: einige Chiefs der MacGregors bzw. ihre engsten Familienmitglieder hatten weniger Glück als Rob Roy. 22 wurden gehängt, vier wurden enthauptet, drei ermordet (zwei davon fand man mit Pfeilen im Rücken) und fünf fielen im Kampf. Einer hatte im 17. Jahrhundert die Nase voll von Schottland. Er emigrierte nach Amerika, fiel in die Hände von Indianern und wurde skalpiert.

Auch Robin Og, der jüngste Sohn Rob Roys, nahm ein gewaltsames Ende. Im Jahr 1736 hatte er aus ‘Rache’ für den Tod seines Vaters (so jedenfalls

67 *Die Schlacht am 10. Juni 1719 endete mit einer Niederlage der Jakobiten.*
68 *Sein Grab in Balquidder ist heute eine Touristenattraktion.*

stellte er es dar) John MacLaren of Wester Invernety erschossen, als dieser friedlich sein Feld pflügte. Anno 1754 entführte und vergewaltigte Robin Og MacGregor ein Mädchen, das an den Folgen der Mißhandlungen verstarb. Für diese Untat wurde er verurteilt und gehängt.

Einige MacGregors hatten zusammen mit den Drummonds und Robertsons 1715 unter dem Duke of Perth gekämpft. Die MacGregors of Glencarnock nahmen an den Aufständen von 1715, 1719 und 1745/46 teil. Sie kämpften bei Prestonpans und Falkirk.

Bei Prestonpans (21. September 1745) errangen die Highlander ähnlich wie bei Killiecrankie ein halbes Jahrhundert zuvor mit einer Blitzattacke einen vollständigen Sieg.

General Cope hatte 2.300 Regierungssoldaten unter seinem Kommando, die Armee der Jakobiten war zahlenmäßig etwas stärker, verfügte aber über weniger Kavallerie. Cope hatte seine Leute auf ebenem Gelände östlich von Edinburgh aufgestellt. Auf zwei Seiten war Copes Position von Gebäuden gedeckt, auf einer dritten von sumpfigen Gelände. In einem Nachtmarsch waren die Highlander durch den Sumpf auf die offene Seite hinter Copes Armee gelangt. Als der Angriff der Jakobiten begann, waren beide Seiten nicht entsprechend der jeweiligen Planung aufgestellt. Cope hatte seine Infanterie in Linie im Zentrum aufstellen lassen, mit jeweils einem Dragonerregiment an jeder Flanke. Die Jakobiten griffen in zwei Kolonnen an, eine nördliche Kolonne unter dem Duke of Perth, eine südliche Kolonne unter Lord George Murray. Die Angriffsachsen beider Kolonnen divergierten, so dass in der Mitte eine Lücke klaffte, der Angriff sich praktisch nur gegen die Flanken richtete. Die Dragonerregimenter wurden schnell geworfen. Damit waren die englischen Infanteristen nun von den Flanken und vom Rücken bedroht. Lord George Murray berichtete später von seinem Erstaunen als er die englische Linie hinter sich erblickte. Aber auch die englische Infanterie räumte nun fluchtartig das Feld, nachdem sie im Nahkampf herbe Verluste erlitten hatte. Malcolm MacGregor, kommandierender Offizier des Duke of Perth's Regiment wurde von fünf Kugeln getroffen. Er sank nieder, stützte sich auf und brüllte seine Leute an. *„Meine Freunde ich bin nicht tot, bei Gott, ich werde jeden Mann sehen, der nicht seine Pflicht tut."*

Die Schlacht dauerte nur wenige Minuten. Die Beute an Schußwaffen, die den Jakobiten in die Hände fiel, war immens. Einige Clanregimenter konnten damit neu ausgerüstet werden, darunter auch die Soldaten Malcolm MacGregors, die mit Sensen in die Schlacht gezogen waren.

Im Jahr 1746 nahmen sie unter dem Kommando des Earls of Cromarty an dem Feldzug gegen Loudon in Nordschottland teil und waren bei Culloden nicht beteiligt.

> *Die MacGregors of Glencarnock marschierten nach dem Ende des Jakobitenaufstands quer durch von feindlichen Truppen gehaltenes Gebiet in ihre Heimat zurück. Sie passierten dabei Edinample Castle, das von einer Garnison der Campbell-Miliz gehalten wurde. Die machte aber keinerlei Anstalten, sich den MacGregors in den Weg zu stellen. Niemand legte sich ohne Not mit den 'Children of the Mist' an...*

Im Jahr 1774 wurden die letzten speziell die MacGregors betreffenden Sanktionen aufgehoben.

Beim Besuch König George IV. in Edinburgh 1822, der eine Welle von Highlandromantik auslöste, spielten die MacGregors eine prominente Rolle. Sir Walter Scott, der Organisator des Besuchs, hatte eine Ehrengarde für den König zusammengestellt, die aus Angehörigen des Clans MacGregor bestand. Angeführt wurde sie von General Sir Evan MacGregor of MacGregor.

Das Schicksal der MacGregors, die Proskription eines ganzen Clans, war keineswegs einzigartig in Schottland.

Im August des Jahres 1600 wurde John Ruthven, der 3. Earl of Gowrie, zusammen mit seinem Bruder in einem Haus in Perth getötet. Hintergrund war die mysteriöse 'Gowrie Conspiracy', ein versuchter Anschlag auf das Leben des Königs James VI. Im Jahr 1582 hatte William Ruthven, der 1. Earl of Gowrie, zusammen mit dem Earl of Mar den jungen König in Huntingtower Castle entführt, um ihn dem Einfluß ihrer Rivalen[69] zu entziehen. Zehn Monate lang hatte der Earl of Gowrie den König in einer Burg gefangengehalten und mit seinen Mitverschwörern das Land im Namen des Königs regiert. Anno 1584 wurde er exekutiert. Deshalb war das schottische Parlament 1600 nur zu bereit, an eine erneute Verschwörung mit Beteiligung der Ruthvens zu glauben. Die Grafschaft Gowrie wurde aufgehoben und der Name Ruthven wurde im November 1600 unter Verbot gestellt. Mitgliedern des Clans Ruthven, die sich an den Aktivitäten ihres Chiefs nicht beteiligt hatten und sich völlig unschuldig fühlten, wurde der zynische Rat gegeben, um ihres Lebens und ihres Besitzes willen eine anderen Familiennamen anzunehmen. Das Verbot wurde 1641 aufgehoben.

Aber anders als das Schicksal der Ruthvens fand die Geschichte der MacGregors ein großes Publikum, nicht zuletzt dank Sir Walter Scott. Der erzählte 1810 in seiner Versromanze 'Lady of the lake' von William Douglas

69 *Namentlich waren dies der Duke of Lennox und der Earl of Arran.*

und seiner Tochter Ellen, die vor der königlichen Macht im wilden MacGregor-Land der Trossachs am Loch Katrine Zuflucht suchten. Theodor Fontane übrigens, ein Scott-Verehrer erster Güte, zeigte sich kaum beeindruckt.

Touristische Hinweise:

Auf dem Friedhof von Balquidder befindet sich die einzige greifbare Spur Rob Roys: sein Grab, das seiner Frau und seiner Söhne. Noch die Grabinschrift trotzt allen Widerständen: „MacGregor despite them".

In Callander, einige Kilometer südlich, befindet sich ein Rob Roy Visitor Centre. Es ist von März bis Mai und von Oktober bis Dezember von 10 - 17 Uhr, Juni u. September 9.30 - 18 Uhr, Juli und August von 9 - 19 Uhr geöffnet. In den Wintermonaten Januar und Februar öffnet es nur an Wochenenden.

Rund 8 Kilometer östlich von Balquidder liegt am Ufer des Loch Earn Edinample Castle. Vermutlich wurde diese kleine, bis heute unzerstört erhaltene Burg mit Z-förmigem Grundriß von den Campbells of Glenorchy zu Anfang des 17. Jahrhunderts erbaut, möglich ist auch, dass es ursprünglich eine Burg der MacGregors war, bis es in die Hände der Campbells fiel, die hier viele MacGregors einkerkerten.

Landschaft bei Edinample.

Ruhm ist der Lohn des Mutes: Die Robertsons

In der Rebellion von 1745/46 war Blair Castle, das den Prinzen Charles Edward Stuart für einige Tage beherbergt hatte, von Regierungstruppen gestürmt und dabei die Ländereien des Clans Murray verwüstet worden. Lord George Murray, der Kommandeur der Atholl Brigade und Bruder des Dukes of Atholl[70], weilte gerade in Inverness. Er war mit seinen Leuten vom erfolgreichen Feldzug gegen General Loudon aus Dornoch zurückgekehrt, als er von den schlimmen Neuigkeiten erfuhr. Sofort setzte er die Atholl Brigade in Marsch. In kleinen Gruppen erreichten die Murrays und ihre Gefolgsleute ihr Siedlungsgebiet. Es war stockfinstere Nacht als sie über die Regierungstruppen herfielen und fürchterliche Rache nahmen. Nur rund 200 bis 300 Regierungssoldaten konnten sich hinter den dicken Mauern von Blair Castle in Sicherheit bringen und dort verbarrikadieren. Hilfe für die Belagerten konnte das Expeditionskorps der Landgrafschaft Hessen, das aufgrund eines Subsidienvertrages der Londoner Regierung zur Verfügung gestellt worden war, bringen.

Der Prinz von Hessen, der mit seinen Truppen in Perth weilte, schickte sofort ein kleines Kavalleriedetachment. Lord George Murray sollte zur Aufgabe der Belagerung gezwungen werden. Das folgende Gefecht ging allerdings siegreich für die Highlander aus. Lord George Murray schlug dem Prinzen von Hessen einen Gefangenenaustausch vor, der vom Prinzen akzeptiert aber vom Duke of Cumberland (dem Oberbefehlshaber der Regierungstruppen) abgelehnt wurde. Das hessische Kontingent griff nicht mehr in die Kämpfe ein, angeblich war sein Kommandeur so erbost über das Verhalten Cumberlands, dass er keine Veranlassung mehr sah, sich im Thronstreit der Häuser Hannover und Stuart weiter zu engagieren[71]. Lord George Murray setzte die Belagerung der Burg seiner Ahnen fort. Da er kaum Artillerie besaß, waren die Aussichten, es zurückzuerobern, schlecht. Die erste Kanone jedoch, die man hatte heranschaffen können, begann ihren Beschuß mit Lady Robertson of Lude als Kanonier. Sie war im vergangenen Jahr die Gastgeberin des Prinzen Charles Edward Stuart auf Blair Castle gewesen, und hatte etwas gegen die neuen, ungebetenen Gäste des Schlosses: eine Kanone[72].

70 *Die Residenz der Dukes of Atholl war (und ist) Blair Castle.*

71 *So jedenfalls berichtet Johnstone in seinen Erinnerungen (Memories of the Rebellion, Seite 71). Sein arrogantes Verhalten hätte für Cumberland ganz fatale Konsequenzen haben können, immerhin galten die hessischen Truppen als die besten Europas, in einer Schlacht hätten die Highlander wohl kaum eine Chance gegen die Hessen gehabt.*

72 *Trotz alledem konnte sich die kleine Garnison der Burg halten. Die Belagerung von Blair Castle war die letzte auf britischem Boden.*

Der Clan Robertson stammte von den Äbten des Klosters Dunkeld ab (in der columbanischen Kirche war Klerikern die Heirat erlaubt). Abt Crinan heiratete Bethoc, die Tochter von König Malcolm II., und sein ältester Sohn wurde als Duncan I. König von Schottland (er regierte von 1034 bis 1040, als er von Macbeth in einer Schlacht besiegt und getötet wurde). Einer von Duncans Söhnen war Maelmare, der Earl of Atholl. Aus seiner Linie stammte Duncan Reamhar ('Duncan der Starke'), der 1. Chief der Robertsons (gälisch Donnachaidh). Er führte den Clan 1314 in die Schlacht von Bannockburn.

Auf dem Weg zur Schlacht gegen die Engländer erschien auf mysteriöse Weise ein leuchtender Kristall an der Spitze des Banners der Robertsons. Bis heute ist dieser Bergkristall der Talisman des Clans.

Ein Nachfahre Duncans, Robert Riabhach ('Robert der Graue'), gehörte zu den Rächern von König James I. Dieser James I. hatte eine von den Stuart-Königen später so oft praktizierte Methode der Herrschaftssicherung an den schottischen Hof gebracht. Als er 1424 aus 18jähriger englischer Gefangenschaft nach Schottland zurückkehrte, war er fest entschlossen, die schottischen Adligen einem harten Regiment zu unterwerfen. Mächtige Highlandchiefs lud er zu Verhandlungen ein, um sie dann gefangennehmen, einkerkern oder exekutieren zu lassen. Die Unberechenbarkeit des Königs führte zu seiner Ermordung. Im Jahr 1437 wurde er von Sir Robert Stewart und Sir Robert Graham in Perth getötet. Der Neffe Sir Robert Grahams war vom König als Geisel nach England geschickt worden (er blieb dort 25 Jahre als Gefangener in Pontefract Castle). So nachvollziehbar die Motive Sir Roberts gewesen sein mögen, er wurde für vogelfrei erklärt und verfolgt[73].

Es war Robert Riabhach, der die Attentäter in einem einsamen Tal in Argyll stellte, gefangennahm und dem Gericht übergab. Sir Robert Graham wurde zu Tode gefoltert, Sir Robert Riabhach zum Baron of Struan erhoben. Er war vermutlich der erste Robertson, der den Namen 'Robertson' benutzte.

Als im 17. Jahrhundert der Marquis of Montrose die Highlander zum Kampf für König Charles II. aufbot, waren die Robertsons der erste Clan, der ihm folgte. Die Covenanter hatten zuvor die Robertsons gedrängt, für ihre Sache zu kämpfen. Allerdings spielten in den Reihen der Convenanter die Campbells eine prominente Rolle, wohl zu prominent für die Robertsons, deren Ländereien an die der Campbells grenzten.

73 *Der Sage nach hatte der König das Weihnachtsfest mit den Mönchen von Perth verbracht, obwohl ihn auf der Reise dorthin eine Hochländerfrau gewarnt hatte, dort werde er den Tod finden. James I. hatte dieser Zwischenfall amüsiert, er unterhielt seine Königin Jane und deren Hofdamen mit der Beschreibung dieser Begegnung, als die Mörder in seine Gemächer eindrangen und ihn mit mehr als 20 Dolchstichen töteten. Die tapfere Königin Jane warf sich dazwischen und wurde verwundet.*

Alexander Robertson of Struan (1670-1749), der 13. Chief Robertson, war als der 'Poet Chief' bekannt. Er studierte für eine theologische Laufbahn an der St. Andrews Universität, als er durch den Tod seines Vaters und seines älteren Bruders zum Chief des Clans wurde.

Vermutlich hätte Chief Alexander das Wort Gottes sehr sehr nachdrücklich predigen Können, jedenfalls vertrat er seine politischen Überzeugungen unbeirrt und kraftvoll. Im Jahr 1689 verließ er die Universität, um seinen Clan für den entthronten König James II.[74] *aufzubieten. Seine bemerkenswerte Mutter wandte sich brieflich an alle Chieftains des Clans, den jungen Alexander aufzuhalten und von seinem Vorhaben abzubringen. Er ließ sich nicht aufhalten, und die Chieftains seines Clans ließen sich nur zu gerne von ihm mitreißen und schlossen sich mit ihren Leuten an.*

Nach dem Zusammenbruch der Rebellion verlor Chief Alexander Robertson einige Ländereien, allein, dadurch ließ er sich in seinem Kurs nicht beirren. An der Rebellion von 1715 nahm er wieder aktiv teil und schloß sich mit seinen Clansmen dem Earl of Mar an.

Anno 1745, nun schon über siebzig Jahre alt, bot er erneut seinen Clan für das Haus Stuart auf. Vermutlich säßen die Stuart-Könige immer noch auf dem Thron, hätten sie mehr Anhänger vom Format Chief Alexander Robertsons gehabt. Seine unbedingte Loyalität und seine Zähigkeit machten ihn zu einer Persönlichkeit, deren Leistung durchaus mit der John Gordons of Glenbucket oder Sir Ewen Camerons of Lochiel verglichen werden kann. Wie die beiden vorgenannten führte er auch in hohem Alter seinen Clan in die Schlacht, in diesem Fall in die Schlacht von Prestonpans 1745. Nur sehr schwer ließ er sich überzeugen, seine Leute dem Kommando Lord George Murrays zu unterstellen und selbst nach Hause zurückzukehren.

Der alte Chief Robertson erhielt aus der Beute von Prestonpans die Kutsche des englischen Generals Cope. Damit ließ es sich vortrefflich heimwärts fahren. Allerdings war das letzte Stück des Weges für Fahrzeuge nicht geeignet, deshalb trug man die Ladung, den Chief, sein Gepäck und die Kutsche, zur Residenz des Chiefs.

Als 1936 die direkte Linie der Chiefs mit Miss Robertson of Struan ausstarb, erhob ein Robertson aus der jamaicanischen Linie Anspruche auf die Chiefswürde, die ihm vom Lyon Court, der in Schottland zuständigen Institution für heraldische und genealogische Fragen, bestätigt wurde.

74 *James II. in großbritannischer Zählweise, als König von Schottland war er König James VII.*

Im Jahr 1747 war ein Robertson aus der Familie des Chiefs auf Jamaica eine (allerdings nicht kirchlich sanktionierte) Ehe mit einem schwarzen Sklavenmädchen eingegangen, das ihm vorher ein Cousin (Macinroy of Lude) verkauft hatte. Der Lyons Court befand, dass diese Transaktion nach altem schottischem Recht durchaus legitim gewesen wäre und erkannte die Ansprüche des Prätendenten an.

Touristische Hinweise:

In Bruar, an der Straße A 9 nur wenige Kilometer von Blair, befindet sich ein Museum des Clans Donnachaid (Robertson).

Ganz in der Nähe befindet sich der Wasserfall 'Falls of Bruar'. Südwestlich von Loch Rannoch, mitten im Gebiet der Robertsons, beginnt die schier endlose Wildnis des Rannoch Moor, ein baumloses Hochmoorgebiet mit Tausenden von Tümpeln. „A wearier looking desert man never saw" beschrieb Robert Louis Stevenson in seinem Roman 'Kidnapped' diese Gegend.

Seit 1894 wird Rannoch Moor von der West Highland Railway durchquert, selbst eine Touristenattraktion erster Güte.

Falls of Bruar

oben: Landschaft am Loch Rannoch; unten: Blick über einen Teil des Rannoch Moor;

Drum Castle

Mit Verschlagenheit und Mut: Die Frasers

Die Menge am Tower Hill wartete ungeduldig. Schließlich wurde ein solches Schauspiel nicht jeden Tag geboten. Ein Lord, Mitglied des Oberhauses, sollte hingerichtet werden. Er war ein Hochverräter und Jakobit, ein Erzfeind der Krone also. Da half auch das gesegnete Alter von 80 Jahren nichts: der Kopf von Simon Fraser, dem Lord Lovat, sollte fallen. Immerhin war die Enthauptung noch ein gewisses Privileg, einen Lord konnte man nicht einfach bei Tyburn wie einen gewöhnlichen Straßenräuber aufhängen.

Der Verurteilte trug sein Schicksal mit Gleichmut. Seine Intriganz hatte ihn in diese Situation gebracht. Die Schmähungen der geifernden Menge konnten ihn kaum beeindrucken. Er bewies trockenen Humor, als eine Engländerin ihm zurief: „*You'll get that nasty head of yours chopped off, you ugly old Scotch dog*". Er antwortete: „*I believe I shall, you ugly old English bitch.*"

Es war keine leichte Sache, die Frasers zum Gegner zu haben, das war eine Erfahrung, die auch noch nach den Jakobitenaufständen viele machen sollten.

Die Frasers waren französischer Herkunft und die Familie de Freseliere tauchte in der Mitte des 12. Jahrhunderts zu ersten Mal im südlichen Schottland auf. Sie kamen aus der Grafschaft Freseliere in Anjou und standen in gewisser Verbindung zu den Grafen von Anjou, den Platagenets.

Ein Ralph de Freseliere war Ritter König Richards I. ('Löwenherz') in dessen Zeit als Kronprinz[75]. Ein Simon Fraser schenkte um 1160 die Kirche von Keith der Abtei von Kelso. Außerdem berichten die Urkunden von Udart Fraser und Gilbert Fraser, ob und in welchem verwandtschaftlichem Verhältnis sie standen, ist nicht bekannt.

Am Beginn des 13. Jahrhunderts geriet der kleine Clan der MacLennans of Drumderfit (in Ross-Shire) in eine Fehde mit den Frasers. Der Chief der MacLennans, Gilligorm, wurde getötet. Seine hochschwangere Frau geriet in Gefangenschaft. Ihr Sohn wurde 'Crotair MacGilligorm' genannt, 'der bucklige Sohn Gilligorms'. Der Sage nach waren die Frasers auf den unmenschlichen Gedanken verfallen, dem Jungen einige wichtige Knochen zu brechen, auf dass ihnen kein gefährlicher Feind erwachse. Tatsächlich könnte es auch ganz anders gewesen sein: der Name MacLennan leitet sich von Logan

75 *Er bezahlte seine Treue mit Kerkerhaft, als ihn ein Gegner Richards einsperren ließ.*

ab, was wiederum dem gälischen Wort lobhaireacan sehr nahe steht - und dieser Begriff bezeichnete einen Verkrüppelten. Vielleicht litt die Linie der Chiefs der MacLennans unter einer Erbkrankheit. Die Schlacht gegen die Frasers schien aber tatsächlich stattgefunden zu haben, obgleich manche Historiker sie eher im 14. Jahrhundert vermuten.

Im 13. Jahrhundert siedelten die Frasers in der Landschaft Moray, und William Fraser wurde um 1280 Bischof von St. Andrews. Er gehörte zu den sechs 'Guardians' der Thronerbin. Als die auf der Reise von Norwegen nach Schottland starb, wendete sich Bischof Fraser an den englischen König Edward I., der den ausbrechenden Streit zwischen verschiedenen schottischen Thronanwärtern schlichten solle. Er lieferte damit unwillentlich dem machthungrigen König (auch aus dem Hause Plantagenet) einen willkommenen Vorwand, Schottland militärisch zu unterwerfen. In dem ausbrechenden Schottischen Unabhängigkeitskrieg trat Sir Simon Fraser of Tweeddale an die Seite von William Wallace. Bei Rosslyn schlug er eine Abteilung englischer Infanteristen und forderte den Zorn König Edwards heraus. Sir Simon teilte Wallaces Schicksal und wurde 1306 gehängt, gestreckt, gevierteilt.

Diese grauenvolle Art der Bestrafung wurde eigens für die walisischen und schottischen Feinde des englischen Königs entwickelt. Im Falle Sir Simons sind Einzelheiten überliefert: man hängte den Delinquenten am Hals auf, schnitt ihn aber noch lebend wieder ab. Dann streckte man ihn, wobei mehrere Gelenke ausgerenkt wurden. Dem Verurteilten wurden die Genitalien abgeschnitten, die Bauchdecke aufgeschlitzt und die Gedärme herausgerissen, die man vor seinen Augen verbrannte. Dann wurden ihm Beine, Arme und der Kopf abgeschlagen.

Das Jahr 1306 war ein entscheidendes im Schottischen Unabhängigkeitskrieg. In diesem Jahr vollzog sich der Übergang von der ersten Phase des schottischen Widerstandes (angeführt von William Wallace) zur zweiten Phase, die von Robert the Bruce dominiert wurde. Wallace war (landläufiger Meinung zum Trotz) kein Highlander, ebensowenig wie Robert the Bruce. Der Vater von William Wallace war Malcolm Wallace of Elderslie. William Wallace wurde um 1274 geboren. Er wurde durch persönliche Motive in den Kampf gegen die englische Herrschaft verwickelt. Marodierende englische Soldaten aus der Garnison Lanark hatten seine Frau ermordet. Wallace schlug zurück, indem er den Kommandeur der Garnison und viele ihrer Soldaten tötete. Wallace sammelte eine kleine Gruppe von Anhängern und bekämpfte die englischen

Besatzungstruppen mit einer Guerillastrategie. Während Wallace in den Southern Uplands gegen die Engländer Krieg führte, wurde eine ähnliche Kampagne von Andrew de Moravia (Moray) in den östlichen Highlands organisiert. In die westlichen Highlands reichte die Macht des englischen Königs nicht, aber immerhin konnte er die MacDougalls zu einem Bündnis gewinnen. Wallace und de Moray schlossen ihre Streitkräfte zusammen, es wurde für die englische Krone unmöglich, Steuern in Schottland einzutreiben. Da der König auf französischem Boden weilte, wurde John de Warenne in seiner Eigenschaft als Warden of the North mit der Bekämpfung der rebellischen Schotten beauftragt. Warenne marschierte auf Stirling, die strategische Schlüsselposition, zu. Dabei mußte er den Forth überqueren, einen Fluß, dessen Wasserstand stark von den Gezeiten beeinflußt wurde. Warenne bezog am 11. September 1297 auf dem Südufer Position, die Schotten auf der Nordseite. Warenne schlug die Warnung von Sir Richard Lundie (einem schottischen Ritter in englischen Diensten) in den Wind, nicht die schmale Holzbrücke, sondern eine nahegelegene Furt zu benutzen. Der englische Kommandeur schickte seine Ritter über die Brücke, die Schotten ließen die Vorhut herüberkommen und griffen dann an. Die englische Kavallerie konnte auf den sumpfigen Wiesen ihren Angriffsschwung nicht entwickeln und wurde ein Opfer der schottischen Speerträger. Als weitere englische Truppen ihrer Vorhut zu Hilfe kommen wollten, brach die Brücke unter der Last zusammen. Die englische Nachhut mußte das Massaker an ihren Kameraden vom Südufer aus untätig mitansehen. Mehr als 100 englische Ritter wurden getötet. Warenne floh bis nach Nordengland, Wallace wurde zum Ritter geschlagen und zum 'Guardian of Scotland' ernannt. Es ist nicht sicher, ob Moray in der Schlacht ums Leben kam oder wenig später eines natürlichen Todes starb. Edward I. höchstpersönlich führte nun eine Invasionsarmee nach Schottland, sie soll aus mehr als 2.400 Rittern und 2.900 Infanteristen bestanden haben. Wallace reagierte mit der erprobten Methode der Guerillataktik und Edward hatte nennenswerte Schwierigkeiten, seine Armee zusammenzuhalten. Es kam zu Handgemengen zwischen englischen Infanteristen bzw. Rittern und walisischen Langbogenschützen. Der Vormarsch Edwards wurde durch die Tatsache verzögert, dass die Truppen des Fürstbischofs von Durham erst noch Dirleton Castle nehmen mußten. Am 21. Juli 1298 stellte sich Wallace bei Falkirk zur Schlacht. Er soll über rund 10.000 Infanteristen aber nur 200 Reiter verfügt haben. Wallace stellte die Infanterie in vier massiven Schiltrons auf, dazwischen bezogen die wenigen Bogenschützen unter Sir John Stewart of Bonkill Position.

oben: Robert the Bruce, King of the Scots; unten: Drum Castle

Sie sollten von der kleinen Kavallerietruppe unter Sir John 'the Red' Comyn of Badenoch geschützt werden. Diese Reitertruppe wurde schnell von den englischen Rittern vom Felde gedrängt, dann ritten sie die schottischen Bogenschützen nieder. Die walisischen Langbogenschützen konzentrierten ihren Beschuß nun auf jeweils ein schottisches Schiltron nach dem anderen. Dann griff die englische Kavallerie erneut an und die schottische Infanterie wurde zersprengt. Rund 4.000 Tote waren auf schottischer Seite zu beklagen. Dafür, dass Bruce an der Schlacht auf englischer Seite teilnahm, spricht wenig, wahrscheinlich hielt er sich auf seinen Gütern in Carrick auf. Wallace entkam, er flüchtete nordwärts in die Wälder von Callander. Er gab seinen Titel als 'Guardian of Scotland' auf, setzte aber den Kampf fort. Anno 1299 weilte Wallace in Frankreich, in Begleitung des Lairds of Guthrie kehrte er zurück, ohne aber wesentliche Hilfe vom französischen König erhalten zu haben. Im Jahr 1300 besiegte ein englisches Expeditionskorps eine kleine schottische Armee unter dem Earl of Buchan bei Twynholm und 1301 wurden die Besitzungen von Robert the Bruce von den Engländern angegriffen, Bruce selbst entkam. Anno 1303 führte Edward I. seine Truppen bis zum Moray Firth, der schottische Adel suchte um Frieden nach, Wallace war isoliert. 1305 wurde er verraten. Man brachte ihn nach London. Dort wurde er bei Smithfield am 24. August 1305 gehängt, gestreckt, gevierteilt. Am 11. Februar 1306 erdolchte Robert the Bruce John Comyn in der Greyfriars Church in Dumfries. Am 25. März 1306 krönte ihn die Countess of Buchan in Scone zum König von Schottland. Am 20. Juni desselben Jahres griff eine englische Streitmacht unter Aymer de Valence (dem Earl of Pembroke) König Robert the Bruce bei Methven an und besiegte ihn. Kildrummy Castle, das von Roberts Bruder Nigel Bruce verteidigt wurde, fiel. Bruce floh in die Highlands, ja bis nach Irland. Im Frühjahr 1307 kehrte er zurück, fand neue Unterstützung und errang im Mai bei Loudon Hill den ersten Sieg.

Ein naher Verwandter Sir Simon Frasers, Sir Alexander Fraser, war ein treuer Verbündeter von Robert the Bruce. Er wurde am Vorabend der Schlacht von Bannockburn 1314 von Bruce zum Ritter geschlagen und heiratete nach der Schlacht Lady Mary, die Schwester von König Robert the Bruce[76]. Sir Alexander wurde Lord Chamberlain of Scotland und starb 1332. Er war der Ahnherr der Frasers of Philorth, den späteren Lords Saltoun (ein Enkel Sir Alexanders erhielt durch Heirat die Ländereien von Philorth

76 *Mary Bruce war ähnlich Isabell MacDuff, der Countess of Buchan, von den Engländern gefangengenommen und in einem Käfig ausgestellt wurden.*

in Buchan im Jahre 1375). Sein jüngerer Bruder Simon Fraser, der auch bei Bannockburn gekämpft hatte, etablierte den Zweig der Frasers of Lovat[77]. In den 1450er Jahren wurde Hugh Fraser zum 1. Lord Lovat erhoben.

Jeder Chief der Frasers of Lovat führt den gälischen Titel *MacShimi* (Sohn von Simon). Im Jahr 1544 kämpften die Frasers unter Hugh, dem 3. Lord Fraser of Lovat, am Loch Lochy auf dem berühmten 'Felde der Hemden' gegen die MacDonalds of Clanranald. Am Ende sollen nur 14 Krieger diese Schlacht überlebt haben. Tatsache ist jedenfalls, dass diese Schlacht mit einer verheerenden Niederlage der Frasers endete.

Anno 1562 besuchte Königin Mary Stuart Inverness. Der Gouverneur der Burg verweigerte ihr den Einlaß. Daraufhin mußte sie in einem Haus in der Bridge Street logieren. Das brachte die Clans der Umgegend so auf, dass sie Inverness Castle stürmten. Die Frasers, Mackintoshs und Munros nahmen die Burg. Der Gouverneur wurde wegen Hochverrats gehängt.

Der 11. Lord Lovat, Simon Fraser (1667-1747), gehört zu den originären Charakteren der Highlands. Er war wegen seiner Verschlagenheit und Intriganz bekannt. Sein Vater, der 10. Lord Lovat, hatte den Titel durch den Tod seines Großneffen, des 9. Lords Lovat, geerbt, nicht aber dessen Landbesitz. Simon Fraser gedachte, dem etwas nachzuhelfen, und ließ die neunjährige Tochter des 9. Lords entführen. Das war im Jahre 1697 und hätte ihm beinahe den zweifelhaften Ruhm eingetragen, die letzte Clanschlacht heraufbeschworen zu haben. Auf die Nachricht von der Entführung erschien nämlich das Clanaufgebot der Murrays und Simon Fraser sah sich veranlaßt, mit seinen Leuten in die Berge auszuweichen. Letztendlich gab er die Geisel heraus und bereinigte die Sache, indem er ihre Mutter zur Heirat 'überredete'.

Angeblich wurde die Widerspenstige während der Trauung von Frasers festgehalten, während ein Dudelsackpfeifer ihren Protest übertönte.

In dem Aufstand von 1715 spielten die Frasers eine ganz zweifelhafte Rolle. Zunächst beteiligten sie sich an der Rebellion, dann wechselte Lord Lovat die Seiten und nahm mit seinen Clansmen das zuvor von den Jakobiten eroberte Inverness für die Londoner Regierung. Den Sitz im Oberhaus, der ihm für seinen Fahnenwechsel versprochen worden war, erhielt er aber erst nach einem langen und komplexen Rechtsstreit gegen die Regierung. Seine Machenschaften hatten ihm längst den Beinamen 'The Fox'

77 *Je nach Standpunkt werden die Frasers of Lovat als eigenständiger Clan oder als 'Branch' der Frasers angesehen.*

eingetragen, als sein Instinkt für günstige Situationen 1745 erneut gefordert wurde. Es war längst klar, dass der Lord Lovat nur seine eigenen Interessen verfolgte. Er wartete 1745 zunächst ab, erst als sich mächtige Clans wie die Camerons, MacDonalds und Stewarts of Appin für den 'Young Pretender' ausgesprochen hatten, schloß sich Lord Lovat mit seinen Frasern an. Im Dezember 1745 wurde er von Loudon in Inverness gefangengenommen, kam aber im folgenden Frühjahr wieder frei, als Loudon bei Dornoch geschlagen wurde. Sein Clan Fraser nahm an den Schlachten von Prestonpans, Falkirk und Culloden teil. Dabei hatten es die Frasers in der Hand, einen ganz wichtigen Sieg für Charles Edward Stuart zu erringen.

Duncan Forbes of Culloden (1685-1747) war einer der wichtigsten Politiker Schottlands. Er war der President of the Court of Session von 1737 bis 1747. Nachdem er von der Nachricht des Ausbruchs der Rebellion 1745 überrascht worden war, organisierte er schnell auf politischem Wege Gegenmaßnahmen (nach dem Zusammenbruch des Aufstands sollte er versuchen, in London und beim Duke of Cumberland eine Mäßigung der Strafmaßnahmen gegen die Jakobiten zu erreichen). Obwohl er selbst jakobitische Sympathien hegte und Mitglieder seiner Familie in der Armee des Prinzen dienten, versuchte er, die Clans von einer Teilnahme an der Rebellion abzuhalten. Das gelang ihm im Falle des Chiefs MacDonald of Sleat und des Chiefs MacLeod of Dunvegan sogar. Seine Vorstellungen bei Lord Lovat hingegen blieben wirkungslos. Es war die Absicht von Lord Forbes, der praktisch zusammen mit dem Duke of Argyll Schottland verwaltete, dem Prinzen die Unterstützung abzugraben. Die Bekämpfung der Rebellion, wie sie trotz seiner Diplomatie zustande kam, sollte seinen Vorstellungen gemäß in die Hände von Highlandchiefs gelegt werden, die loyal zur Londoner Regierung standen. Seine Gefangennahme wäre für die Jakobiten also von erheblichem Nutzen gewesen. In der Nacht des 27. Oktobers 1745 sammelte sich tatsächlich ein Stoßtrupp der Frasers vor dem Haus von Lord Forbes mit der Absicht, ihn gefangenzunehmen. Da erschien am Fenster seines Schlafzimmers der Lauf eines kleinkalibrigen Jagdgewehres, wie man es zur Jagd auf Eichhörnchen verwendete, und seine Lordschaft trieb mit einigen Schüssen die Highlander davon. Diese bemächtigten sich seines Viehs, das sie davontrieben. Die Clansmen der Frasers hatten eine einmalige Gelegenheit vertan[78].

78 *Tatsächlich stießen hier ganz deutlich die millitärischen Kapazitäten der Clanregimenter an ihre Grenzen. Die kriegerische Tradition, zu der eben auch die Wegnahme des Viehs des Gegners gehörte, war zutiefst anachronistisch und in diesem besonderen Fall höchst kontraproduktiv.*

oben: Neidpath Castle; unten: Castle Fraser

Der Sohn Lord Lovats, auch Simon Fraser mit Namen, nahm an dem Feldzug des Prinzen in dem Regiment der Frasers, später sogar als Colonel teil. Das Clanregiment wurde aber nicht von ihm persönlich kommandiert, sondern von einem Laird aus Aberdeenshire, Charles Fraser of Inverallochie. Sein Banner fiel bei Culloden in die Hände der Engländer. Das Gleiche galt auch für Simon Fraser. Er ergab sich den Regierungstruppen, und die Umstände seiner Gefangennahme sind äußerst dubios, sie lassen ihn sogar als Überläufer erscheinen. Sein Vater Lord Lovat schaffte es, sich für kurze Zeit der Gefangennahme in der Verkleidung einer alten Frau zu entziehen. Er wurde schließlich aufgegriffen und nach London gebracht, wo man ihm den Prozeß machte.

Der Sohn allerdings wurde ausgerechnet vom Duke of Cumberland protegiert. Während in der ersten Phase nach der Schlacht von Culloden Repressalien gegen die Frasers angeordnet wurden (Einziehung des Landbesitzes, Zerstörung des Familiensitzes Castle Dounie), erhielt Simon Fraser jun. wenig später die Gelegenheit, sich in den Augen der britischen Krone zu rehabilitieren. Sein erster Schritt in dieser Hinsicht war allerdings schäbig und verwerflich. Er gab sich zum Ankläger beim infamen Prozeß gegen James Stuart of the Glens im Jahre 1752 her, der zum Justizmord an dem Angeklagten (und am Appin Murder völlig Unschuldigen) führte.

Im Siebenjährigen Krieg erhielt Simon Fraser den Auftrag, ein Regiment aufzustellen. Sein 2nd Highland Battalion wurde innerhalb von nur drei Wochen aufgestellt. Der umtriebige Chief hatte sich einfach an die alten Gefährten aus der Zeit der Rebellion von 1745/46 gewendet und die ergriffen diese Gelegenheit nur zu bereitwillig. Was sie auch immer von den Aktivitäten Simon Frasers gehalten haben mochten, hier bot sich die Chance zur Rehabilitierung und zur militärischen Karriere, wenn auch nicht im Dienste der Stuarts. Bald auf Regimentsstärke angewachsen, zogen 1.600 'Fighting Frasers' in den Krieg gegen Frankreich nach Kanada, wo sie sich ausgezeichnet bewährten. Im Moment des Sieges von Quebec starb der englische Kommandeur General Wolfe: man sagt in den Armen eines Sergeanten der Fraser Highlanders. Simon Fraser erhielt die alten Besitzungen in Schottland zurück und stieg bis zum General der britischen Armee auf. Er fiel während des Amerikanischen Unabhängigkeitskrieges. General Simon Fraser gehörte zu dem Expeditionskorps von General Burgoyne, das von Kanada kommend die Kolonien in Neuengland vom Rest der aufrührerischen nordamerikanischen Kolonien abtrennen sollte. General Burgoyne war nicht der Mann, den wohlüberlegten Ratschlägen seiner Untergebenen, namentlich General Friedrich Adolph von Riedesel (Kommandeur des Braunschweiger Hilfskorps) und General Simon Fraser, Aufmerksamkeit zu schenken.

In logischer Konsequenz endete die Unternehmung von General Burgoyne in der Niederlage von Saratoga (am 18. Oktober 1777).

Schon im August 1776 hatte Fraser in einem Memorandum auf die Notwendigkeit hingewiesen, der Tätigkeit der amerikanischen Riflemen durch die Aufstellung eigener Scharfschützenkompanien etwas entgegenzusetzen. Seinen Vorstellungen entsprechend wurde im September 1776 eine Kompanie Scharfschützen aufgestellt, das Kommando erhielt General Frasers Neffe Captain Alexander Fraser[79]. Obwohl Fraser die Gefahr, die von den amerikanischen Riflemen für die britischen Truppen ausging, erkannt hatte, war er nicht bereit, sein eigenes Verhalten darauf einzurichten. Einer seiner Untergebenen warnte ihn, er solle sich nicht so dem gegnerischen Feuer exponieren und bat ihn, doch wenigstens vom Pferd zu steigen. Fraser gab die lakonische Antwort: *„My duty forbids me to fly from danger."* Am 7. Oktober 1777 wurde er von Tim Murphy, einem der besten amerikanischen Scharfschützen, erschossen. Der jüngere Bruder Simon Frasers, Colonel Archibald Fraser, stellte ebenfalls ein Regiment auf, die Fraser Fencibles.

In der Zeit der Clearances verurteilte der damalige Lord Lovat die Vorgänge auf dem Gebiet der Sutherlands scharf und nahm sogar Vertriebene auf. Um 1880 wurde als Ersatz für das 1746 zerstörte Castle Dounie Beaufort Castle im Baronial-Style errichtet.

Im Ersten Weltkrieg schlug die dann erneut eine große Stunde der Frasers. Im Grabenkrieg an der Westfront und in den Stellungskämpfen auf der Halbinsel Gallipoli hatten die britischen Truppen große Verluste durch feindliche Scharfschützen zu beklagen. Insbesondere die deutschen Scharfschützen mit ihren Zielfernrohrgewehren und die deutschen Jägerbataillone forderten unter den britischen Soldaten viele Opfer. Abhilfe konnte nur in der Form improvisierter Scharfschützenausbildung und eigenverantwortlicher Aktivitäten britischer Offiziere (die ihre Jagdgewehre mit an die Front gebracht hatten) geschaffen werden. Dann erschienen die Lovat Scouts auf dem Plan. Aus den Wildhütern und Jagdaufsehern Lord Lovats gebildet, verschafften diese als Späher und Scharfschützen eingesetzten Soldaten der britischen Seite spürbare Erleichterung zunächst auf Gallipoli, dann an der Westfront.

Die Lovat Scouts riefen mit ihrem Auftreten auch gleich eine der hartnäckigsten Mythen des ersten Weltkriegs ins Leben. Als diese etwas ungewöhnlich erscheinenden Soldaten aus den heimatlichen Highlands mit dem Zug zur Verschiffung zu einem südenglischen Hafen transportiert wurden, fragte ein Mitreisender, woher sie kämen. Die Antwort lau-

79 *Die Einheit wurde in der Schlacht von Bennington am 16. August 1777 aufgerieben.*

tete „Ross-Shire", was sich in breitestem Scots wie „Russia" anhörte. Naive Gemüter waren gerne bereit zu glauben, die russischen Verbündeten hätten Soldaten zur Verstärkung nach England geschickt.

Im II. Weltkrieg diente bei den britischen Commandos ein ausgesprochen eigenwilliger Offizier. Es war Brigadier Simon Fraser, 17. Lord Lovat, 22. MacShimi. Die Einsätze seiner Spezialeinheit können an dieser Stelle nicht skizziert werden, nur soviel: er verlieh den britischen Commandos eine spezielle schottische und eine ganz spezielle Fraser-Note. Ein Markenzeichen seiner Leute bestand darin, das Tragen von Stahlhelmen rundweg abzulehnen. Lord Lovat nahm stets anstelle der vorschriftsmäßigen Ordonanzwaffe sein Winchester-Gewehr mit ins Gefecht und ließ sich von seinem Dudelsackpfeifer Bill Millin begleiten. Zu den Klängen von 'Way to the Isles', gespielt auf dem alten schottischen 'instrument of war', stürmten Lovats Commandos den Strand der Normandie. Simon Fraser gehörte zu den höchstdekorierten Soldaten Großbritanniens: Distinguished Service Order, Military Cross, TD, Legion d'honneur, Croix de Guerre, Suvorov-Orden.

Touristische Hinweise:

Castle Fraser bei Monymusk gehört zu den eindrucksvollsten Burgen der Grampians. Es wurde im 15. Jahrhundert erbaut und in den folgenden 200 Jahren so stark verändert und erweitert, dass jede Fassade einen ganz anderen Eindruck vermittelt. Es öffnet im April und Oktober an Samstagen und Sonntagen von 14.00 - 17.00 Uhr; im Mai, Juni und September täglich von 14.00 - 18.00 Uhr; im Juli und August täglich von 11.00 - 18.00 Uhr.

links: Siegel von Robert the Bruce; rechts: Großsiegel des englischen Königs Edward I.;

oben: Inverness Castle mit dem Denkmal von Flora MacDonald;
unten: Gedenkstein für die Schlacht von Culloden.

'Colonel' Anne und die Jakobiten: Die Mackintoshs

Mit dem Disarming act von 1746 war in Schottland das Tragen von Highland-Dress verboten. Wer das erste Mal gegen dieses Gesetz verstieß und gefaßt wurde, konnte mit einer Gefängnisstrafe von sechs Monaten rechnen, beim zweiten Verstoß drohte die Deportation zu den Plantagen der nordamerikanischen Kolonien[80].

Drei Soldaten waren auf dem Rückweg von Laggan, wo sie ihren Sold empfangen hatten, zu ihrem Posten bei Glenshiel. Auf dem Weg nahmen sie John Mackintosh fest, der Highlandtracht trug. Nachdem sie ihn sieben Meilen mit sich geführt hatten, tauchten in der Nähe von Invergarry Frauen auf, die die Soldaten um die Freilassung des Gefangenen baten. Sie boten den Rotröcken sogar eine Guinea dafür an. Die Soldaten ließen sich nicht auf den Handel ein. So begleiteten ungefähr 20 Frauen die Soldaten auf ihrem Weg, bis in einem dichten Wald sechs Männer auftauchten und den Soldaten blitzschnell die Waffen entrissen. Nun waren die Soldaten die Gefangenen. Die Waffen nun auf sie gerichtet, wurden die Rotröcke gezwungen, einen Schwur abzulegen, nichts gegen Mackintosh zu unternehmen. Dann ließ man sie frei. Als Captain Molesworth von dem Zwischenfall erfuhr, sandte er sofort 16 Männer aus, die John Mackintosh, vier der Frauen und den Anführer des Überfalls, Sanders MacDonald, festnahmen.

Der Name des Clans Mackintosh kommt von der gälischen Wendung Mac an Toisach, 'Sohn des Häuptlings'. Der Sage nach war der Gründer des Clans ein Sohn von MacDuff, dem Vorvater der Earls of Fife. Die Mackintoshs waren Mitglieder der großen Clanföderation Clan Chattan, die sie über viele Generationen hinweg dominierten. In den 1330er Jahren bezeichnete eine Charta des MacDonald, 'Lord of the Isles', den Chief des Clans Mackintosh als den Führer des Clan Chattan. Die Charta wurde später von König David II. (1329-1371) bestätigt. Der Anspruch der Mackintoshs auf die Führerschaft des Clan Chattan wurde durch die Ehe Angus Mackintosh, dem 6. Chief Mackintosh, mit Eva, der Tochter Dougall Dalls, des letzten Chiefs des Clan Chattan, begründet.

80 *Die Gesetze gegen das Tragen von Highlandtracht nahmen Frauen, den Adel und die Angehörigen von Hochlandregimentern aus. In den 50er Jahren des 18. Jahrhunderts wurde das Gesetz rigoros durchgesetzt. Es kam soweit, dass ein des Mordes Angeklagter freigesprochen wurde, weil er glaubhaft machen konnte, dass sein Opfer einen Tartan getragen hatte! Die ursprünglichen Strafen wurden 1748 abgeändert, statt Gefängnis war nun der zwangsweise Eintritt in ein Highlanderregiment vorgesehen. Obwohl das Gesetz erst 1782 aufgehoben wurde, wurde es nach dem Tod von Lord Hardwick, dem Lord Chancellor, im Jahre 1746 nicht mehr durchgesetzt. Hardwick war einer der Initiatoren des Disarming acts gewesen.*

Der Name 'Gillechattan' bezeichnete ursprünglich die Anhänger von St. Catain. Dieser Clan war im Hochmittelalter auf den Inseln Bute, Gigha und Colonsay beheimatet. Mit der Heirat Eva Gillechattans und Angus Mackintoshs entstand die Föderation Clan Chattan, die insgesamt 17 Clans umfaßte. Neben den MacPhersons, den MacPhails und den Cattanachs gehörten die Mackintoshs und ihre Vasallen bzw. Nebenlinien dazu (Farquarsons of Invercauld, Toshachs, Shaws of Tordarroch). Die MacThomases of Finegand and Glenshee, die MacQueens of Conisborough, die MacLeans of Dochgarroch, die MacBains of Kinchyle, die MacBeans of Thomatin, die MacGillivrays of Dunmaglas, die Davidsons, die Clerks und die Smiths stießen später dazu. Die Kampfkraft dieser Föderation war enorm, allerdings setzten interne Auseinandersetzungen ihrem Einfluß Grenzen. So weigerten sich beispielsweise die MacPhersons in der 2. Hälfte des 14. Jahrhunderts an der Seite der rivalisierenden Davidsons zu kämpfen. Das Resultat war die Niederlage des Clan Chattan gegen die Camerons auf dem Felde von Invernahavon im Jahre 1370.

Malcolm Mackintosh, Chief von 1430 bis 1464, erscheint in einer Urkunde des Jahres 1442 als Besitzer der Burg Rait Castle in Nairn. Er wird als Lord of Moy bezeichnet. Sein Sohn Duncan Mackintosh heiratete Flora, die Tochter von John MacDonald, dem Lord of the Isles. Im 16. Jahrhundert wurde der 16. Chief William Mackintosh vom Earl of Huntly (Clan Gordon) fälschlicherweise beschuldigt, einen Mordanschlag auf den Earl geplant zu haben. William Mackintosh wurde in Aberdeen von einer Jury, die von den Gordons gekauft war, zum Tode verurteilt und später (im Jahr 1550) hingerichtet. Bis zur Mitte des 17. Jahrhunderts befehdeten die Mackintoshs benachbarte Clans wie die Gordons, die Camerons und die MacDonells of Keppoch[81]. Anno 1665 marschierten die Mackintoshs in das Gebiet der Camerons ein, erst die Intervention der Campbells und eine Geldzahlung an den Chief Mackintosh verhinderte weiteres Blutvergießen. Im Jahr 1672 wurde Lachlan Mackintosh als Chief des Clan Chattan anerkannt. Vorausgegangen war eine Auseinandersetzung um die Führerschaft dieser Clanföderation. Duncan MacPherson, der 10. Chief der MacPhersons, hatte ebenfalls einen Anspruch geltend gemacht.

In der Rebellion 1689 unterstützten die Mackintoshs die Regierung und nicht den entthronten König James[82]. Lachlan Mackintosh starb 1704. Sein Sohn Lachlan kämpfte in der Rebellion von 1715 für James Edward Stuart, den 'Old Pretender'. Die Abneigung gegen die Union mit England war in den Highlands allgemein. So begruben auch die Mackintoshs den Streit mit den MacDonalds of Keppoch (gegen die sie bei Mulroy die letzte Clanschlacht verloren hatten).

81 *Gegen Letztere schlugen die Mackintoshs die letzte Clanschlacht im Jahre 1688.*
82 *Die Farquharsons hingegen unterstützten König James und kämpften 1689 bei Killiecrankie.*

Brigadier William Mackintosh of Borlum (1662-1743) spielte mit seinem 700 Mann starken Regiment eine prominente Rolle im Aufstand von 1715. Am 9. Oktober 1715 detachierte der Earl of Mar, der Anführer der Rebellion von 1715, Brigadier Mackintosh of Borlum mit 2.000 Mann (meist Hochländern) nach Süden, um den englischen Jakobiten unter dem Earl of Derwentwater dringend benötigte Unterstützung zu bringen. Borlum zwang den Duke of Argyll (Kommandeur der Regierungstruppen in Schottland) zum Rückzug. Er vereinigte seinen Truppenverband mit den südschottischen und englischen Jakobitenkontingenten bei Kelso. Nun hatte er 600 Reiter und 1.400 Infanteristen zur Verfügung. Am 30. Oktober überschritt Borlum mit seien Truppen die englische Grenze. Bei Preston kam es am 12. November zur Schlacht. 1.600 Mann unter General Wills griffen die in Preston verschanzten Jakobiten an. Die hielten unter der Führung Borlums aus, kapitulierten aber am 14. November, als weitere Regierungstruppen unter General Carpenter eintrafen[83].

In der Rebellion von 1745 schlug dem Clan Mackintosh seine große Stunde. Angus Mackintosh, der 23. Chief, kämpfte als Offizier der Regierungstruppen. Seine Frau Lady Anne aber war überzeugte Jakobitin. Sie stammte aus dem Clan Farquharson und bot getreu dessen jakobitischer Einstellung die Mackintoshs für den 'Young Pretender' auf. 'Colonel' Anne Mackintosh führte das Aufgebot nicht selbst. Kommandeur der Mackintoshs und der assoziierten Clans[84] war Chief Alexander MacGillivray of Dunmaglas.

Als sich der Prinz in Moy Castle aufhielt, dem Sitz der Mackintoshs, war Inverness (nur wenige Kilometer nördlich gelegen) noch in der Hand der Regierungstruppen unter General Loudon. Lord Loudon, der eine knapp 2000 Mann starke Garnison in Inverness befehligte, entwickelte den Plan, Moy Castle zu stürmen und den Prinzen gefangenzunehmen. Der fühlte sich in Moy völlig sicher und wartete nur auf Truppenverstärkungen, um seinerseits Inverness zu nehmen. Tatsächlich waren die Jakobiten in Moy äußerst schwach.

Am 16. Februar um 3 Uhr nachmittags ließ Loudon um Inverness eine Postenkette aufziehen, die den Befehl hatte, niemanden durchzulassen. In der Zwischenzeit machten es sich einige englische Offiziere in der Kneipe von Mrs. Bailly in Inverness gemütlich und unterhielten sich über den

83 *Nach der Zerschlagung des Aufstandes von 1715 verloren 19 schottische und 2 englische Barone ihre Besitzungen. Der Viscount Kenmure und der Earl of Derwentwater wurden hingerichtet, ebenso wie 22 Gefangene des Gefechts von Preston.*

84 *Namentlich waren dies die MacGillivrays, die MacBeans und einige Farquharsons. Die Farquharsons of Monaltrie kämpften zunächst unter eigenem Kommando, wurden dann aber Lord Lewis Gordons Verband zugeteilt.*

bevorstehenden Einsatz. Mrs. Baillys Tochter, ein Mädchen von 13 oder 14 Jahren, hörte, was gesprochen wurde, und erkannte die Gefahr für den Prinzen. Sie verließ die Wirtschaft, schlüpfte durch die Postenkette und rannte nach Moy Castle. Dort alarmierte sie die Besatzung. Da der Angriff für 11 Uhr nachts geplant war, konnte es bis zum Eintreffen von Loudons Truppen nicht mehr lange dauern. Der Prinz begab sich in die Sicherheit der umliegenden Berge, obwohl der Schmied von Moy bei ihm vorstellig geworden war und versichert hatte, er könne Loudon in die Flucht schlagen. Besagter Schmied sammelte 12 Gefährten und legte einen Hinterhalt für Loudons Truppe von 1500 Mann. Als diese sich Moy näherten und in einen Engpaß einrückten gab der Schmied Feuerbefehl. „Hier sind die Schurken, die unseren Prinzen entführen wollen, Feuer, meine Freunde, und verschont sie nicht, gebt keinen Pardon.“ 12 Musketen knallten und der ganze Stoßtrupp Loudons wendete sich zu wilder Flucht.

Wie der berühmte 'Rout of Moy' sich wirklich abspielte, ist nicht ganz sicher, jedenfalls wehrte eine lächerlich kleine Besatzung von Moy den Vorstoß Loudons ab. Am 18. Februar wurde Loudon von den Jakobiten zur Räumung von Inverness gezwungen, Inverness Castle wurde gesprengt.

Der Gouverneur von Inverness Castle, mit zwei Kompanien aus Loudons eigenem Highlandregiment, wollte es zunächst auf eine Belagerung ankommen lassen. Er besann sich jedoch anders und kapitulierte. Der Prinz gab Order, die Burg zu sprengen, und man ließ Pulverladungen anbringen. Sergeant L'Epine vom französischen Artilleriedetachment (zur Verstärkung der Jakobiten nach Schottland kommandiert) zündete die Lunte. Er wurde ungeduldig, als die erwartete Explosion ausblieb. Als er ging, die ausgegangene Lunte (so vermutete er) neu zu entzünden, ging die Ladung hoch, tötete Sergeant L'Epine und zerstörte die Burg.

Loudon zog sich nach Dornoch zurück. Das Regiment der Mackintoshs war am Feldzug zur Eroberung Dornochs beteiligt. Bei Culloden (16. April 1746) standen die Mackintoshs im Zentrum neben den Frasers und MacLachlans. Ihre Attacke brach im Feuer der britischen Truppen zusammen. Ihr Colonel, Chief Alexander MacGillivray, fiel neben der 'Well of the dead'[85].

Gillies Mor MacBean, ein Gigant von Gestalt und Major im Mackintosh-Regiment, starb im Nahkampf. Er hatte allein bereits 14 Regierungssoldaten getötet und stand mit dem Rücken zu einer Mauer, eine ganze Gruppe von Rotröcken mit dem Schwert abwehrend. Ein englischer Offizier rief: *„Save that brave man“*, aber MacBean war schon zu schwer verwundet und starb.

85 Ein Gedenkstein markiert heute den Platz von MacGillivrays Tod: „Well of the Dead. Here the chief of the MacGillivrays fell“. Die MacGillivrays gehörten zu Schottlands ältesten Clans und hatten schon an Somerleds Seite gekämpft.

Die Mackintoshs blieben von den Repressalien nach der Niederschlagung des Aufstands (relativ) verschont, allerdings mußte sich eingangs erwähnter John Mackintosh wohl etwas zu sicher gefühlt haben. Lady Annes Sohn Aeneas Mackintosh wurde 1812 zum Baron erhoben.

Zu den Angehörigen des Clans gehörte der berühmte Architekt, Zeichner und Designer Charles Rennie Mackintosh (1868-1928).

Seit 1938 halten verschiedene Linien der Familie die Chiefswürden des Clans Mackintosh und des Clans Chattan.

Die Mackintoshs of Borlum emigrierten im ausgehenden 18. Jahrhundert nach Nordamerika und heirateten in die indianische Creek-Nation ein, deren Chiefs sie bis heute stellen.

Touristische Hinweise:

Inverness Castle präsentiert sich heute als neogotischer Neubau aus dem 19. Jahrhundert. Von der alten Burg sind nur noch Fundamente übriggeblieben. Nach der Sprengung 1746 lag die Burg in Trümmern, diese wurden 1834 geräumt, nach 12 Jahren Bauzeit war das heutige Castle 1846 vollendet und beherbergt Behörden. Auf dem Vorplatz steht ein Denkmal für Flora MacDonald.

Das Schlachtfeld von Culloden ist begehbar, es zeigt an der 'Well of the Dead' einen Gedenkstein für die MacGillivrays. Das Visitor Centre öffnet im Februar, März, November, Dezember von 10 - 16 Uhr; von April bis Mitte Mai und Mitte September bis Oktober 9 - 17 Uhr; Mitte Mai bis Mitte September 9.30 - 18 Uhr.

Bei Helensburgh (25 km nordwestlich von Glasgow) lohnt das Hill House, eine Villa von Charles Rennie Mackintosh, einen Besuch. Es ist von April bis September jeden Nachmittag geöffnet.

In der Nähe von Aviemore liegt in einer wundervollen landschaftlichen Lage auf einer Insel im See Loch an Eilean die Burgruine Loch an Eilean Castle. Sie gehörte einst dem Clan Chattan und fiel später in die Hände der Grants.

Im Highland Folk Museum

Viele Kaempfer und ein Faelscher: Die MacPhersons

James MacPherson war der Sohn eines Landwirtes, der für seinen Sohn nur das Beste - in diesem Fall die beste Bildung - anstrebte. Folglich schickte er den jungen James als Theologiestudenten auf die Universitäten Aberdeen und Edinburgh und hoffte auf eine steile Karriere innerhalb der anglikanischen Kirchenhierarchie, denn sein Sohn war schon in der Schule als besonders phantasievoll und eloquent aufgefallen.

Tatsächlich kam der junge Student gut in seinen Fächern voran, doch sorgenvoll blickte der Vater bei den Besuchen des Sohnes, wenn er von so vielen Dingen erzählte, die nun wenig oder gar nichts mit der Theologie zu tun hatten und dem zielstrebigen Landwirt im besten Fall als unnötiges Hobby, im ungünstigsten Fall dagegen als unwiederbringlich verlorene Zeit auf dem Weg zum Erzbischof erschienen. So interessierte sich James nicht nur für seine eigenen Vorfahren, was im Rahmen eines Clans unumgänglich war und positiv bewertet wurde, nein, mit Eifer suchte er nach alten Geschichten der gälischen Vorfahren aus grauer Vorzeit. Bereits im Jahr 1755, mit 19 Jahren, hatte James begonnen, Dichtungen der keltischen Barden zu sammeln, die sich auf den Inseln und in Teilen der Highlands durch mündliche Tradierung von Generation zu Generation erhalten hatten. Nach einigen wichtigen Manuskriptfunden in den Jahren 1760 und 1761 reifte in ihm der Gedanke heran, mit Hilfe seiner Funde, seines Wissens und seines schriftstellerischen Talents den Schotten ein Nationalepos zu schaffen. Im Jahr 1765 war es soweit: *'The Works of Ossian, Son of Fingal'* nannte er sein Werk, aber die lyrisch-epischen Gesänge in rhythmischer Prosa, die bis weit ins 19. Jahrhundert hinein ganze Generationen in Europa, unter anderem auch Goethe, Herder und Napoleon, aber auch in Nord- und Südamerika bewegen sollten, waren zum allergrößten Teil wirklich 'sein' Werk. James MacPherson war eine der grandiosesten und erfolgreichsten literarischen Fälschungen gelungen, die die Welt jemals gesehen hatte.

Ein MacPherson ist ein 'Mac a Phearsoin', d.h. ein 'Sohn von Parson'. Nun lebten in den verschiedenen Teilen Schottlands sicherlich mancherlei Parsons, von deren Söhnen sich mehrere MacPherson genannt haben dürften, und von denen viele genausoschnell wieder verschwanden, wie sie zuvor aufgetaucht waren. Einer, der um 1335 aus dem Dunkel der Geschichte auftaucht, ist ein Donald M'Inpersuyn, der einer Familie MacPherson angehört, die Verbindungen mit der Argyllshire Church of St. Columba in Glassary hat, an der im Jahre 1420 ein anderer Donald MacPherson als Rektor nachweisbar ist. Viele Familien haben lange Zeit die geistliche Versorgung ihrer Umgebung selber in die Hand genommen, bzw. später die Priester aus den eigenen Reihen rekrutiert, um keine Fremden an die Seelen der eigenen Schäfchen lassen zu müssen. Entsprechend schwer hatte es die römisch-katholische Kirche, in den Highlands so etwas wie das Zölibat durchzusetzen, das allem kanonischen Recht zum Trotz (zumeist mit Wissen und Unterstützung der Obrigkeit) sehr lange ignoriert wurde, da die alte keltisch-christliche Kirche ihren Klerus selbstverständlich hatte heiraten lassen.

Die prinzipielle Verwandtschaft mit dem Namen MacPherson bezieht sich allerdings auf den berühmten alten Clan Mhuirich in Strathnairn, Streathdearn und Badenoch. Dessen Chief wurde MacPherson of Cluny genannt - oder Cluny MacPherson, um seine Herkunft nicht mit Personen aus weiteren Orten namens Cluny zu verwechseln, die andere Familien oder andere Zweige der MacPhersons in ihrem Besitz hatten.

Diese MacPhersons gehörten zum Clan Chattan, einem starken Bündnis von etwa 17 Clans, die ihre Herkunft in männlicher oder weiblicher Linie auf einen Chief namens Gillechattan zurückführten. Diesen Chief bringen die gälischen Genealogieforscher mit Ferchar the Long in Verbindung, einem König von Lorne, der 697 gestorben sein soll und der einer der Vorfahren der Könige von Moray war, zu deren Reich Strathnairn, Streathdearn und Badenoch gehörten. Um die Führerschaft dieses Clan Chattan, der eine machtvolle Institution war, mit der niemand innerhalb oder außerhalb der Highlands sich ohne Not überwarf, gab es jahrhundertewährende Rivalitäten zwischen den MacPhersons und den Mackintoshs. Beide Clans beanspruchten die Führung, aber während die Mackintoshs ihre Abkunft aus der weiblichen Erbfolgelinie herleiten[86], beanspruchen die MacPhersons die Abkunft aus der männlichen Erbfolgelinie. Andererseits ist es sogar möglich, dass die MacPhersons ein Zweig der Mackintoshs sind, was die Frage noch verwirrender gestaltet. Die weitere Forschung wird vielleicht eines Tages in der Lage sein, diesen Fragenkomplex geradezu gordischen Ausmaßes entwirren zu können, vielleicht wird er aber auf ewig ungeklärt bleiben und so immer aufs Neue Anlaß zu Spekulationen und Animositäten geben. Sieger in dem unglücklichen Streit blieben jedenfalls die Mackintoshs, was die MacPhersons derart erbitterte, dass sie hin und wieder dem Clan Chattan die Gefolgschaft verweigerten.

86 *Die Mackintoshs waren Mitglieder der großen Clanföderation Clan Chattan, die sie über viele Generationen hinweg dominierten. In den 1330er Jahren bezeichnete eine Charta des MacDonald, `Lord of the Isles`, den Chief des Clans Mackintosh als Führer des Clans Chattan. Die Charta wurde später von KönigDavid II. (1329-1371) bestätigt. Der Anspruch der Mackintoshs auf die Führerschaft des Clan Chattan wurde durch die Ehe Angus Mackintosh, des 6. Chief Mackintosh, mit Eva, der Tochter Dougall Dalls, des letzten Chiefs des Clan Chattan, begründet.*

So geschah es 1370 auf dem Felde von Invernahavon, als sie sich weigerten, zusammen mit den verfeindeten Davidsons zu kämpfen, obwohl beide Clans zur Föderation Clan Chattan gehörten. Die Camerons, im Krieg gegen den Clan Chattan, mußten sich dank dieser inneren Zwistigkeiten weniger stark engagieren und konnten einen relativ leichten Sieg davontragen. 1396 kam es sogar zur direkten Konfrontation zwischen Davidsons und MacPhersons, bei der die MacPhersons immerhin beweisen konnten, dass unter ihnen gute Kämpfer anzutreffen waren. Unter den Augen König Roberts II. sollten 30 Krieger jeder Partei dem Streit durch Kampf bis zum Tode ein Ende bereiten. Als auf dem Felde von Perth nur noch 12 Streiter am Leben waren, gebot der König Einhalt. Nur einer der Überlebenden war ein Davidson.

Eine leicht abgewandelte Abstammungstheorie bezieht sich ebenfalls auf den Clan Mhuirich. Anno 1438 erscheint ein Duncan Parson, Sohn von Kenneth, dessen Vorfahr Muredach war, ein Chief des Clans Mhuirich. Duncan jedenfalls muß jemand von einiger Bedeutung gewesen sein, denn er wurde zusammen mit dem 'Lord of the Isles' inhaftiert.

Etwa eine Generation später treten diese MacPhersons als Besitzer ansehnlicher Ländereien im Streathdearn und in Brin in Strathnairn auf. Ein Bean Makinpersone, der zwischen 1481 und 1508 erscheint, bezeugt 1490 einen Schuldschein von 'Duncan Mkintosche, capitain of Clanchattane'. Weiterhin existiert noch eine Urkunde aus dem Jahr 1534 oder 1535, die von Beans' Sohn 'Donald Makferson, wt my hand on the pen' stammt. Diese Formulierung taucht immer dann auf, wenn der Unterschreibende eben selber nicht der Kunst des Schreibens mächtig war, wie es bei den schottischen (und nicht nur denen) Gentlemen in dieser Zeit durchaus üblich war.

Immerhin wurden die Chiefs des Cluny-Branches von der schottischen Krone und dem übrigen Clan als Chiefs des Clans MacPherson anerkannt. Im 16. Jahrhundert hielten die Chiefs der MacPhersons of Cluny den großen bergigen Distrikt von Kingussie bis zum Ben Alder und Loch Laggan mit einem langen Abschnitt des Spey. Zwar hatten sie einige Generationen Ärger mit diesem oder jenem Nachbarn, der ihren Besitz gerne etwas verkleinert hätte, aber letztlich erhielten sie von der Krone ein verbrieftes Recht auf das Land.

Der Overlord von Badenoch war in seiner Eigenschaft als Gouverneur der östlichen Highlands gegen Ende des 16. Jahrhunderts der Earl of Huntly, ein Mitglied des Clans Gordon. Natürlich versuchten die MacPhersons, sich mit ihm gutzustellen - unter anderem sollen gewisse Geldsummen den Besitzer gewechselt haben. Zwar wird der Earl von diesen Aufmerksamkeiten nicht unangenehm überrascht gewesen sein, aber er hatte weitergehende

Pläne mit dem Clan MacPherson. Er dachte sich ein hinterhältiges Ränkespiel aus, bei dem er die MacPhersons gegen die Mackintoshs auszuspielen gedachte, um seine eigene Stellung zu verbessern, denn die Mackintoshs waren ihm als Führer des Clan Chattan ein mächtiger Dorn im Auge. Da Huntly von der Theorie wußte, dass die MacPhersons möglicherweise in der männlichen Erblinie von Gillechattan abstammten, während die Mackintoshs über die weibliche Erbfolge den Posten des Chiefs of Clan Chattan ererbt hatten, redete er dem sehr aufnahmebereiten Chief Cluny MacPherson ein, er müsse als rechtmäßiger Chief des 'Old Clan Chattan' angesehen werden - eine gerade vom Earl entworfene Erfindung. Allerdings agierte Huntly still im Hintergrund, denn er war sich durchaus bewußt, dass er dabei war, mit Steinen auf sein eigenes Glashaus zu werfen. Was hätten wohl die Mitglieder seines eigenen Clans gesagt (oder schlimmer: getan), wenn sie von seiner eigenwilligen Auslegung erfahren hätten, immerhin hatte Huntly den Chieftitel ebenfalls über eine weibliche Erblinie erhalten. Auf jeden Fall hatte der intrigante Earl den Giftstachel ins richtige Fleisch gedrückt: die Streitereien, Animositäten und offenen Feindseligkeiten zwischen den MacPhersons und den Mackintoshs überdauerten die Lebensdauer Huntlys um Jahrzehnte und schwächten wunschgemäß den Clan Chattan.

Im 17. Jahrhundert kam es - wieder einmal - zu einem Streit über die Führung des Clan Chattan. Duncan MacPherson, der 10. Chief der MacPhersons, hatte seinen Anspruch geltend gemacht, aber Lachlan Mackintosh hatte von Beginn an die besseren Karten. Vor dem Privy Concil und dem Lord Lyon King of Arms mußten die MacPhersons sich einer alten Traditionserzählung stellen, die in den beiden ältesten Branches (Pitmean und Inveresshie) existierte und die besagt, dass die Parsons selber Mackintoshs gewesen seien. 1672 mußten sie eingestehen, dass Cluny: „nayther is nor ever was Cheiffe nor did any of his predicessors claim right thairto; but upon the contrair it is notter and manifest without the least doubt that the complainers are descent of Mackintosh“.

Noch im gleichen Jahr wurde Lachlan Mackintosh der unbestrittene Chief des Clan Chattan. Nichtsdestotrotz hinterließ diese Entscheidung keinen überglücklichen Clan MacPherson und wenn auch der Chieftitel des Clan Chattan nicht mehr zur Debatte stand, so gab es doch nur selten die volle Unterstützung der MacPhersons.

Dennoch zeigten sich die MacPhersons, die ansonsten sehr nachtragend waren, sich beizeiten auch als echte Gentlemen.

Im Jahr 1688 schlugen die Mackintoshs die letzte Clanschlacht gegen die MacDonells of Keppoch. Dabei hatten sie sich allerdings gründlich verkalkuliert, denn nach dieser Schlacht lagen sie so gründlich geschlagen am Boden, wie nie zuvor und zu allem Überfluß hatten die MacDonells of Keppoch den Chief Mackintosh gefangen. Ausgerechnet in dieser Situation nutzten die MacPhersons die Lage der Mackintoshs nicht nur nicht aus, nein, sie riefen ihr eigenes Clanaufgebot zu den Waffen und - retteten den Chief Mackintosh in einer schnellen Befreiungsaktion.

Wen könnte es jetzt noch verwundern, dass die Rivalität ausgerechnet 1744, kurz vor dem Jakobitenaufstand wieder aufflammte. Die MacPhersons schlossen ein Bündnis mit Lord Lovat und Lochiel, der Teile seines Landes durch kriegerische Auseinandersetzungen mit den Mackintoshs und dem Clan Chattan verloren hatte. Zwar blieb dieses Bündnis durch die Ereignisse von 1745/46 im wesentlichen Makulatur, aber vielleicht spielte der Gegensatz zu den Mackintoshs, die ihr Clanaufgebot für die Jakobiten aufgeboten hatten, die wesentliche Rolle bei der Entscheidung Cluny MacPhersons, seine Leute nicht für 'Bonnie Prince Charlie', sondern für die Londoner Regierung aufzubieten. Allerdings verhielt er sich abwartend, so dass, rein militärisch gesehen, weder die eine, noch die andere Seite etwas von seiner Entscheidung hatte.

Eine Episode auf dem Weg nach Culloden waren die Kämpfe um Ruthven Barracks, die 1721 in der Nähe von Kingussie, also im Kerngebiet der MacPhersons, als Basis für die Patrouillen der Hochlandstraßen errichtet worden waren. Im August 1745 war General Sir John Cope aus dem Standort abgezogen, um sich den Regierungstruppen anzuschließen. Lediglich einen sehr guten Serganten und ein Dutzend guter Soldaten hatte er als Wachpersonal zurückgelassen. Am 29. August bereits wurde diese kleine Wachmannschaft von etwa 300 Jakobiten umzingelt und zur Aufgabe aufgefordert. Offensichtlich hatten die Jakobiten mit einer schnellen und problemlosen Übergabe gerechnet, denn sie hatten keinerlei schweres Gerät oder Artillerie bei sich. Sergant Terry Molloy vom 55th Regiment of Foot jedenfalls war nicht bereit, seinen Posten so schnell zu verlassen und antwortete: *„I was too old a soldier to surrender a garnison of such strength without bloody noses“*. Zwar drohten die Rebellen ihm nun, ihn und seine Männer zu hängen, wenn sie den Stützpunkt erobert hätten, aber auch das vermochte den stoischen Serganten nicht übermäßig zu beeindrucken. Die folgenden Kämpfe zeigten, dass General Cope nicht nur tapfere, sondern auch fähige Leute für diese heikle Aufgabe ausgewählt hatte, denn tatsächlich waren die

Jakobiten nicht in der Lage, Ruthven Barracks einzunehmen. Nachdem sie sich mehrfach blutige Nasen geholt hatten, zogen sie ab. General Copes Bericht an den Secretary of State for Scotland schlug vor, Sergant Molloy für diesen Einsatz zum Offizier zu befördern und tatsächlich versah bald darauf ein Lieutenant Molloy seinen Dienst mitten im Feindesland. Leider mußte der frisch gebackene Lieutenant im Februar 1746, knapp zwei Monate vor der Schlacht von Culloden, Ruthven Barracks doch noch dem Feind übergeben. Diesmal hatten die Jakobiten Artillerie mitgebracht, die einen ernsthaften Widerstand zwecklos machte. Die Jakobiten zollten dem tapferen Lieutenant Molloy insofern Respekt, dass die Übergabe zu sehr guten Bedingungen erfolgte und keinem der Verteidiger ein Haar gekrümmt wurde.

Nachdem die Schlacht von Culloden verloren war, sammelten sich die Überreste der jakobitischen Armee bei den Ruthven Barracks. Ausgerechnet jetzt (oder sollte man sagen: Natürlich jetzt?) wechselten die MacPhersons of Cluny die Seiten und boten ihre 500 noch nicht abgekämpften Hochländer für den Prinzen auf. Daraufhin gab sich die Führungsriege der Jakobiten (allerdings ohne den völlig entmutigten Prinzen) der nicht unbegründeten Hoffnung hin, weitere Clans könnten sich ihnen anschließen, der Kampf also mit frischen Kräften wieder aufgenommen werden. Diese Hoffnung trog indes und somit hatten die MacPhersons unter den beginnenden Repressalien der Engländer genauso zu leiden, als hätten sie den Prinzen schon von Beginn an unterstützt - sie hatten quasi zweimal aufs falsche Pferd gesetzt. Ihr Chief, Ewen MacPherson, mußte sich neun lange Jahre in einer Höhle verstecken und sein Cousin William MacPherson fiel bei Falkirk. Er hinterließ allerdings Erben und aus dieser Linie stammt auch der heutige Chief, der in Newton Castle in Blairgowrie wohnt und sein Amt 1966 antrat. Bereits erwähnt wurde Williams Neffe, James MacPherson of Balavil (1736-1796), der der Welt die 'Übersetzung' der Werke Ossians verdankt.

Zwar wissen wir, dass es sich um eine Fälschung handelt, aber der Autor hat, offenbar von den mündlichen und den wenigen echten schriftlichen Quellen inspiriert, in einer kongenialen Arbeit den Zeitgeist nicht nur Schottlands im Zentrum getroffen. Die Erzählungen um Fionn und seine Kriegerschar, die Fian, die in Irland eine Invasion der Skandinavier zurückschlagen (Fingal) bzw. einen Usurpator vom Thron stoßen (Temora), beklagen den Verlust einer ruhmreichen Vergangenheit durch den vereinsamten, greisen und bei MacPherson blinden Dichter Ossian - allein das dürfte nach Culloden, Falkirk und dem Niedergang schottischen Brauchtums die meisten Menschen angesprochen haben, so dass sie sich geradezu mit der Stim-

oben: Überreste von Ruthven Barracks; unten: Fingals Cave auf Staffa (hist. Postkarte);

mung der Dichtung identifizieren konnten. Trotzdem verfaßte James MacPherson seine Dichtung nicht in gälischer (wer weiß, ob er dann überhaupt bekannt geworden wäre), sondern in englischer Sprache, eine Entscheidung, die auch Sir Walter Scott (1771-1832) und Robert Burns (1759-1796) guthießen und ebenso praktizierten. Am nachhaltigsten wirkte der 'Ossian' wahrscheinlich in Deutschland[87], wo er die Dichter des Sturm und Drang und der Romantik beeinflußte. Selbst nachdem bekannt geworden war, dass es sich weitgehend um eine Fälschung handelte, wurde 'Ossian' weitergelesen, denn an seiner literarischen Qualität kann man sich bis heute erfreuen. dass James MacPherson kein lebensunfähiger Literat war, zeigt seine politische Karriere, die ihm unter anderem 1764 den Posten eines Gouverneurssekretärs in Florida (!) und einen Parlamentssitz in London (1780-1790) einbrachte. Nach seinem Tod wurde er in Westminster beigesetzt.

Bis heute sind die MacPhersons präsent geblieben, z.B. verzeichnen sie drei Peers (Lord Strathcarron, Lord Drumalbyn und Lord MacPherson of Drumochter) in ihren Reihen, und obwohl sie heute zum Teil weit verstreut und weit von Badenoch entfernt leben, hat die Clan MacPherson Association unter der Führung des Clan-Historikers William Cheyne-MacPherson of Dalcully wieder einen Teil der alten Cluny-Ländereien erworben und bemüht sich, unter anderem im Clan MacPherson House and Museum in Newtonmore in Badenoch, die Geschichte des Clans lebendig zu halten.

Touristische Hinweise:

An der A9 liegt zwischen Dalwhinnie und Inverness das Städtchen Kingussie. Es bietet das Highland Folk Museum mit Ausstellungsstücken zur Landwirtschaftsgeschichte, darunter ein sogenanntes Black House. Das Highland Folk Museum öffnet zwischen April und Oktober von Montag bis Samstag von 10 bis 18 Uhr, am Sonntag von 14 bis 18 Uhr. Von November bis März öffnet es von 10.00 bis 15.00 Uhr. Jeweils am Sonntag, Dienstag und Donnerstag finden um 14.00 Uhr Vorführungen mit Sheep Dogs statt.

Ein paar Kilometer östlich liegen die eindrucksvollen Ruinen von Ruthven Barracks.

Nach dem Helden des Epos 'Ossian' ist die Fingals Cave auf Staffa benannt. Sie ist von Mull mit dem Boot zu erreichen (siehe Kapitel 'MacLean).

---

87 *Schon die Namen der Übersetzer bzw. Teilübersetzer zeigen dies: Goethe, Herder, Lenz, Bürger, Stolberg.*

An Army of it's own: Die Murrays

Ihre Majestät war begeistert. Ein rundes Jahrhundert nachdem der letzte Aufstand der Jakobiten niedergeschlagen worden war, begeisterte sich die Londoner Gesellschaft, ja das ganze viktorianische England an allem Schottischen. In entschuldbarer Unwissenheit setzte man ganz einfach Schottland mit den Highlands gleich, obwohl Bevölkerung und Wirtschaft in den Lowlands konzentriert waren. Der Highlander, seine Sprache und Kultur wurden Objekte staunender Bewunderung, was immerhin mit den Touristen viel Geld in diese arme Region brachte. Der Highlander, hundert Jahre zuvor den treuen Untertanen der Krone noch ein Synonym für Barbar, war nun Gegenstand romantischer, bisweilen kitschiger Verklärung. Der Highlandchief, hundert Jahre zuvor den treuen Untertanen der Krone noch Synonym für Komplotteur und Aufrührer, erfreute sich nun der Beliebtheit der Londoner Salons. Besonders angetan war seit ihrem ersten Schottlandbesuch 1842 auch Queen Victoria. Sie verlieh dem Duke of Atholl das erbliche Privileg, als einziger ihrer Untertanen eine private Armee zu unterhalten. Bis heute bestehen die Atholl Highlanders, kein reguläres Regiment der britischen Armee, sondern vom jeweiligen Duke of Atholl und Chief Murray kommandiertes Aufgebot (rund 100 Mann und zwei Kanonen)[88].

Die Chiefs der Murrays standen sehr oft im Mittelpunkt großer Ereignisse der schottischen Geschichte. Der Name Murray geht auf die Landschaftsbezeichnung Moravia oder Moray zurück. Moray war vor der schottischen Reichseinigung durch König Kenneth MacAlpine (834-860) ein eigenständiges Königreich. Der Sage nach war der Gründer des Clans ein Adliger namens Freskin. Noch nicht einmal seine Herkunft ist gesichert, verschiedentlich wird er als Anglo-Normanne identifiziert, oder als Flame, oder als Abkömmling des alten piktischen Königshauses von Moray.

König David I. (1124-1153) überließ ihm Ländereien in Lothian und in Moray. Dort erbaute Freskin Duffus Castle, eine der ersten Burgen Schottlands. Freskins Enkel William de Moravia erwarb Landbesitz in Lanark, die Murrays im südlichen Teil ihres Herrschaftsbereiches nannten sich von 1200 bis 1360 Lords of Bothwell. Die Murrays der älteren Linie erwarben 1235 das Earldom Sutherland und nannten sich seitdem Sutherland. Williams Erbe war sein ältester Sohn Walter de Moravia, ein jüngerer Sohn

88 *Am letzten Sonntag im Mai findet jährlich die Parade der Atholl-Highlander statt.*

oben: Blair Castle; unten:Westseite mit Landschaftspark von Scone Palace;

gründete die Linie der Murrays of Tullibardine. In den 1250er Jahren agierte Walter de Moravia als Co-Regent von Schottland, als König Alexander (1249-1286) noch minderjährig war. Der 3. Lord of Bothwell starb im Londoner Tower als Gefangener des englischen Königs Edward I. Sein Sohn oder Bruder war Sir Andrew de Moravia, der mit keinem Geringeren als Sir William Wallace den schottischen Freiheitskampf gegen Edward I. (den 'Hammer of the Scots') anführte. Sir Andrew starb um das Jahr 1297, es ist möglich, dass er in der Schlacht von Stirling Bridge fiel.

In den 1270er Jahren hatten die de Morays Bothwell Castle errichtet, eine der stärksten Festungen Schottlands. Es wies ähnlich Kildrummy Castle gewisse Ähnlichkeiten mit dem großartigen Chateau Coucy in Nordfrankreich auf (vielleicht hängt das am Rande damit zusammen, dass Marie de Coucy, die Tochter des Erbauers von Chateau Coucy, den schottischen König Alexander II. geheiratet hatte). In den 90er Jahren des 13. Jahrhunderts fiel Bothwell Castle in die Hände des englischen Königs. Es wurde 1296 bis 1297 von den Schotten 14 Monate lang belagert und schließlich eingenommen. Anno 1301 eroberte es König Edward I. zurück. Dazu hatten die Engländer in Glasgow einen riesigen zerlegbaren Belagerungsturm aus Holz gebaut und über Land bis an die Mauern von Bothwell Castle geschafft. Im Jahr 1314 fiel es wieder in die Hände der Schotten.

Thomas Randolph de Moray war mit Robert the Bruce verwandt (er war dessen Neffe), mit der Familie de Moravia/de Moray war er nur verschwägert. Der Beiname de Moray bezeichnete seine Position als Earl of Moray, diese Grafschaft hatte er für treue Dienste an Bruces Seite erhalten. Er war dessen treuer Gefolgsmann und zeitweilig auch Bruces gefährlichster Gegner.

Thomas Randolph hatte tapfer gegen den englischen König Edward I. gekämpft. Nach dessen Tod unterstütze der Edward II. und dessen Verbündete in Schottland, John MacDougall of Lorne und John Comyn od Buchan. Die Frau des letzteren wiederum - die Countess of Buchan - unterstützte Bruce. Der hingegen hatte keine rechte Freude an seinem jungen Neffen: eben an Thomas Randolph. Erst wendete sich König Robert gegen John Comyn, 1308 wurden dessen Truppen bei Barra Hill in die Flucht gejagt. Nach dem großartigen Sieg über die MacDougalls am Pass of Brander fiel Thomas Randolph in die Hände seines königlichen Onkels. Neffe Thomas hatte die Stirn, ihm zu sagen, die Bruces wären alle Betrüger und Feiglinge. Er erhielt die Gelegenheit, im Kerker Läuterung zu erfahren und zu Einsicht zu gelangen. Bruce tat gut daran, ihn schnell wieder in Freiheit zu setzen und ihm ein Kommando zu übertragen.

Thomas Randolph säuberte Moray von den Gefolgsleuten Comyns. Ein Alastair Comyn (oder Cumming) hatte Darnaway Castle, das sich in Randolphs Obhut befand, angegriffen. Der erzürnte Thomas Randolph jagte den flüchtenden Übeltäter bis an die Gestade des River Findhorn. Vor die Wahl gestellt, mit Randolphs Schwert Bekanntschaft zu machen oder zu versuchen, über den Fluß zu springen, tat Alastair letzteres und entkam mit knapper Not. Der Schauplatz ist heute als 'Randolph's Leap' bekannt.

Im Jahr 1313 stürmte er in einem tollkühnen Unternehmen Edinburgh Castle. Er führte 1314 bei Bannockburn eine schottische Division bestehend aus den Hochländern von Moray, Ross und Inverness. Er starb nicht lange nach dem Tod des Königs unter mysteriösen Umständen in Musselburgh.

Anno 1329 wurde Sir Andrew de Morays Sohn Andrew de Moray, 4. Lord of Bothwell, nach dem Tod des Königs Regent für Bruces jungen Sohn David II. Er fiel am 19. Juli 1333 in der Schlacht von Halidon Hill. Sein Sohn, der 5. und letzte Lord of Bothwell, eroberte 1337 Bothwell Castle von den Engländern zurück (Edward III. hatte es 1331 eingenommen und als Hauptquartier bei seinem Feldzug gegen die Schotten benutzt) Bothwell Castle gelangte in den Besitz der Familie Black Douglas, als der 5. Lord of Bothwell 1360 an der Pest starb. Danach brach ein heftiger Streit um die Frage aus, welche Linie der Murrays nun die Chiefswürde des ganzen Clans beanspruchen könnte. Anno 1541 wurden die Murrays of Tullibardine als Chiefs anerkannt. Sir William Murray of Tullibardine, der 11. Chief, unterstützte Queen Mary während ihrer letzten Regierungsmonate und 1606 wurde sein Sohn, Sir John Murray of Tullibardine, von König James VI. (oder James I. in britischer Zählweise) zum Earl of Tullibardine erhoben. Der 2. Earl of Tullibardine heiratete die Erbin der Grafschaft Atholl und kam damit in den Besitz von Blair Castle.

Im Mittelalter war das Haus Stewart im Besitz der Grafschaft Atholl. Alexander Stewart (1214-1283) war auf einem Kreuzzug, als John Comyn[89] widerrechtlich begann, Blair Castle zu errichten. Von 1652 bis 1660 war es Garnison für Cromwells Truppen. Als es wieder zur Residenz des Chief der Murrays wurde, begann man mit der standesgemäßen Innenausstattung. Da nur das beste gut genug war, erwarb man die Möbel aus dem Nachlaß des enthaupteten Königs Charles I. und schaffte sie nach Blair Castle, wo sie heute noch zu sehen sind.

89 *Der Lord of Badenoch John Comyn (gestorben 1276) war der Großvater des berühmten John 'the Red' Comyn.*

Im Jahr 1640 bot der Earl of Atholl 1.200 Clansmen auf, um eine Invasion der Campbells abzuwenden. Der Chief Campbell lud den Earl zu Verhandlungen ein, sicherte ihm freies Geleit zu und ließ ihn dennoch entführen und einkerkern. Nach seiner Entlassung starb der Earl an den Folgen der erlittenen Mißhandlungen. Es war für die Murrays eine Frage der Ehre und der eigenen Interessen, Montrose gegen die Covenanter (bei denen die Campbells eine bedeutende Rolle spielten) zu unterstützen. Sie schlossen sich mit 800 Mann dem Marquis of Montrose an. Anno 1646 errangen die abseits von Montroses Hauptarmee operierenden Murrays einen großen Sieg. Etwa 700 Athollmen (Murrays und deren Vasallen) schlugen 1.200 Campbells bei Callander. Nachdem Blair Castle von Cromwells Truppen besetzt worden war, boten die Murrays 1.300 Mann (darunter 100 Reiter) auf, um ihren Hauptsitz zurückzuerobern. Das gelang ihnen allerdings nicht.

Die unerbittliche Gegnerschaft zum Clan Campbell und die treue Gefolgschaft zu den Stuart-Königen trug den Murrays Ansehen und politischen Einfluß ein. Die Earls of Atholl stiegen 1676 zu Marquis of Atholl auf, 1703 zu Dukes of Atholl. Der 1. Duke of Atholl war ein erbitterter Gegner der Union mit England im Jahre 1707.

Im Jahr 1684 wurde der Marquis of Atholl zum Lord-Lieutenant von Argyll ernannt. Damit provozierte der König geradezu eine Rebellion des Earls of Argyll, der ein erbitterter Feind der Murrays war. 1685, nachdem sich Archibald Campbell, der 9. Earl of Argyll, der Monmouth-Rebellion gegen König James II.[90] angeschlossen hatte, marschierten die Murrays und ihre Vasallen mit 1.000 Mann in Argyll ein. Sie besetzten Inverary Castle, den Sitz der Campbells. Archibald Campbell kehrte zurück, er fand bei seinen Vasallen und Päch tern jedoch nicht die erhoffte Unterstützung, da der religiöse Fanatismus der Covenanter auch nicht bei allen Campbells auf Gegenliebe gestoßen war. Mit den Streitkräften der Murrays wurde Archibald Campbells kleine Truppe schnell zersprengt, Dunstaffnage Castle zerstört, der Chief Campbell gefangen.

Anno 1789 folgten die Murrays dem Aufruf des Exil-Königs James und unterstützten dessen Feldherrn in Schottland, Viscount Dundee. Bei Killiecrankie griffen die Clansmen der Murrays auf eigene Faust in der letzten Phase der Schlacht in den Kampf ein. Der älteste Sohn des 1. Dukes war William Murray, Marquis of Tullibardine. Er war der Feldkommandeur der Jakobiten beim Aufstand von 1719.

Mit der Verbesserung der französisch-englischen Beziehungen seit 1717 wurde Spanien zur großen Hoffnung der Jakobiten. Spaniens König Philip V. war bereit, Truppen nach Schottland zu entsenden. Dort sollte

90 *In schottischer Zählweise König James VII.*

**George Keith, der Earl Marischal, die Highlander für den 'Old Pretender' aufbieten. Der Plan wurde der französischen Krone bekannt, da führende Jakobiten im französischen Exil weilten. Um die Entspannung mit England nicht zu gefährden, informierte die Pariser Regierung London von den Plänen der Jakobiten. Vorbereitungen wurden getroffen. Am 7. März 1719 segelte die spanische Expedition von Cadiz ab. Eine Tag später traf der 'Old Pretender' in Spanien ein. Marischal brach von St. Sebastian mit Waffen, Pulver, Gold und 300 spanischen Infanteristen auf. Am 29. März zerstreute ein Sturm die spanische Transportflotte, die daraufhin nach Spanien zurückkehrte. Marischal traf auf der Isle of Lewis ein, wo er das Kommando über die Landtruppen an den Marquis of Tullibardine abgab, die Befehlsgewalt über die Schiffe allerdings behielt. Man schiffte sich in Richtung der Westküste des schottischen Festlands ein und schlug am 13. April das Hauptquartier in Eilean Donan Castle auf. Fünf Kriegsschiffe der Royal Navy blockierten die Fluchtweg über See. Am 10. Mai bombardierten englische Fregatten Eilean Donan Castle. Tullibardine bot die Clans auf, mit mäßigem Erfolg, denn nur 1.500 Highlander folgten seinem Ruf. Am 5. Juni brach General Wightman mit 1.100 Mann Regierungstruppen von Inverness auf[91].
Am 10. Juni 1719 kam es bei Glenshiel an den Hängen der 'Five sisters of Kintail' zur Schlacht. Die Highlander an der Flanke der Jakobitenstreitmacht zogen sich schnell in die Berge zurück, die Spanier im Zentrum hielten noch einen Tag aus und kapitulierten dann. Marischal und Tullibardine konnten flüchten und sich auf den Kontinent in Sicherheit bringen. Marischal trat ebenso wie sein Bruder in preußische Dienste[92].**

Am Ende waren die unglücklichen spanischen Soldaten ein großes Problem für die siegreichen Regierungstruppen. Wer sollte für die Kosten aufkommen? General Wightman bekam Order, von jedem spanischen Gefangenen einen Schuldschein zu fordern, für die Kosten von Unterbringung und Repatriierung. Den Kommandeur der Spanier behielt man bis zur Bezahlung der Schulden in Gewahrsam.

91 *Die Clans Mackenzie, Cameron, MacKinnon, MacDonell of Glengarry und MacGregor folgten dem Aufruf.*

92 *George Keith, Lord Marischal, gehörte zum Freundeskreis Friedrichs des Großen und diente dem Preußenkönig u. a. als Diplomat (1751 Gesandter in Paris). Sein jüngerer Bruder James Keith, ebenfalls seit 1747 in preußischen Diensten, stieg bis zur Position eines Feldmarschalls auf und fiel in der Schlacht von Hochkirch am 14.10. 1758.*

93 *James Drummond, Duke of Perth (1713-1746), konnte das zweitstärkste Kontingent aufbieten - nach der Atholl-Brigade. Er war unter den Soldaten sehr populär, hatte aber eine angegriffene Gesundheit. Er starb auf dem Schiff, das ihn ins französische Exil bringen sollte.*

94 *Am 17.Dezember 1745 konnte Lord George Murray mit der Nachhut der Jakobitenarmee die verfolgende Vorhut der Armee Cumberlands zurückschlagen.*

Dem Marquis of Tullibardine wurde wegen seiner jakobitischen Aktivitäten nicht erlaubt, nach dem Tode seines Vaters dessen Erbe, Titel und Ländereien des Duke of Atholl, anzutreten, obwohl er nach schottischem wie nach englischem Recht als ältester Sohn Anspruch darauf hatte. Statt dessen wurde sein jüngerer Bruder James Murray (1690-1764) der 2. Duke of Atholl.

Im Jahr 1736 machte James Murray noch eine weitere Erbschaft. Durch den Tod eines Cousins fiel ihm die Isle of Man zu. 1765 trat sie sein Erbe an die Londoner Regierung für 70.000 Pfund und eine lebenslängliche Rente ab.

Der Duke of Atholl war das einzige Familienmitglied, das die Londoner Regierung unterstützte. Sein älterer Bruder, der Marquis of Tullibardine entrollte am 19. August 1745 die Standarte des Prinzen Charles Edward Stuart in Glenfinnan. Er nahm noch am Feldzug teil, starb aber 1746. Sein jüngerer Bruder Lord George Murray war General in der Armee des Prinzen und ohne Zweifel dessen fähigster Kommandeur. Da sein Verhältnis zum Prinzen nicht sehr gut war, erhielt er nicht den Oberbefehl über die gesamte Armee, sondern mußte sich das Kommando mit dem Duke of Perth teilen[93]. Lord George Murray und sein älterer Bruder konnte über 1.000 Mann aufbieten, es waren die drei Bataillone von Lord Nairne, Menzies of Shian und Mercer of Aldie. Die Siege der Jakobiten bei Prestonpans, Falkirk und Clifton[94] sind hauptsächlich dem operativen Können Lord George Murrays zuzuschreiben. Im Februar sah sich Murray gezwungen, Blair Castle,

Die Reste von Duffus Castle

die von Regierungstruppen gehaltene Burg und Residenz seiner Familie, zu belagern. Bei Culloden zog es der Prinz vor, selbst das Kommando zu führen und Murrays Ratschläge zu übergehen - mit katastrophalen Folgen. Am 18. April 1746 sammelten sich verschiedenen Truppenabteilungen der geschlagenen Jakobiten bei Ruthven, auch Murray war darunter. Der Prinz erschien nicht, Lord George Murray ging ins Exil. Er starb 1760 in Holland.

Touristische Hinweise:

Kein Schottlandbesucher sollte es versäumen, Blair Castle zu besichtigen. Es liegt an der A 9 von Perth nach Inverness. Sein Aussehen verdankt es im Wesentlichen einem Umbau aus dem Jahre 1868. Über 30 Räume sind zu besichtigen, die neben dem erwähnten Mobiliar des Stuart-Königs noch viele Jagdtrophäen und eine der sehenswertesten Waffensammlungen Schottlands beherbergen. Dazu gehört auch der 1689 bei Killiecrankie durchschossene Brustpanzer des Viscount Dundee. Blair Castle ist von April bis Oktober täglich von 10 - 18 Uhr geöffnet.

Duffus Castle bei Elgin ist eine Ruine und zugänglich.

Bothwell Castle bei Uddingston (in der Nähe Glasgows) gehörte bis in die 1360er Jahre den Murrays. Es ist eine der großartigsten Burgruinen Schottlands. Es ist von Oktober bis März geschlossen und in der Sommersaison täglich geöffnet.

Wenige Kilometer nördlich von Perth liegt das Schloß Scone Palace, das in seiner jetzigen Erscheinungsform im Wesentlichen aus dem Jahr 1802 datiert. Es ist der Sitz der Earls of Mansfield, die aus dem Clan der Murrays stammen. Das Schloß beherbergt umfangreiche Gemäldesammlungen und ist von Ostern bis Mitte Oktober von 9.30 Uhr bis 17 Uhr (an Sonntagen 13.30 Unr bis 17 Uhr), im Juli und August von 10 Uhr bis 17 Uhr geöffnet.

Die Ruinen von Bothwell Castle.

oben: Inveraray Castle; unten: Cawdor Castle;

Immer ein eigener Weg: Die Campbells

Die kleine Muriel war erst vier Jahre alt und stand schon im Zentrum der hohen Politik. Ihr Vater Iain, Thane of Cawdor, war 1495, noch vor der Geburt Muriels, gestorben. Das Kind lebte mit seiner Mutter, einer Rose of Kilravock, auf Cawdor Castle. Archibald Campbell, 2. Earl of Argyll, hatte ein Auge auf Cawdor geworfen. Er bekam vom König, dessen treuer aber nicht uneigennütziger Parteigänger er war, die Vormundschaft über Muriel. Deren Mutter und andere Anverwandte hatte man erst gar nicht gefragt und die schienen auch nicht kooperativ. Archibald Campbell griff zum erprobten Mittel der Kindesentführung und schickte 1499 sechzig Campbells unter Campbell of Inverliver, um Muriel in seine Gewalt zu bringen. Dieser Sturmtruppe waren selbst die festen Mauern von Cawdor Castle nicht gewachsen. Die verzweifelte Mutter brandmarkte das Kind mit einem rotglühenden Schlüssel und das Kindermädchen biß der Kleinen eine Fingerkuppe ab, um sie später wiedererkennen zu können. Ein Detachment des Sturmtrupps gelang ungehindert die Flucht mit der kleinen Erbin, während die Söhne Inverlivers mit einer Strohpuppe in den Armen die Verfolger auf sich zogen und im Kampf starben. Im Jahr 1510 verheiratete Archibald Campbell seinen Sohn Sir John Campbell mit der nun herangewachsenen Muriel. So gelangten die Campbells in den Besitz von Cawdor[95].

Eine Geschichte der schottischen Clans ohne spezielles Kapitel über die Campbells wäre nicht nur unvollständig, sie wäre schlicht undenkbar. dass den Campbells das Schlußkapitel gewidmet ist, hat mit ihrer Rolle in der schottischen Geschichte zu tun, die man seit dem 16. Jahrhundert als Antipode zur Rolle der MacDonalds verstehen kann[96].

Das Emblem der Chiefs des Clan Campbell ist ein Wildschweinkopf. Das Wildschwein war ursprünglich das Wappentier der nordischen Gottheit Freya. Als Felszeichnung ziert ein Wildschwein den Felsen von Dunadd, den Krö-

95 *Die Campbells of Cawdor gehören zu den tapfersten Männern dieser Erde. In den Kriegen, die Großbritannien während der letzten hundert Jahre führte, dienten rund 50 Campbells of Cawdor in den britischen Streitkräften. Sie wurden mit insgesamt 12 Erwähnungen im Armeebericht, drei Brevets, drei französischen Croix de Guerre, vier Mitgliedschaften in der Legion de Honneur, einem A.F.C., einem D.F.C., zwei Millitary Crosses, 16 Distinguished Service Orders, und drei Victoria-Kreuzen (höchste Tapferkeitsauszeichnung) ausgezeichnet.*

96 *Paradoxerweise hängt das auch mit einer Kindesentführung, wieder durch die Campbells, zusammen.*

nungsort der alten Könige von Argyll. Und der Chief der Campbells ist (in der weiblichen Linie) Nachfahre jener Könige von Argyll. Letzteres wurde gegründet durch die Gälen, die aus Irland herüberkamen. Für lange Zeit war Argyll Bestandteil des gälischen Königreiches Dalriada, das sich auf die Küstenregionen der Irischen See erstreckte. Argyll benachbart war das Kleinkönigreich Lorne, das nach dem König Lorne von Dalriada benannt wurde. Nachdem die politischen Verbindungen beider Territorien zu Irland gekappt worden waren, sprach die Bevölkerung von Argyll und Lorne weiterhin Gälisch und man nannte sie weiterhin 'Scoti' (Skoten), was damals ein Synonym für Iren war. Ihre Könige stammten weiterhin aus der Dynastie des heidnischen Gott-Königs Conaire Mor von Erainn. Diese Dynastie kam aus dem Volk der Fir Bolg, einem Zweig des keltischen Volkes der Belgae, die schon Cäsar als die tapfersten der Gallier ansah. Im fünften Jahrhundert sind die Dalriada, die einst ganz Ulster (nordirische Provinz) beherrschten, von den Ui Neills aus Tara an die Nordküste Irlands zurückgedrängt worden und suchten sich neues Siedlungsgebiet jenseits der Irischen See in Schottland. Manchmal waren die Könige von Argyll unabhängig, meist waren sie Vasallen der pikto-schottischen Hochkönige von Scone (der sagenhafte Einiger Schottlands, König Kenneth MacAlpine, war Skote). Anno 1140 heiratete Somerled, der Regulus oder Kleinkönig von Argyll, Ragnhild, die Tochter König Olaf Morsels von Man. Somerleds Sohn, König Dougall, gründete den Clan der MacDougalls. Im 13. Jahrhundert brachte der König von Schottland die Landschaft Argyll unter seine Kontrolle. Die MacDougalls of Argyll konnten ihr früheres Königreich Lorne als Lehen unter Suprematie des schottischen Königs behalten. Im Jahr 1407 gelangte das Lordship of Lorne an den Clan Stewart. Drei Generationen später heiratete eine Stewart-Ganerbin Colin Campbell, den 1. Earl of Argyll.

Der Name Campbell stammte vom Beinamen eines Urahnen, Cam-Beul: 'Schiefmaul'. Der Gründer des Clans Campbell war Duncan mac Duibhne, Lord of Lochawe, der zu Beginn des 13. Jahrhunderts lebte. Gegen Ende des 13. Jahrhunderts war ein Campbell Gouverneur von Dumbarton Castle. Als 1292 das Sheriffdom of Argyll gegründet wurde, war einer der zwölf Barone, die den Treueid auf die schottische Krone leisten mußten, Lord Colin Campbell of Lochawe. Er starb in einer Clanfehde. Dieser Colin Campbell ist unsterblich geworden durch den gälischen Ehrentitel des Chiefs Campbell und Duke of Argyll: Mac Cailein Mor ('großer Sohn Colins'). Die Campbells of Lochawe lebten ursprünglich auf der Inselfestung Innischonnaill Castle im Loch Awe. Sie hielten Distanz zu den mit dem englischen König verbündeten MacDougalls. Im Schottischen Unabhängigkeitskrieg kämpften sie Seite an Seite mit den MacDonalds für König Robert the Bruce (dessen Schwester war mit dem damaligen Chief Campbell verheiratet).

In der Schlacht im Pass of Brander 1308 sowie der anschließenden Belagerung von Dunstaffnage Castle spielten die Campbells eine wichtige Rolle beim Sieg über die MacDougalls.

> *Irgendwann zu Beginn des 15. Jahrhunderts kam es zu einem sehr ernsten Zwischenfall zwischen den Campbells und den MacDonalds. Iain Mor MacDonald of Kintyre war ein jüngerer Bruder von Donald MacDonald, Lord of the Isles. Er hatte Marjory, die Tochter und Erbin des John Bisset, Herrn über die Glens of Antrim in Nordirland[97], geheiratet. Ein Mann namens James Campbell ermordete ihn, angeblich auf Geheiß von König James I. von Schottland. Campbell konnte sich aber nur auf die mündliche Anordnung des Königs berufen, jener bestritt, Campbell wurde hingerichtet.*

Colin Campbell, der 1. Earl of Argyll, verlegte den Hauptsitz des Clans vom Loch Awe zum Loch Fyne in die 1474 neugegründete Siedlung Inverary. Colin Campbell war der Großvater mütterlicherseits des Erben des 'Lordship of the Isles', Donald Dubh MacDonald. Donalds Vater (und Colins Schwiegersohn) Angus MacDonald befand sich in offenem Aufstand gegen seinen Vater Iain MacDonald, den 'Lord of the Isles'. Colin Campbell gab vor, den kleinen Donald vor den Auswirkungen der Familienfehde beschützen zu wollen, ließ in auf der Insel Islay entführen und nach Innischonnaill Castle bringen. Er gab seinen Gefangenen aber nicht mehr frei, nicht nach dem Tode Angus', auch nicht nach dem Tode Iains. Erst 1503 konnten die MacDonalds of Glencoe Donald Dubh MacDonald befreien. Da saß schon mit James IV. ein neuer König auf Schottlands Thron, ein König, der gewillt war, die Macht der MacDonalds für alle Zeiten zu brechen[98]. In Colin Campbell und dessen Sohn Archibald Campbell, dem 2. Earl of Argyll, hatte er seine besten Verbündeten gefunden. Archibald Campbell fiel 1513 an der Seite seines Königs bei Flodden. Der 3. Earl of Argyll, Colin Campbell, wurde zum Lord Warden of the Marches (Befehlshaber der Grenztruppen) ernannt und 1528 zum Lord Justice General of Scotland. Damit gehörten die Campbells zu den mächtigsten Familien Schottlands. Archibald Campbell, der 4. Earl kämpfte bei Pinkie Cleugh. Sein Sohn und Nachfolger Archibald, der 5. Earl, kämpfte für Königin Mary Stuart bei Langside[99], seine Frau war eine Halbschwester der Königin.

97 *Die Bissets waren der Überlieferung nach von König Alexander II. verbannt worden, weil einer nach einem Turnier das Haus eines Rivalen angezündet hatte. Im irischen Exil hatten sie sich aber schnell wieder etabliert.*

98 *Dabei hatte James IV., begabter und intelligenter als seine Vorgänger, versucht, einen Zugang zu Mentalität und Kultur des keltisch geprägten Teils seines Königreiches zu finden. Er hatte sogar gälisch gelernt.*

99 *Dummerweise erlitt er einen Ohnmachtsanfall, die Schlacht ging verloren.*

Die Macintyres waren Vasallen der Campbells im Glen Noe. Die Pacht war jedes Jahr im Sommer zu bezahlen - ein Kalb und ein Schneeball. Da der Ben Cruachan mit über 1100 Metern Höhe in der Nähe lag, war die Pacht kein Problem. Erst als die Pacht in eine Geldrente umgewandelt wurde verloren die Macintyres ihr Land an die Campbells. Macintyre, oder gälisch Mac-a-t-saoir, bedeutet 'Sohn des Zimmermanns'. Der Zimmermann in der Ursprungssage der Macintyres soll sich den Daumen abgehackt haben, um damit das Leck im Schiff zu stopfen, das unterzugehen drohte. Auf diesem Schiff sollen die Mitglieder des Clans von den Hebriden nach Argyll gekommen sein, wo sie die Förster der Stewarts, später der Campbells, wurden[100].

Der 7. Earl, Archibald the Grim, erweiterte den Machtbereich der Campbell beträchtlich, er ging dabei äußerst rigoros und rücksichtslos vor. Als Kommandeur der königlichen Truppen gegen die katholischen Rebellen um Errol und Huntly hatte er 1594 eine Niederlage hinnehmen müssen (Schlacht von Glenlivat)[101]. Archibald the Grim (gestorben 1638), der den MacGregors zum Verhängnis wurde (siehe dort), trat später selbst zum Katholizismus über und in spanische Dienste ein. Das erscheint angesichts der Rolle der Campbells bei der Reformation in Schottland paradox.

David Bethune (oder Beaton), 1494-1546, war der erste schottische Kardinal und wurde 1539 zum Erzbischof von St. Andrews. Anno 1543 wurde er Kanzler von Schottland und nutzte diese Position zum Kampf gegen die Reformation. Außenpolitisch lehnte er sich eng an Frankreich an. Am 1. März 1546 ließ er den Reformator G. Wishart als Ketzer verbrennen. Protestantische Barone griffen daraufhin zu den Waffen und töteten Bethune am 29. Mai 1546 in St. Andrews. Der sich entwikkelnde Aufstand gegen den katholischen Episkopat trug deutlich antimonarchische Züge und so wurde er von königlichen Truppen unter der Mithilfe französischer Verbände blutig niedergeschlagen. Dabei fiel 1547 John Knox (geboren 1513 bei Haddington) in französische Gefangenschaft. Zwei Jahre verbrachte er als Rudersklave auf französischen

100 Duncan Ban Macintryre (1724-1812), geboren im Glenorchy, war ein Wildhüter. Obwohl er nie schreiben lernte, war er einer der großartigsten gälischen Poeten. Trotz seiner jakobitischen Neigung kämpfte er während des Aufstandes von 1745/46 auf der Seite der Regierungstruppen. Sein Denkmal steht in der Nähe von Kilchurn Castle.

101 Die Gordons of Huntly hatten den `Bonnie Earl of Moray`aus dem Hause Stewart in einer Fehde getötet und sammelten andere Clans (Hays und Camerons) zur Bekämpfung der Reformation. Der Chief Campbell erhielt, obwohl er erst neunzehn Jahre alt war, den königlichen Auftrag, die `Papisten`zu stoppen. Trotz der Tatsache, dass er 12.000 Highlander der Campbells, der Grants, der MacGregors, der MacNeils und der Mackintoshs aufbieten konnte, endete die Schlacht bei Glenlivat (oder Glenlivet) mit einer deutlichen Niederlage. Vgl. Prebble, John: The Lion in the North, One Thousand years of Scotland`s history, London 1971, Seite 236.

Galeeren und entwickelte einen starken Haß auf alles Französische. Anno 1549 ging er nach England und predigte in London, Newcastle und Berwick. Nach dem Regierungsantritt Mary Tudors der Katholischen mußte er aus England fliehen. In Genf studierte er die Lehren Calvins und kehrte 1559 nach Schottland zurück. Seine Predigten lösten einen wahren Bildersturm aus. Er wurde Prediger in St. Giles in Edinburgh, stand in jahrewährender Auseinandersetzung mit Königin Mary Stuart und wurde noch zweimal vertrieben. Er starb in Edinburgh am 24. November 1572. Bereits 1560 hatten der Adel in der Kongregation ('Congregation of the Lord') die Einführung der Reformation in Schottland beschlossen. Mit der Hilfe der englischen Königin Elisabeth I. wurde sie durchgesetzt. Eine englische Flotte bombardierte die französischen Stellungen in Fife, dann wurden die Franzosen in Leith zur Kapitulation gezwungen. Im Vertrag von Edinburgh (im Juli 1560) wurde die Räumung Schottlands durch französische Truppen und die Einführung der reformierten schottischen Kirche (der Kirk) besiegelt. Der Landbesitz des Klerus wurde aufgehoben, die Mönche in Pension geschickt (sie bezogen dann eine staatliche Rente). Der Adel beeilte sich, auf den Ländereien, die früher der Kirche gehört hatten, Burgen zu errichten, um sich den Besitz zu sichern. Anno 1567 schlug die Reformation unter dem Einfluß George Buchanans[102] in eine radikalere, calvinistische Richtung um. Bis 1625 setzte sich die Reformation unter der Bevölkerung durch, die Begleitumstände (Ketzer- und Hexenverfolgungen, Aufstände) stürzten Schottland in bittere Armut. Die 'Auld religion', also der Katholizismus, fand bei einigen Clans der Highlands sein Refugium. Der Clan Campbell war tief in die Wirren der Reformation verstrickt. Durch Heirat waren die Campbells mit dem Königshaus der Stuarts verbunden, die religiöse Überzeugung der Chiefs war aber den Lehren Knox zugeneigt. Knox hatte 1556 bei einem Besuch in Schottland auf Castle Campbell das Abendmahl zelebriert. Den nächsten Stuart-Königen war der Puritanismus der Protestanten verhaßt. König James VI. (oder James I. in britischer Zählweise) war ausgerechnet von George Buchanan erzogen worden, klugerweise versuchte er aber nicht, seine religiösen Vorstellungen mit Gewalt den Schotten zu oktroyieren. Sein schlecht beratener Sohn Charles I. tat ebendies. In England hatte er per königlicher Order ein neues Gebetbuch, das 'Book of Common Prayer' eingeführt. In Schottland versuchte er dasselbe. Das neue kirchliche Gesetzbuch verordnete die königliche Suprematie, die Disziplinar-

102 Der hatte ähnlich Knox bittere Jahre in den Kerkern der katholischen Mächte verbracht. In Coimbra (Portugal) fiel er in die Hände der Inquisition, entkam aber mit knapper Not.

gewalt der Bischöfe[103], eine neue Kleidung der Geistlichkeit, eine neue Liturgie. Das reichte. Zwar akzeptierten das schwache schottische Parlament und der Geheime Rat die königliche Order, aber nicht das Volk. Als in der Kirche von St. Giles in Edinburgh die erste Messe nach dem neuen Gebetbuch zelebriert wurde, gab es einen Aufruhr. Die Geistlichen wurden hinausgejagt, die Einrichtung des Gotteshauses demoliert (am 23. Juli 1637)[104]. Die Empörung breitete sich wie ein Lauffeuer aus, die Behörden sahen sich genötigt, das neue Gebetbuch zu suspendieren. Trotzdem zog die Rebellion weitere Kreise. Am 28. Februar 1638 unterzeichneten die schottischen Stände unter der Federführung von Argyll und Rothes den 'National Covenant'. Sie gelobten, die presbyterianische Religion bis zum Tode zu verteidigen. Das war die Kriegserklärung an den König. Damit begann der Bürgerkrieg. Charles I. war keineswegs gewillt, diese Provokation ungestraft hinzunehmen, Verbündete sollten sich in Irland und unter den katholischen Highland-Clans finden lassen. Aber damit provozierte er das englische Parlament. Archibald Campbell, der 8. Earl of Argyll, setzte sich mit seinem Clan an die Spitze der Covenanter. Im 'Ersten Bischofskrieg' trug die Machtprobe mit dem König noch die Züge einer Farce. Charles I. verfügte zwar über ein schlagkräftiges Heer von 23.000 Mann, aber nicht über das Geld für einen langen Feldzug. Er befahl dem schottischen Parlament sich aufzulösen, der Befehl wurde ignoriert. Also mußte der König verhandeln, in der 'Pazifikation von Berwick' (Januar 1639) mußte Charles I. den Schotten innere Selbstverwaltung zugestehen. 1641 ließ er sich zu einem Besuch in Edinburgh herab, bei dem er in der Hoffnung, sich Loyalität erkaufen zu können, Titel und Würden verteilte. Der Earl of Argyll wurde zum Marquis of Argyll erhoben. Indem Charles I. den Covenant aber ständig zu hintergehen suchte, provozierte 1643 er das Bündnis der im Solemn League and Covenant zusammengeschlossenen presbyterianischen Schotten mit den Königsgegnern in England. Nun wurde es ernst.

Die Covenanter stellten eine Streitmacht zusammen, die von General Leslie nach England zum Kampf gegen den König geführt wurde. Archibald Campbell, Marquis of Argyll, war kein Soldat, er blieb als der politische Kopf des Covenants in Schottland. Aber während in England um die Zukunft Britanniens gerungen wurde, blieb es in Schottland nur scheinbar ruhig. Viele frühere Covenanter wandten sich von der religiösen Intoleranz der

103 Die Institution der Bischöfe war von James I. in Schottland wiedereingeführt worden, wirkliche Macht hatten die Bischöfe aber nicht.

104 Vgl. Downing, Taylor u. Millman, Maggie: Civil War, London 1992, Seite 41.

Kirk ab und schwenkten in das Lager des Königs über. Unter der Führung von Montrose gingen verschiedene Highland-Clans daran, Schottland für den König zurückzugewinnen. Montrose Bestreben war es, Schottland von dem Regime des Covenants zu befreien und dann Charles I. in England zur Hilfe zu eilen. Verschiedene Clans, die sich ihm anschlossen, dachten eher daran, mit den Campbells abzurechnen. Nach dem furiosen Auftakt von Montroses Feldzug im Winter von 1644/45 wurde es für die Campbells kritisch. Mitten im Winter besetzten Montroses Leute Inverary, Archibald Campbell entkam. In der Winterschlacht von Inverlochy wurde jedoch das Aufgebot der Campbells vernichtet, über 1500 Männer Argylls wurden getötet. Die wilden MacDonells of Antrim unter der Führung von Alastair MacColla verwüsteten die Ländereien der Campbells. In der Schlacht von Auldearn (am 9. Mai 1645) wurde das Regiment Sir Mungo Campbells von Montroses Leuten vernichtet. Im Jahr 1646 (inzwischen war die Hauptarmee der Covenanter unter General Leslie aus England zurückgekehrt und Montrose bei Philiphaugh[105] geschlagen) verloren die Campbells die Schlacht von Callander gegen die Murrays. Aber das Blatt hatte sich für die Covenanter gewendet. Ein wichtiger Verbündeter Montroses, Sir James Stewart of Ardvorlich, der 'Mad Major', hatte sich mit Montrose überworfen und war zu Archibald Campbell übergegangen. In den Grampians waren die Gordons bei ihrem Vormarsch von den Grants aufgehalten worden. In England hatte Charles I. bittere Niederlagen hinnehmen müssen. Er begab sich in die Hände der Schotten und gab Montrose den Befehl, seine Streitkräfte aufzulösen. Die Covenanter verlangten von Charles die Anerkennung des Presbyterianismus als Staatsreligion. Als der König ablehnte, lieferte man ihn den Engländern aus. Dann verlangten die Covenanter vom englischen Parlament die Anerkennung des Presbyterianismus als Staatsreligion. Auch das Parlament lehnte ab, die Schotten marschierten in England ein, wurden aber bei Preston (im Jahre 1648) von Cromwell vernichtend geschlagen. Charles I. wurde enthauptet (am 30. Januar 1649). Sein Sohn Charles II. begab sich nach Schottland und wurde von Archibald Campbell, dem Marquis of Argyll, in Scone 1650 zum König von Schottland gekrönt. Campbell vollzog aber eine Kehrtwende. Nach den Siegen von Cromwell 1650 bei Dunbar und 1651 bei Worcester schloß er einen Pakt mit Cromwell. Charles II. verzieh ihm das nicht, nach der Restauration 1660 wurde Archibald Campbell in Edinburgh exekutiert.

Die Kämpfe in den Highlands im Zusammenhang mit den Kampagnen Montroses waren von eine kaum vorstellbaren Grausamkeit. Ein dunkler Fleck in der Geschichte des Clans Campbell ist das Massaker von Dunoon.

105 Montrose hatte mit 600 Highlandern und Iren keine Chance gegen Leslies kampferprobte 6000 Mann.

Der Clan Lamont war den mächtigen Campbells benachbart. Sein Chief Sir James Lamont hatte royalistische Sympathien und war schon 1643 in Verhandlungen mit den MacDonalds und MacLeods getreten. Die Campbells zwangen ihn dazu, seinen Clan für die Covenanter aufzubieten. Sir James ließ sich aber samt seinen Männern bei Inverlochy widerstandslos gefangennehmen und wechselte die Seiten. Im Gefolge der MacDonells of Antrim unter MacColla fielen die Lamonts in den Gebieten der Campbells ein. Sie nahmen den kleinen Campbell-Stützpunkt Kilmun Tower und töteten alle Gefangenen bis auf einen, Sir James Lamont hatte jedoch zu diesen Ausschreitungen keinen Befehl erteilt. 1646 eroberten die Campbells das Land der Lamonts. Sir Colin Campbell of Ardkinglas belagerte Toward Castle, seine Tochter war die Ehefrau von Sir James Lamont. Der kapitulierte unter der Bedingung freien Abzugs. Die Campbells gingen zum Schein darauf ein, dann kerkerten sie aber Sir James in Dunstaffnage Castle ein. Dort blieb er fünf Jahre, er durfte nicht einmal seine Kleidung wechseln. Seinen Leuten erging es noch schlimmer. Ihre Ländereien wurden verwüstet, 300 Stück Vieh gestohlen. Man behielt die Lamonts eine Woche in Gefangenschaft. Während dieser Zeit wurden einige Frauen ermordet; dann trieb man sie nach Dunoon, wo auf dem Friedhof über 100 Wehrlose auf jede erdenkliche Art und Weise getötet wurden. Ungefähr 30 hängte man an einem Baum auf, schnitt sie noch lebend herab und begrub sie lebendig.

Archibald Campbell, der 9. Earl of Argyll, wurde vom Königshaus der Stuarts in die Rebellion getrieben. Ausgerechnet einen Murray hatte man zum Lord-Lieutenant von Argyll erhoben. Als sich der Chief Campbell der Monmouth-Rebellion gegen James II. anschloß, marschierten die Murrays in Argyll ein. Archibald Campbell ging ins Exil, als er zurückkehrte, wurde er ergriffen und hingerichtet. Sein Erbe Archibald Campbell verbündete sich im holländischen Exil mit William of Orange, der ihn 1701 zum Duke of Argyll erhob. In der Zwischenzeit hatte ein anderer Zweig der Campbells von sich reden gemacht. Die Campbells of Glenorchy hatten in der Person von 'Slippery John' einen intriganten und ambitionierten Chieftain. Nachdem sein Versuch, anstelle der Sinclairs Earl of Caithness zu werden, gescheitert war, kompensierte ihn die Krone mit dem Earldom of Breadalbane. Obwohl er jakobitische Sympathien hegte (im Gegensatz zum Chief Campbell) bot er sich William of Orange an, die Highlandchiefs 'einzubringen'. Er berief eine Versammlung nach Achallader und brachte mit viel Bestechungsgeld einen Waffenstillstand zusammen. Chief MacIain MacDonald of Glencoe war nicht überzeugt. Folge war das infame Massaker von Glencoe[106], durchgeführt von Regierungssoldaten unter Robert Campbell of Glenlyon, angeordnet vom Master of Stair und vermutlich inspiriert von

106 Vgl. die Beschreibung im Kapitel MacDonald.

oben links: Arkebusier des frühen 17. Jahrhunderts, Zeichnung aus dem 19. Jahrhundert; oben rechts: Musketier der Covenanter-Armee, Mitte des 17. Jahrhunderts, aus: W. Reid: Buch der Waffen; unten: Aufruhr in Edinburgh gegen das neue Gebetbuch 1637, aus: The Oxford illustrated history;

John Campbell of Glenorchy, 'Slippery John'. Der Chief Campbell hatte mit der Angelegenheit nichts zu tun. Der Sheriff Depute of Argyll, Sir Colin Campbell of Ardkinglass, hatte 1692 MacIain den Treueid abgenommen und London davon unterrichtet, er war auch in keiner Weise an der Planung und Durchführung des Massakers beteiligt.

Zu den Vasallen der Campbells gehörten die MacPhunns of Dripp. Ein MacPhunn wurde in Inverary gehängt, offensichtlich nicht sehr gründlich. Denn als man seiner klagenden Witwe den 'Leichnam' überließ, reanimierte sie den Gehängten mit Muttermilch und Brandy, als man sie über den Loch Fyne ruderte. MacPhunn erholte sich und erreichte ein biblisches Alter.

Die Campbells unterstützten das Haus Hannover gegen die Jakobiten. 1715 schlugen sie unter dem 2. Duke of Argyll zusammen mit regulären Truppen die Rebellion des Earls of Mar nieder. An der Schlacht von Culloden nahm auf der Regierungsseite auch ein Highlandregiment teil, die Argyll Militia. Es bestand aus Clansmen der Campbells und drei Kompanien von Loudons 64. Hochland-Regiment. Eine Kompanie der Argyll Militia spielte, angeführt von Captain Colin Campbell of Ballimore, eine bedeutende Rolle in der Schlacht. Allerdings wurden Ballimore und ein Dutzend seiner Leute beider Verfolgung der Jakobiten von den Royal Ecossois zusammengeschossen. Nach der Schlacht wurde das Regiment nach Flandern geschickt und kämpfte bei Bergen op Zoom. Bei der gnadenlosen Verfolgung der Jakobiten durch die Regierungstruppen und den wahllosen Übergriffen gegen die Zivilbevölkerung zeigten nur die Leute der Argyll Militia Mitleid[107].

Im Jahr 1752 lieferte die Erschießung von Sir Colin Campbell, dem sogenannten 'Red Fox', den Grund für den Schauprozeß gegen James Stewart of the Glens: unsterblich wurden diese tragischen Ereignisse durch die Abenteuerromane von Robert Louis Stevenson.

Die Umstände des Todes von Sir Colin Campbell sind bis heute nicht geklärt. Fest steht, dass er nach den Konfiskationen der Güter früherer Jakobiten die Ländereien von Cameron of Lochiel und Stewart of Appin in königlichem Auftrag verwaltete und sich viele Feinde machte. Nach der Schlacht von Culloden hatte er seinen finsteren Charakter gezeigt, als die Gefangenen untersucht wurden, dabei waren auch der Laird of Kinlochmoidart und der Bruder des Chiefs MacDonell of Keppoch. Beide hatten sich unter die anderen Gefange-

107 Es wurden 120 'Commoners' und einige Adlige hingerichtet, 700 Männer, Frauen und Kinder starben in englischer Gefangenschaft, 1000 tatsächliche oder vermeintliche Jakobiten wurden in die amerikanischen Kolonien verkauft, 200 wurden verbannt.

nen gemischt und alle Rangabzeichen entfernt. So hofften sie, dass man sie nicht erkennen würde. Verschiedene Offiziere der Regierungstruppen erkannten dennoch beide, sagten aber nichts (wahre Gentleman). Sir Colin Campbell jedoch benannte beide und lieferte sie damit dem Henker aus. Damit nicht genug. eigenhändig soll er eine wehrlose Frau erschossen haben, die sich schützend vor ihren Schwiegersohn (der von Colin Campbell verfolgt wurde) gestellt hatte.

Obwohl seine Mutter eine Cameron war, verkündete Sir Colin, er werde alle Camerons enteignen. James Stewart of the Glens, dem Colin Campbell den gesamten Viehbestand beschlagnahmt hatte, drohte in betrunkenem Zustand, ihn zu töten. Einige Leute aus den Clans Cameron und Stewart beschlossen, etwas zu unternehmen. Was sich weiter abspielte, ist nicht erwiesen, die folgende Version historisch nicht gesichert[108].

Verschiedene Verschwörer trafen sich und beschlossen, den 'Red Fox' zu erschießen. Man forschte in ganz Appin nach Gewehren und trieb schließlich derer drei auf (nach dem Ende des Aufstands waren alle Waffen verboten und beschlagnahmt worden). In einem Wettschießen ermittelte man den die beste Waffe (es war die spanische Büchsflinte an t-Slinneanach, die einem Dugald MacColl gehörte). Der beste Schütze, ein Donald Stewart, sollte mit dieser Waffe bei Lettermore auf Colin Campbell (dessen Reiseroute man ausgekundschaftet hatte) warten. Zur Sicherheit sollte ihn der Laird of Fasnacloich mit seinem Gewehr begleiten. Es wurden außerdem zwei weitere Hinterhalte gelegt, nichts sollte dem Zufall überlassen bleiben. Am 14. Mai 1752 wurde der verhaßte Campbell im letzten Hinterhalt bei Lettermore erschossen. Sofort machte man sich behördlicherseits auf die Suche nach den Tätern und kam bald auch auf den Laird of Fasnacloich. Vor Gericht befragte der Sheriff als Zeugen Donald Ben Macinttyre, einen Verwandten des berühmten Dichters Duncan Ben Macintyre. Auf die Frage, ob er den Laird mit **Waffen** *habe ins Moor gehen sehen, antwortete er wahrheitsgemäß mit „Nein" (denn tatsächlich hette er ihn nur mit* **einer Waffe** *ins Moor gehen sehen). Da die Nachforschungen weitergingen, überredeten die Verschwörer den Abenteurer Allan Breck Stewart, mit der Tat zu prahlen. Allan Breck spielte noch eine Weile Katz und Maus mit den Suchtrupps und entkam nach Frankreich, von wo aus er einen Brief an die Behörden schickte, in dem er sich der alleinigen Täterschaft bezichtigte. Es war aber zu spät, um James of the Glens zu retten. Am 8. No-*

108 Die Täterschaft ist bis heute nicht einwandfrei geklärt und soll ein Geheimnis des Clan Stewart sein. Vgl. MacLean, Fitzroy: Schottische Clangeschichten, Augsburg 1998, Seite 138-154.

vember 1752 wurde er gehängt. Es heißt, einige Camerons hätten sich zusammengerottet, um James zu befreien, er hätte aber abgeleht, weil er weiteres Blutvergießen befürchtete. Der Leichnam des Gehenkten blieb bis zum Jahre 1761 in Ketten am Galgen hängen, dann bat Iain Stewart of ballachulish (der Onkel des vermutlich wahren Schützen Donald Stewart) den neuen Duke of Argyll, den Leichnam abnehmen zu dürfen. Dem war das nur recht, denn er war ein Gentleman von edler Gesinnung, der den ganzen Schauprozeß mit Abscheu brtrachtet hatte. John Campbell of Mamore, Duke of Argyll, war erleichtert, als er erfuhr, dass man die Überreste des unglücklichen James of the Glens in der Kirche von Keil begraben hatte. Heute befindet sich da wo einst der Galgen stand, ein Gedenkstein.

Zwei Dukes of Argyll wurden Marschälle der britischen Armee, der 9. Duke heiratete eine Tochter Queen Victorias und wurde Governor-General von Kanada.

Der berühmteste Campbell von allen war strenggenommen gar keiner. Sir Colin Campbell (1792-1863) wurde als Colin MacLiver, Sohn eines Glasgower Zimmermanns und einer Campbell geboren. Der Bruder der Mutter, Colonel John Campbell, nahm den 15jährigen Colin mit zu einer Inspektion der Truppen durch den Duke of York. Jener notierte den Namen des Jungen als Campbell, dabei blieb es. Sir Colin kommandierte die Highland-Brigade bei Balaklava im Krimkrieg, er kommandierte die britischen Truppen in der Indischen Meuterei, Soldaten unter seiner Führung beendeten die Belagerung von Lucknow. Irgendwie war er doch ein echter Campbell.

Kilchurn Castle;

oben: Die Reste von Dunstaffnage Castle; unten: Castle Campbell;

Touristische Hinweise:

Kein Schottlandbesuch ist ohne Abstecher zu den Campbell-Burgen komplett. Bei Inverness liegt Cawdor Castle, äußerst sehenswert mit erhaltener Zugbrücke und interessanten Ausstellungsstücken. Es ist von Mai bis zum 1. Sonntag im Oktober von 10.00 - 17.30 Uhr geöffnet.

In der Nähe von Dollar (zwischen Stirling und Perth) liegt Castle Campbell in landschaftlich reizvoller Lage. Im Sommerhalbjahr ist es täglich geöffnet, im Winterhalbjahr an Donnerstagnachmittagen und Freitagen geschlossen.

Bei Oban liegt Dunstaffnage Castle, Schauplatz blutiger Kämpfe im Schottischen Unabhängigkeitskrieg und unter Campbell-Befehl Kerker des unglücklichen James Lamont, später Gefängnis der berühmten Flora MacDonald.

Am Loch Awe im Südwesten der Highlands liegen drei Burgen, Ruinen zwar, doch von hoher historischer Bedeutung. Am nordwestlichen Ende des Sees liegt die bekannteste, Kilchurn Castle, deren Bild fast jeden Schottland-Bildkalender ziert. Einige Kilometer im Südwesten liegen auf einer Insel (daher schwer zugänglich) die spärlichen Ruinen von Fraoch Eilean Castle. Eine sehr imposante Burg ist Innischonnaill Castle, eine Inselburg sehr nah am Ufer.

Absoluter Höhepunkt ist Inveraray. Das Castle, bis heute der Hauptsitz des Chief Campbell, beherbergt eine Fülle von Trophäen, Gemälden und Waffen. Es ist April bis Juni und Mitte September bis Oktober Von Montag bis Donnerstag und Samstag jeweils 10 - 12 Uhr und 14 - 17 Uhr geöffnet, an Sonntagen von 13 - 17 Uhr. Im Juli und August öffnet es von Montag bis Samstag von 10 - 17 Uhr, an Sonntagen von 14 - 17 Uhr. In den ehemaligen Stallungen des Castles befindet sich ein kleines Museum zur Geschichte der britischen Kommandotruppen des Zweiten Weltkriegs. Sehr sehenswert ist auch das im alten Gefängnis des Ortes untergebrachte Justizmuseum, das täglich von 9.30 - 18 Uhr öffnet.

Anhang

Ein allgemeiner touristischer Hinweis:

Großbritannien ist kein billiges Reiseland. Wenn man alle im Buch erwähnten Sehenswürdigkeiten besichtigen möchte, braucht man nicht nur Zeit, sondern muß mit 'nicht ganz unwesentlichen' Eintrittspreisen rechnen, die die Reisekasse belasten können.

Die sind allerdings durchaus gerechtfertigt, da in Schottland (wie in ganz Großbritannien) sehr viel Wert auf die Bewahrung des historischen und kulturellen Erbes gelegt wird. Um viele historische Stätten kümmert sich der 'National Trust for Scotland'. Eine Jahresmitgliedschaft kostet 25,00 £ (Stand 1998), dann ist der Eintritt in die vom Trust verwalteten Sehenswürdigkeiten gratis.

Ähnlich verhält es sich mit der Initiative 'Historic Scotland'. Ein 14 Tage gültiges 'Explorer Ticket', das dem Besitzer freien Eintritt zu mehr als 60 historischen Stätten garantiert, kostet 17,00 £, bei 7 Tagen Geltungsdauer beträgt der Preis 12, 50 £.
Oft sind in Eintrittspreisen Vorführungen (etwa einer Reenactorgruppe) eingeschlossen.
Es lohnt sich.

Schottische Geschichte in Daten

um 6000 v.Chr.:	Neolithische Jäger und Sammler wandern vom Kontinent her als erste Menschen in Schottland ein.
um 4200 v.Chr.:	Neue Siedler bringen die Errungenschaften der Neolithischen Revolution nach Schottland: Ackerbau, Haustierhaltung und Töpferei.
um 2300 v.Chr.:	Wieder neue Siedler, die Glockenbecherleute, erringen mit Hilfe der Bronzewaffen die Herrschaft über die bisherigen Bewohner. Nach ihrem Sieg vermischen sich beide langsam.
800 - 100 v.Chr.:	In diesem Zeitraum wandern keltische Völkerschaften ein, was, wie die zahlreichen Hügelfestungen anzeigen, nicht ohne Konflikte vonstatten geht.
2. Jh. v.Chr.:	Der griechische Geograph Ptolemäus veröffentlicht die erste Karte, auf der Schottland abgebildet ist.
83 - 79 v.Chr.:	Der römische Provinzstatthalter Agricola stößt vom römisch besetzten Britannien nach Schottland vor. In der legendären Schlacht am Mons Graupius schlägt er Calgacus, den Anführer der einheimischen Stämme. Trotzdem gelingt es den Römern nie, nördlich der Lowlands längerfristig Fuß zu fassen.
um 120 n.Chr.:	Der Hadrianswall zwischen Tyne und Solway wird erbaut.
ab dem 3. Jh.:	Zu dieser Zeit sind die keltischen Pikten im Norden Schottlands nachgewiesen. Spätestens seit dem 6. Jh., als sich ihr Reich in seiner endgütigen Form herauskristallisiert, beherrschen sie - vermutlich unter zwei Hochkönigen - Schottland nördlich des Forth. Das piktische Königtum bildet die Basis des mittelalterlichen Königtums und der schottischen Nation.
368:	Schottische Pikten fallen zusammen mit Skoten und Sachsen ins römisch beherrschte Mittel- und Südengland ein. Die römischen Truppen könne die Einfälle nur vorübergehend abwehren.
383:	Der römische Kaiser Theodosius (347-395) gibt den Hadrianswall auf.
um 400:	St. Ninian predigt den schottischen Pikten das Christentum.
402 - 407:	Die römischen Truppen müssen sich unter dem dauernden Druck von Pikten und Skoten endgültig aus Großbritannien zurückziehen, um das von Germanenstämmen bedrohte Reich sichern zu helfen.
zwischen 420und 450:	Die Briten rufen wegen der dauernden Einfälle von Pikten und Skoten germanische Stämme zur Hilfe (Jüten, Sachsen), die allerdings bald eigene Königreiche bilden (Kent, Sussex, Essex, Wessex und nach 470 durch die Angeln noch Mercia, Northumbria und Middlesex).

563:	Der Hlg. Columban (521-597) gründet auf der Hebriden-Insel Iona vor der westschottischen Küste ein Kloster. Er verbindet das uneinheitliche schottische Glaubens- und Gedankengut mit dem der irischen Kirche.
628:	Erste Erwähnung eines Königs von Argyle (alter Begriff, ab dem 16./ 17. Jahrhundert: Argyll), der zugleich König der Pikten ist.
685:	Die Pikten unter ihrem Hochkönig Bridei mac Bile stoppen die Nordexpansion der Angeln aus Northumbria bei Dunnichen Mere. Der Firth of Forth bildet weiterhin die Grenze.
844:	Unter dem Führer Kenneth mac Alpin vereinigen sich Pikten und Skoten. Das dadurch geschaffene Königreich ist der eigentliche Ausgangspunkt einer eigenständigen schottischen Geschichte.
889 - 900:	Donald II. wird erstmals ri Alban, König von Alba, d.h. Schottland, genannt. Die Kirche hilft bei der Konsolidierung der Monarchie.
1016 - 1035:	Knut der Große (um 995-1035) erreicht die Herrschaft über ganz England, zugleich wird er Overlord von Schottland.
1018:	Vereinigung der vier schottischen Königreiche.
1040:	Macbeth (um 1005-1057) wird nach der Ermordung des Königs Duncan I. König von Schottland.
1066:	Zur Zeit der Eroberung durch Wilhelm den Eroberer (um 1027-1087), der die angelsächsische bzw. angelsächsisch-dänische Epoche Englands beendet, wird Schottlands Einwohnerzahl auf etwa 300.000 geschätzt.
1072:	Im Sommer dieses Jahres unterwirft sich König Malcolm III. von Schottland (1031-1093; er hat Macbeth besiegt und damit seinen Vater Duncan I. gerächt) im Vertrag von Abernethy Wilhelm dem Eroberer. Obgleich diese Unterwerfung die theorethische Oberhoheit des englischen Königs bedeutet (1091 wird der Vertrag nochmals bestätigt), berührt sie die praktische Selbständigkeit Schottlands nicht.
1093:	Malcolm III. führt nach dem Tode Wilhelm des Eroberers Krieg gegen seinen Nachfolger Wilhelm II. Rufus (1056-1100). Die zunächst erfolgreiche Invasion der Schotten in Northumberland scheitert nach der Schlacht von Alnwick (13./16. Nov.), da in Malcolm III. und sein Sohn Edward entweder beide im Kampf fallen oder einem Mordanschlag zum Opfer fallen.
1124 - 1153:	David I., am englischen Hof erzogen, bringt zahlreiche Normannen als neue Lehnsherren nach Schottland mit, unter anderem so bekannte Familien wie die Bruces und die Stuarts. Das starke Königtum läßt erstmals eigene Münzen prägen und fördert den Handel. Die schleichende Anglisierung der Lowlands wird später 'bloodless Norman Conquest' genannt.

1173/74:	König Wilhelm I. der Löwe von Schottland (um 1142-1214) verbündet sich mit Heinrich (1155-1183, zweiter Sohn König Heinrichs II. von England) zum Kampf gegen dessen Vater. Am 13. Juni wird Wilhelm bei der Belagerung des Schlosses Alnwick gefangen und in der Normandie inhaftiert. Nur durch die Wiederanerkennung der englischen Oberhoheit, d.h. den Schwur des Lehnseids auf Heinrich II., erlangt er seine Freiheit wieder. Aus diesem Schwur leitet die englische Krone in Zukunft ihren Supremattieanspruch über Schottland ab.
1189:	Ein Abkommen Wilhelms I. von Schottland mit König Richard I. Löwenherz (1157-1199) beläßt den Schotten ihre faktische Selbständigkeit.
1208 - 1212:	Richards I. Sohn John 'Ohne Land' (1167-1216, König nach Richards I. Tod 1199) führt Kriege gegen Wales, Irland und Schottland. Er vermag jedoch keine durchschlagenden Erfolge zu erringen, verursacht aber durch die hohen Kosten eine finanzielle Krise, die zu innenpolitischen Problemen führt, in deren Folge Johann die 'Magna Charta libertatum' unterzeichnen muß.
1237:	Der Vertrag von York fixiert die immer wieder umstrittene Grenze zwischen Schottland und England zwischen dem Tweed und dem Firth of Solway, wie sie im Prinzip heute noch gilt.
1249 - 1286:	Unter der Regierung Alexanders III. erlebt Schottland eine Zeit der inneren Ruhe und Prosperität. Nach dem Sieg über die Norweger in der Schlacht von Largs 1263 fallen die Hebriden an Schottland.
1266:	Schotten erobern die Isle of Man.
1286:	Das alte schottische Könighaus der Canmore stirbt im Mannesstamm aus.
1290 - 1292:	Schottland erlebt das erste Interregnum. An dessen Ende erhält John Balliol (1250-1313) mit Zustimmung Edwards I. (1239-1307) am 17. Nov. 1292 die Krone (nur bis 1296). Im nachfolgenden Konflikt mit Frankreich fordert Edward I. von den Schotten feudale Lehns-, in diesem Fall Ritterdienste. Die Schotten lehnen dies nicht nur ab, sondern verbünden sich 1295 mit Frankreich, was zu einer mehr als 400jährigen latenten Allianz führt, die für England dauerhaft gefährlich bleibt.
1296:	Die Engländer besiegen am 27. April die Schotten.
1297:	William Wallace schlägt die Engländer bei Stirling Bridge.
1296 - 1306:	Zweites Interregnum in Schottland. Edward I. führt selber die Regierung.
1298:	Edward I. schlägt die Schotten am 22. Juli bei Falkirk. William Wallace (1270-1305), der Führer der Schotten gilt bis heute als einer der schottischen Freiheitshelden. Er wurde gehängt, gestreckt und gevierteilt.

1300: Schottlands Einwohnerzahl wird auf 400.000 geschätzt.

1306: Das zweite schottische Interregnum endet am 25. März mit der Krönung Roberts I. (1274-1329). Dies führt sofort wieder zum Konflikt mit England. Edward II. (1284-1327), der nach dem Tod Edwards I. 1307 den Thron bestiegen hat, zeigt sich als schwacher Herrscher.

1314: Am 24. Juni schlägt Robert I. Edward II. in der Schlacht von Bannockburn. Dieser Sieg sichert Schottland die Unabhängigkeit.

seit 1315/16: Die Schotten dringen unter Edward Bruce in Irland ein. Sie drängen die Engländer im Umfeld Dublins zusammen.

1320: Ein Zeichen ausgeprägten Nationalbewußtseins ist das Schreiben der schottischen Prälaten an den Papst: in der Erklärung von Arbroath berichten sie von der Unabhängigkeit ihres Landes.

1326: Robert I. ruft die geistlichen und weltlichen Lords und die Vertreter von sieben Städten zusammen, um die Kriegskosten gegen England bewilligt zu bekommen. Diese Versammlung gilt als Geburtsstunde des schottischen Parlaments.

1328: Am 4. Mai bestätigen Königin Isabella von England (1292-1358) und ihr Geliebter Roger Mortimer (1287-1330) den am 17. März aufgesetzten Vertrag von Edinburgh, der Schottlands Autonomie garantiert.

1341: Die Engländer werden im Rahmen der Schwächung der englischen Streitkräfte durch den Hundertjährigen Krieg mit Frankreich (seit 1337) aus Schottland vertrieben.

1346: König David II. von Schottland (1324-1371) versucht durch einen Einfall in Nordengland die mit ihm verbündeten und schwer bedrängten Franzosen (vernichtende Niederlage in der Schlacht von Crécy am 26. Aug. 1346) zu entlasten. Er wird bei Neville's Cross geschlagen und im Tower inhaftiert.

seit 1349: Von diesem Zeitpunkt an wütet die Pest in unregelmäßigen Abständen bis ins 15. Jahrhundert in Schottland.

1357: David II. unterwirft sich nach elfjähriger Haft dem englischen König. Gegen Zahlung eines hohen Lösegeldes wird er freigelassen, jedoch bald darauf wieder festgenommen, weil er den Kampf gegen Edward III. (1312-1377) wieder aufnimmt.

1371: Die Stuarts (engl. Stewarts) kommen mit Robert II. (†1390) auf den schottischen Thron, werden jedoch bis 1488 von einer Adelsopposition unter Führung der Douglas bekämpft. Die Stuarts leiten ihren Thronanspruch aus der Heirat Walter Stuarts mit Robert Bruces ältester Tochter Marjorie her.

1388:	Die Schotten nutzen die innerenglischen Streitigkeiten im Zusammenhang mit den Kämpfen in Frankreich und schlagen am 15. August die Engländer unter Henry Percy 'Hotspur' (1364-1403) bei Otterburn.
1406:	Am 22. März wird der schottische Thronfolger und Gegner Heinrichs IV., James I. (1394-1437) gefangen genommen und bis Ende März 1424 inhaftiert. Am 4. April wird er zum neuen König Schottlands erklärt, für ihn führen die Herzöge von Albany als 'governors' die Regierung in Schottland.
1411:	Gründung der Universität St. Andrews. Schlacht von Harlaw.
1426:	König James I. beruft mehr Vertreter des kleinen Landadels (Gentry) ins Parlament, um den Einfluß der schottischen Magnaten und der Clans abzuschwächen.
1437:	James I. wird von unzufriedenen Adligen ermordet. Der unnatürliche Tod durch Verschwörungen mächtiger Adelsgruppen ist, wie die minderjährige Inthronisierung bis zu James VI., eine Konstante schottischer Geschichte.
1450:	Gründung der Universität Glasgow.
1461:	Im Zuge der blutigen Rosenkriege (1455-1495) zwischen den Häusern Lancaster (rote Rose) und York (weiße Rose) flüchten Heinrich VI. (1421-1471) und Königin Margaret (1430-1482) nach der verlorenen Schlacht von Towton (29. März) nach Schottland.
1472:	Die Schotten übernehmen nach der Heirat James III. mit der Tochter des Dänen-Königs die bisher dänischen Orkney- und Shetland-Inseln.
1491 - 1497:	Heinrich VII. Tudor von England (1457-1509) muß eine Verschwörung unter Perkin Warbecks (1474-1499), der sich als Sohn Edwards IV. ausgibt, abwehren. Warbeck wird von den irischen Lords und auch vom schottischen König James IV. (1473-1513) unterstützt, fällt aber 1497 in die Hände Heinrichs VII.
1493:	König James IV. erklärt das 'Lordship of the Isles' für aufgelöst.
1503:	Heinrichs VII. Tochter, Margarete Tudor (1489-1541), heiratet am 8. Aug. gemäß eines Heiratsvertrages von 1502 James IV. von Schottland, wodurch die Vereinigung beider Kronen (1603) und Länder (1707) vorbereitet wird.
1512 - 1514:	Heinrich VIII. (1491-1547) führt Krieg gegen Schottland und Frankreich. Nach einem Sieg über die Franzosen bei Guinegate-Thérouane (16. Aug. 1513) schlägt Surrey am 9. Sept. 1513 die Schotten in der Schlacht bei Flodden, in der König James IV. fällt.
1543:	Donald Dubh MacDonald, der letzte Erbe des 'Lordships of the Isles', proklamiert nach seiner Flucht erneut das 'Lordship of the Isles'. Obgleich sich einige Clans zu seiner Unterstützung sammelten, brach dieser Versuch bald in sich zusammen.

1544 - 1548: Heinrich VIII. versucht, mittels brutaler Zerstörungsfeldzüge, den sog. 'Rough Wooings', in den Borders, Maria Stuart (1542-1587) als Braut seines Sohnes zu bekommen. Die junge schottische Thronerbin heiratet dennoch den französischen Duphin und wird 1548 nach Frankreich gebracht.

1557: Im Dez. schließen sich einige der großen schottischen Lords im ersten sogenannten 'Convenant' zusammen.

1558: Heinrich II. von Frankreich (1519-1559) erklärt im Nov. die seit dem 17. Nov. als englische Königin gekrönte Tochter Heinrichs VIII. aus der Ehe mit Anne Boleyn, Elisabeth I. (1533-1603), für einen Bastard, ihren Thronanspruch für kannonisch ungültig und läßt Maria Stuart, die Frau seines Sohnes Franz (1544-1560), die gleichzeitig Königin von Schottland ist, zur neuen Königin von England proklamieren.

1560: Am 27. Feb. schließen Elisabeth I. und die schottischen 'Lords of the Congregation of Christ' den Vertrag von Berwick, in dem die Vertreibung der antikalvinistischen Franzosen verankert ist. Am 6. Juli erklären die militärisch geschlagenen Franzosen im Vertrag zu Edinburgh ihren Verzicht auf Schottland. Damit setzt sich die Reformation, d.h. die 'Confessio Scotia' auf der Basis eines calvinistisch-reformierten Bekenntnisses durch.

1561: Nach dem Tode ihres Mannes Franz II. von Frankreich kehrt die katholische Maria Stuart am 19. Aug. nach Schottland zurück. Sie beendet zwar damit die schottischen Thronwirren, bringt das Land aber durch ihren Kampf gegen die calvinistisch-reformierte Kirchenpolitik in Aufruhr.

1564: Die Schotten geben sich im 'Book of Common Order' eine puritanische (gereinigte, d.h. presbyterianische, entkatholisierte und nicht-anglikanische) Gottesdienstordnung.

1567: Maria Stuart verzichtet angesichts der reformatorischen Bewegung und der starken calvinistischen Adelsopposition zugunsten ihres einjährigen Sohnes James VI. (1566-1625) aus der Ehe mit Henry Stewart (1545-1567, Lord Darnley), dessen Mörder, James Hepburn (1536-1578, Earl of Bothwell) sie am 15. Mai geheiratet hatte.

1568 - 1570: Am 19. Mai 1568 wird Maria Stuart nach der Flucht aus ihrem Gefängnis, der Burg von Loch Leven, von Anhängern Elisabeths dingfest gemacht. Katholische Schotten und Engländer mischen sich unter massiver Anteilnahme des katholischen Auslands (Iren, Kurie, Italiener, Spanier, Franzosen) in die Thronstreitigkeiten zwischen Elisabeth I. und Maria Stuart ein, um Maria wenigstens den schottischen Thron wieder zu sichern. Der Duke of Norfolk, Thomas Howard (1536-1572), hält um die Hand Marias an und wird dafür von Elisabeth in den Tower gesperrt.

1571: Im Sept. kommt es zur Aufdeckung des sog. 'Ridolfi Plots'. Der Florentiner Bankier Roberto Ridolfi (1531-1612), der eine Bankfiliale in London leitet, plant seit März einen Umsturz zugunsten von Maria Stuart, der die Rekatholisierung Englands und Schottlands erzwingen soll. Hilfe leisten ihm der Papst, der Bischof von Ross (Schottland) und Norfolk, der 1572 auf Drängen des Parlaments enthauptet wird. Da Phillip II. von Spanien eine Beteiligung hinauszögert, fehlt ein entscheidender Verbündeter.

1583: Ein Stuart-Komplott unter der Führung von Francis Throckmorton (1554-1584) gegen Elisabeth I. wird vom Geheimdienst aufgedeckt. Der spanische Gesandte in London, Don Bernardino de Mendoza (1541-1604), der in die Vorbereitungen involviert war, wird des Landes verwiesen. Seit 1585 befinden sich dann beide Länder im Kriegszustand.

1586: Im Vertrag zu Berwick schließen Elisabeth I. und James VI. von Schottland im Juli ein Devensivbündnis gegen Frankreich und sichern sich gegenseitig die Eigenständigkeit der anglikanischen bzw. calvinistischen Glaubensausübung zu.

1587: Hinrichtung Maria Stuarts auf Schloß Fotheringhay als unmittelbare Folge der vorausgegangenen 'Babington-Verschwörung' (Aug./Sept. 1586). Die katholischen europäischen Mächte antworten mit Kriegsvorbereitungen, James VI. hingegen hält sich trotz der Hinrichtung seiner Mutter an den Vertrag von Berwick.

1594/95: Aufstand der katholischen Clans gegen die Krone.

1600: Der mysteriösen und wahrscheinlich gegen James VI. gerichteten 'Gowrie-Verschwörung' fallen im August John Ruthen, der Earl of Gowrie, und sein jüngerer Bruder Alexander zum Opfer.

1603: Am 24. März stirbt Königin Elisabeth I. nach 45 Jahren Regierungszeit. Ihr Neffe James VI. von Schottland setzt nach der Krönung im Juli die Thronfolge als James I. von England fort. Für Schottland hatte diese Erbschaft keine Vorteile, im Gegenteil - vor dem Hintergrund der vielfältigen englischen Regierungsgeschäfte gerät es aus dem Blick der Stuart-Könige. Zu dieser Zeit wird Schottlands Bevölkerung auf 1 Million geschätzt.

1612: Das schottische Parlament billigt die durch James I. 1599 begonnene Restauration des schottischen Episkopats.

1613: Am 14. Feb. heiratet James' I. älteste Tochter Elisabeth (1596-1662) Friedrich V., den protestantischen Kurfürsten von der Pfalz (1596-1626).

1625: James I. stirbt und sein Sohn Charles I. (1600-1649) folgt ihm auf dem Thron. Am 1. Mai heiratet er die Tochter Heinrichs IV. von Frankreich Henrietta Maria (1609-1669).

1636/37: Erzbischof William Laud (seit 1633 Erzbischof von Canterbury) versucht, die weitgehend unabhängige presberytanisch orientierte schottische

Kirche durch ein 'Book of Canons', durch Anerkennung des königlichen Supremats und eine römisch orientierte Liturgie einzuengen. Der erste nach der neuen Liturgie abgehaltene Gottesdienst am 23. Juli 1637 in St. Giles (Edinburgh) endet in einem Tumult.

1638: Am 28. Feb. schließen sich die Schotten in einem 'National Convenant' gegen den Episkopalismus und Dogmatismus des Erzbischofs Laud zusammen. Alle Stände wollen somit zur Wahrung und Freiheit des Evangeliums beitragen. Sprecher des Bundes ist Archibald Campbell, Earl of Argyll (1598-1661). Nach den Tagungen vom Sept. bis Nov. weist die schottische Nationalversammlung in Glasgow das 'Book of Canons' zurück, erklärt die Einsetzung einiger hochkirchlicher Bischöfe für nicht erfolgt und führt das presbyterianische System wieder ein.

1639: Die 'Pazifikation von Berwick' verhindert das Ausbrechen eines Krieges aus religiösen Gründen zwischen Schottland und England (First Bishops' War). Kirchliche Angelegenheiten werden damit der schottischen Generalversammlung und zivile dem Parlament zugewiesen.

1640: Nachdem Charles I. schon im Jan. einen Krieg mit Schottland befürwortet hatte und Erzbischof Laud weiterhin versucht, die Bevölkerung Schottlands (und einiger Teile Englands) durch Bischöfe seiner Wahl zu disziplinieren, spitzt sich die Lage immer mehr zu. Die Schotten wehren sich ihrerseits, verfassen eine antiroyalistische und pro-presberytanische Schrift und bereiten sich auf den bewaffneten Konflikt vor. Charles I. löst das Parlament, das ihm die Unterstützung zum Kampf gegen die Schotten verweigert, im Mai auf, worauf die Opposition in London am 20. Aug. die Schotten gegen den König zur Hilfe ruft. Königliche Truppen überschreiten daraufhin die Grenze (Second Bishops' War). Der Führer der Truppen und Berater des Königs Earl Strafford sucht allerdings von Anfang an den militärischen und politischen Ausgleich mit den Schotten, den er am 26. Okt. mit dem Vertrag von Ripon erreicht. Bis zu einer endgültigen Regelung erhalten die Schotten täglich 850 £ und dürfen Northumberland und Durham besetzt halten. Im Nov. und Dez. werden Strafford und Laud verhaftet und wegen Hochverrats angeklagt.

1641: Obgleich Strafford die lachhaften Anschuldigungen gegen sich widerlegen kann (13. April), opfert Charles I. seinen Minister, der am 12. Mai unter dem Beifall des Londoner Pöbels hingerichtet wird (Laud wird erst 1645 hingerichtet). - Ende Okt. erschüttert die religiös motivierte 'Irish Rebellion', bei der viele englische und schottische Neusiedler getötet werden, die relative politische und militärische Ruhe in England und Schottland. Die antiroyalistische Fraktion im Parlament, innerhalb derer der Newcommer Oliver Cromwell (1599-1658) erstmals von sich reden macht. Da die königlichen Truppen in Irland den Aufstand nur allmählich unter Kontrolle bringen, fordern die radikalen Commons in der 'Great Remonstrance' (204 Artikel zur Einschränkung königlicher Gewalt) eine staatsrechtliche Radikalkur. Die gemäßigten Commons und auch die Schotten wollen diese Radikalkur nicht mitmachen.

Den Schotten, denen es vor allem um ihre Eigenständigkeit geht, wahren diese zunächst in Verhandlungen mit dem König und dem Parlament.

1642: Nach einem gescheiterten Versuch, die Führer der radikalen Commons zu verhaften, bricht am 10. Jan. die Englische Revolution aus. Die royalistischen 'Cavaliers' und die parlamentarischen 'Roundheads' stehen sich gegenüber.

1643: Charles I. lehnt ein Freundschaftsangebot der Schotten ab, weil er den Presbyterianismus fürchtet und zunächst militärisch besser dasteht als die Parlamentarier. Daraufhin gelingt der Parlamentspartei ein lockeres Bündnis mit den in sich allerdings zerstrittenen Schotten ('Solemn League and Convenant'). Der Führer der pro-parlamentarischen Partei ist der Graf von Argyll, der Führer der Royalisten James Graham, Earl of Montrose (1612-1650), der sich als begabter Feldherr erweist.

1643 - 1653: Eine Synode aus Theologen und Parlamentariern, die 'Westminster Assembly of Divines', erarbeitet in den Wirren der Revolution die 1648 vom Parlament gebilligte 'Westminster Confession', die zur weitverbreitetsten Bekenntnisschrift des reformierten Protestantismus in Schottland und Nordamerika wird. In England und Irland erlangt sie diese Stellung vor allem aufgrund der Stuart-Restauration ab 1660 nicht.

1645 - 1650: Feldzüge Montroses gegen den Convenant.

1643 - 1646: Die militärische Situation der Parlamentarier wird durch die straffe Neuorganisation des Heeres durch Cromwell, dessen 'Ironsides' fast die Hälfte der Kavallerie stellen, verbessert. Am 14. Juni 1645 schlagen sie die Royalisten bei Naseby derart vernichtend, dass es zum Waffenstillstand kommt. In Schottland gehen die Auseinandersetzungen zwischen Argyle und Montrose weiter. Charles I. versucht, die schottische Spaltung für sich auszunutzen und den Kampf weiterzuführen. Das englische Parlament kann nur mit einer großangelegten Bestechungswelle die Pläne des Königs unterlaufen. Der weigert sich seinerseits, die Vorschläge des Parlaments zu akzeptieren, die eine starke Einschränkung der königlichen Position vorsahen, womit er einem englisch-schottischen Ausgleich den Weg ebnet.

1647/48: Am 23. Jan. liefert Graf Argyll Charles I. für 400.000 £ an das Parlament aus, der am 3. Juni von befreundeten Soldaten entführt wird. Einen letzten Einigungsversuch mit dem Parlament lehnt Charles I. aus den gleichen Gründen wie zuvor ab, da die Schotten, die ihre Rechte nicht gewahrt sehen, ebenfalls die Zustimmung verweigern. Charles I. Kampf ist aber angesichts der Übermacht und der Spaltung der Schotten zum Scheitern verurteilt. Er kommt wieder in Haft.

1649: Nach einem kurzen politischen Prozeß, dessen Urteil von Beginn an feststand, wird Charles I. am 30. Jan.hingerichtet. Iren und Schotten wollen den Umsturz nicht hinnehmen und rufen zu Widerstand auf. Cromwell schlägt im Sept./Okt. den irischen Widerstand grausam nieder.

1650: Montrose nimmt im Namen Charles II. (1630-1685), den die Schotten am 6. Feb. als legitimen Nachfolger seines Vaters anerkannt hatten, im April den Kampf gegen England wieder auf. Bei Carbisdale (Sutherland) wird er schwer geschlagen und von den MacLeods verhaftet. Am 21. Mai wird er in Edinburgh hingerichtet. Dennoch kämpfen die Schotten mit dem im Juni in Garmouth gelandeten Charles II. weiter. Cromwells Heer bleibt weiter siegreich, Schottland wird besetzt und von englischer Armee kontrolliert.

1651: Am 3, Sept. endet der letzte Invasionsversuch Charles II. bei Worcester mit der völligen Niederlage der Schotten.

1660: Im holländischen Exil gibt Charles II. Stuart am 4. April eine Deklaration für den Fall seiner Rückkehr auf den englischen Thron ab. Sie ist sehr allgemein gehalten, wird aber vom starken Mann des Militärs General Monck, dem Parlamentssprecher und dem Lord Mayer von London akzeptiert. Am 5. Mai stimmt das Parlament für die Rückkehr des Königs, Armee und Flotte schließen sich an, so dass Charles II. am 25. Mai in Dover landen kann.

1662: Im Frühjahr sollen die Schotten im sog. 'Abjuration Oath' der 'Solemn League and Convenant' abschwören. - Am 21. Mai heiratet Charles II. die Katholikin Katharina von Braganza (1638-1705).

1685: Am 6. Feb. stirbt Charles II. nach kurzer plötzlicher Krankheit, nachdem er auf dem Sterbelager zum Katholizismus konvertierte. Noch am gleichen Tag besteigt James II. (1633-1701) den Thron - erstmals seit 1558 wieder ein Katholik.

1688: Eine letzte Schlacht zwischen den MacDonells of Keppoch und den MacIntoshes beendet die Periode der Clankriege.

1689: Nach der Landung Wilhelms von Oranien (William of Orange) 1688 wird James II., der sich durch seine starke Rekatholisierungspolitik unpopulär gemacht hatte (insbesondere die 'Killing Times' der 80er Jahre, in denen er radikale Presbyterianer blutig hatte verfolgen lassen), für abgesetzt erklärt. Dieser legale und zunächst unblutige Staatsstreich geht als 'Glorious Revolution' in die Geschichtsschreibung ein. Außerhalb Englands bleibt die 'Glorious Revolution' nicht unblutig: im März landet James II. in Irland, um den Thron zurückzuerobern. Im Sept. schließt sich Schottland auf Seiten Wilhelms den Kämpfen an. Quasi im Gegenzug erhält Schottland einen presbyterianischen Zweig innerhalb der Staatskirche.

1690: Am 1. Juni unterliegt James II. in der Schlacht an der Boyne (Fluß in Irland) Wilhelms Heer.

1692: Nachdem der Clan MacDonald von Glencoe den Unterwerfungseid für Wilhelm und seine Frau Maria 5 Tage zu spät (6. Jan.) geleistet hatte, kommt es zum Massaker von Glencoe: 38 Familienmitglieder werden ermordet.

1695: Einrichtung der Bank of Scotland.

um 1700: Schottlands Bevölkerung beläuft sich auf etwa 1,5 Millionen Menschen.

1707: Am 29. April erfolgt die Proklamation des ersten Parlaments von Großbritannien infolge der Union mit Schottland (Zusammenlegung der beiden Kronen, Auflösung des schottischen Parlaments, Abschaffung des Kronrates und einer eigenständigen schottischen Verwaltung). Ins nunmehr großbritannische Unterhaus kommen 45 schottische Abgeordnete, ins Oberhaus 16 schottische Peers. Die schottisch-presbyterianische Kirche wird als 2. Staatskirche anerkannt. Viele Schotten sind damit unzufrieden.

1715: Nachdem am 1. Aug. der Kurfürst von Hannover als Georg I. (1660-1727) den englischen Thron bestiegen hat, erheben sich im Sommer die schottischen Jakobiten unter der Führung von John Erskine, Earl of Mar (1675-1732). Der Aufstand wird am 13. Nov. von John Campbell, Earl of Argyll and Greenwich (1678-1743) bei Sheriffmuir niedergeschlagen. Nach dieser Niederlage verläßt der zwischenzeitlich zum schottischen König proklamierte James VIII. Stuart das Land.

1719: Von April bis Juni beunruhigen neue jakobitische Umtriebe Schottland, gefördert durch den Premierminister Spaniens, Kardinal Alberoni. Daniel Defoe schreibt, angeregt durch die Abenteuer des schottischen Matrosen Alexander Selkirk (1676-1721), seinen berühmten Roman 'Life and Strange Surprising Adventures of Robinson Crusoe of York'.

1727: Hinrichtung der letzten angeblichen Hexe in Schottland.

1745: Charles Edward Stuart ('Bonnie Prince Charlie') (1720-1788) landet mit französ. Unterstützung in Schottland und beansprucht den Thron für sich. Im Dez. Auflösung der schottischen Clan-Verfassung.

1746: Am 17. Jan. erringen die aufständischen Jakobiten den Sieg bei Falkirk, die Erhebung scheitert aber am 16. April in der Schlacht bei Culloden. Der siegreiche Herzog von Cumberland geht mit äußerster Brutalität gegen die Aufständischen (und auch gegen loyale Highlander) vor. Dudelsack, Tartan und Kilt werden verboten, viele Clans von ihrem Land vertrieben.

1747: Das Londoner Parlament kassiert unter Bruch des Vertrages von 1707 alle Regalities des Clan Grant, die Selbstverwaltung wird damit beendet.

1757: 'Appin Murder': Sir Collin Campbell wird auf Land der Stewards erschossen.

1759: Der schottische Geistliche und Historiker William Robertson (1721-1793) veröffentlicht seine 'History of Scotland', die die bisherige parteiische Whig- oder Tory-Historiographie überwindet. Neben Robertson machen andere Gelehrte (z.B. Adam Smith und David Hume) Schottland zu einem der intellektuellen Zentren Europas.

1763:	David Humes (1711-1776) zehnbändige 'History of England from the Invasion of Julius Caesar to the Revolution of 1688' erscheint. Sie bildet zusammen mit Robertsons 'History of Scotland' den Beginn der wissenschaftlichen Historiographie in England.
1777:	Robertsons 'History of America' erscheint.
1793:	Im Oktober protestiert die dritte Generalkonvention der englisch-schottischen 'Delegates of the People' in Edinburgh gegen die vorübergehende Aussetzung der Habeas-Corpus-Akte und für mehr Demokratie. Sie wird kurz darauf mit Gewalt aufgelöst.
1794:	Im Rahmen des Koalitionskrieges gegen Frankreich wird ein Parlamentsausschuß zur Verfolgung Verdächtiger eingesetzt. Jegliche Parlaments- oder Wahlreform wird ausgesetzt, jeglicher Einsatz für eine repräsentative Regierung gilt als Hochverrat. Im Mai folgt die endgültige Aufhebung der Habeas-Corpus-Akte für ein Jahr.
1795:	Der schottische Arzt und Afrikaforscher Mungo Park (1771-1806) beginnt mit der Erforschung des Senegal-, Sudan- und Nigergebietes.
um 1800:	Schottlands Bevölkerungszahl wird auf Basis von Wahlumfragen, Einkommensschätzungen und (unvollständigen) Volkszählungen auf 1.6 Millionen geschätzt. Glasgow und Edinburgh mit jeweils über 100.000 Einwohnern zählen nach London (ca. 900.000) und Manchester (ca. 140.000) zu den größten Städten Großbritanniens.
nach 1800:	In die erste Hälfte des 19. Jahrhunderts fallen die sog. 'Clearences'. Hunderttausende kleiner Pächter werden von Großgrundbesitzern von ihrem Land vertrieben, um große Areale für die profitable Schafwirtschaft zu gewinnen.
1822:	König George IV. besucht Schottland. Der Besuch führt durch die Tartan- und Dudelsackkulte bei den Veranstaltungen zu einer nicht nur folkloristischen Renaissance Schottlands, die auch von Königin Viktoria und literarisch von Sir Walter Scott fortgesetzt werden.
seit 1830:	In den großen Auswanderungswellen, die jährlich ca. 50.000 Menschen umfassen, wandern auch viele Schotten (u.a. wegen der 'Clearences') nach Amerika, Kanada, Australien, Neuseeland oder in die Kapkolonie aus.
1832:	Im Rahmen der nur mühsam (England stand nach der hartnäckigen Weigerung des Oberhauses kurz vor dem Bürgerkrieg) verabschiedeten 'Reform Bill' erhält Schottland weitere acht Sitze im Unterhaus.
1843:	Aus Unmut über die veraltete schottische Staatskirche, in der das Patronagesystem praktiziert wird, gründen etwa ein Drittel der Mitglieder eine neue Kirche: die 'Free Church of Scotland'.

1874:	Nachdem die englische Regierung seit 1869 eine Trennung der Kirchen vom Staat anstrebt, wird diese Trennung 1874 für Schottland durchgeführt.
1883:	Nach den 'Crofters' Wars', einer Reihe von Aufständen der Kleinbauern auf Skye, kommt es zu Untersuchungen über die Verelendung auf dem Land. Mehrere Gesetze zur Milderung der Zustände werden in derFolge erlassen.
1888:	Gründung der 'Scottisch Labour Party'.
1900:	Verschiedene Sezessionsgruppen um die 'Free Church of Scotland' gründen die 'United Free Church of Scotland'.
nach 1911:	Die Highlands werden von einer zweiten Welle von 'Clearances' heimgesucht, die bis in die 50er Jahre hineinreicht. Das Ergebnis sind gut ein Viertel Bevölkerungsverlust und eine hohe Arbeitslosigkeit, da gut die Hälfte der dort beschäftigten Arbeitskräfte ihren Arbeitsplatz verliert.
1914 - 1918:	Die Schotten bezahlen ihre Kriegsbegeisterung mit hohen Verlusten. Allein 18.000 Männer aus Glasgow fallen, das sind 10% der männlichen Bevölkerung. Die Depression trifft Schottland ebenfalls hart, so dass es u.a. zu einem kommunistischen Arbeiteraustand unter John MacLean kommt. Bis heute ist Schottland eine Labour-Hochburg.
1926/27:	Das stark vom Römischen Recht beeinflußte Common Law in Schottland wird ein Stück weiter mit den 'Criminal Appeal Acts' kodifiziert.
1929:	Die 'United Free Church of Scotland' vereinigt sich mit der schottisch-presbyterianischen Kirche.
1934:	Gründung der 'Scottish National Party'.
1936:	Der 'Secretary of State for Scotland' (ironisch 'kleiner schottischer Premierminister' genannt) zieht von London ins St. Andrew's House in Edinburgh. Ihm unterstehen die Bereiche Landwirtschaft, Fischerei, Erziehung, Gesundheit und Wohnungswesen, alles andere wird in London entschieden.
1939 - 1945:	Im II. Weltkrieg müssen die Orkneys unter starken deutschen Luftangriffen leiden, 1939 erfolgt ein U-Boot-Angriff von U 47 gegen Scapa Flow. Rudolf Hess, Hitlers Stellvertreter, landet in Schottland. Die Hintergründe für seinen Flug sind bis heute nicht ganz geklärt.
1948:	Die Wahlreform 'Representation of the People Act' verwirklicht das Prinzip *'one man, one vote'*. Dadurch erfolgt eine Einteilung Großbritanniens in 630 Wahlbezirke, davon Schottland 32 Stadt- und 39 Grafschaftswahlbezirke.
1962/63:	In den strukturschwachen Regionen Englands, vor allem Nordirland, Südwales und Schottland, kommt es in Folge einer Rezession im Winter zu Krisensituationen.

1974/75: Eine Verwaltungsreform wandelt die 33 Grafschaften in 12 Bezirke um, die gegenüber London gestärkte Verwaltungsbefugnisse erhalten: Dumfries & Galloway, Borders, Strathclyde, Lothian, Central, Fife, Tayside, Grampian, Highland, Western Isles, Orkney und Shetland.

1975: Im Oktober wird auf den Forty Fields vor der schottischen Ostküste das erste Öl gefördert. Dies führt in ganz Großbritannien, aber mit separatistischer Tendenz auch in Schottland, zu nationalem Egoismus.

1992: Die Reduzierung der britischen Streitkräfte macht auch vor den Hochland-Regimentern nicht halt: die Gordon-Highlanders werden mit den Queens' Own Highlanders zusammengelegt.

1997: Rückkehr des 'Stone of Destiny', des Krönungssteins von Score, nach Schottland.

Chronologische Übersicht über die Herrscher, Könige und Königinnen von Schottland

843 - 860: Kenneth Mac Alpin, König der Pikten und Skoten: erster König Schottlands
860 - 863: Donald I
863 - 877: Constantine I.
877 - 878: Aodh
878 - 889: Eocha
889 - 900: Donald II.
900 - 943: Constantine II.
943 - 954: Malcolm I.
954 - 962: Induff
962 - 967: Duff
967 - 971: Colin
971 - 995: Kenneth II.
995 - 997: Constantine III.
997 - 1005: Kenneth III.
1005 - 1034: Malcolm II.
1034 - 1040: Duncan I.
1040 - 1057: Macbeth
1057 - 1058: Lulach
1058 - 1093: Malcolm III.
1093 - 1094: Donald Bane
1094: Duncan II.
1094 - 1097: Donald Bane
1097 - 1107: Edgar
1107 - 1124: Alexander I.
1124 - 1153: David I.
1153 - 1165: Malcolm IV. der Unberührte
1165 - 1214: Wilhelm I. der Löwe
1214 - 1249: Alexander II.
1249 - 1286: Alexander III.
1286 - 1290: Margret
1290 - 1292: Erstes Interregnum
1292 - 1296: John Balliol
1296 - 1306: Zweites Interregnum
1306 - 1329: Robert I. Bruce
1329 - 1371: David II.
1371 - 1390: Robert II.
1390 - 1406: Robert III.
1406 - 1437: James I.
1437 - 1460: James II.
1460 - 1488: James III.
1488 - 1513: James IV.
1513 - 1542: James V.
1542 - 1567: Mary
1567 - 1625: James VI. (=James I. von England)

Sachverzeichnis

Aberdeen: Schlacht, 1645. Montrose besiegt die Convenanter.

Alford: Schlacht, 2. Juli 1645. Montrose besiegt mit Hilfe der MacDonalds und Gordons die Convenanter.

Arbroath: Schlacht, 1445. Zwei Adelszusammenschlüsse versuchen, die Kontrolle über den minderjährigen König James II. zu gewinnen.

Argyll: Herzogtum im Südwesten der Highlands, Kernland des Clans Campbell.

Auld Alliance: Allianz zwischen Frankreich und Schottland.

Auldearn: Schlacht, 9. Mai 1645. Montrose besiegt trotz numerischer Unterlegenheit die Convenanter.

Backsword: Einschneidiger schottischer Pallasch mit Korbgefäß.

Badenoch: Landschaft in den Highlands, etwa zwischen Perth und Inverness.

Balaklava: Schlacht, 25. Okt. 1854. Schlacht im Krimkrieg zwischen den alliierten Engländern (unter Lord Raglan) und Franzosen (unter General Canrobert) gegen die Russen (unter Graf Liprandi).

Bannockburn: Schlacht, 24. Juni 1314. König Robert the Bruce besiegt König Edward II. von England.

Barra Hill: Schlacht, 1308. König Robert the Bruce schlägt die Truppen John Comyns in die Flucht.

Bloody Bay: Seeschlacht, 1481 im Norden der Insel Mull. Angus Og MacDonald besiegt seinen Vater John MacDonald, den letzten 'Lord of the Isles.

Borders: Südschottisches Grenzgebiet zu England.

Boyne: Schlacht, 1. Juli 1690 Sieg Williams of Orange über den entthronten James II.

Broadsword: Ungenauer Sammelbegriff f. zweischneidige degenartige schottische Schwerter

Carbisdale: Schlacht, 27. April 1650. Montrose erleidet seine letzte Niederlage, seine Armee löst sich auf.

Caterans: geübte Kämpfer, Soldkrieger.

Cearnachs: siehe Caterans.

Chamberlain of the Isles: Oberster Berater oder Ministerialamt der Krone, sozusagen Verweser des aufgehobenen 'Lordship of the Isles'.

Chief/Chieftain: Oberhaupt eines Clans bzw. eines Clanzweiges.

Clan: Sippenverband.

Clanaufgebot: Die Streitmacht eines Clans.

Clan Chattan:	Clanföderation verschiedener Clans.
Claybeg:	Kurzes einhändiges Schwert mit Korbgriff.
Claymore:	Typisch schottisches Zweihänderschwert.
Commoners:	Sammelbegriff f. nicht landbesitzende Abhängige diverser sozialer Schichten
Convenant:	'Eidgenossenschaft', oft religiös motiviert.
Covenant:	siehe Convenant.
Crofter:	Pächter, die ehemaliges Clanland ('Crofts') landwirtschaftlich bearbeiteten. Sie waren besonders stark von den ? Highland Clearances betroffen
Culloden:	Schlacht, 16. April 1746. Prinz Charles Edward Stuart unterliegt den Regierungstruppen unter dem Duke of Cumberland.
Dalriada:	Irisch-schottisches Königreich.
Dirk:	Langer Dolch.
Dunkeld:	Schlacht, 18. August 1689. Sieg der Regierungstruppen über die Jakobiten
Dunoon:	Massaker. Angehörige der Clans Campbell und MacLachlan ermorden Dutzende wehrloser Lamonts.
Duplin Muir:	Schlacht, 12. Aug. 1332. Die Schotten unterliegen einer im wesentlichen englischen Armee unter Edward Balliol, der den schottischen Thron beanspruchte.
Durham:	Schlacht, 17. Oktober 1346. Der schottische König David II. unterliegt dem englischen Heer unter Sir Ralph de Neville, Sir Henry de Percy und dem Erzbischof von York.
Fairy Flag:	Kriegsflagge der MacLeods.
Falkirk1:	Schlacht, 21. Juli 1298. William Wallace unterliegt Edward I.
Falkirk2:	Schlacht, 17. Januar 1746. Sieg der Jakobiten unter Lord George Murray über die Regierungstruppen.
Fiery Cross:	Ein brennendes Kreuz, das die Männer eines Clans zur Heeresfolge rief.
Flodden:	Schlacht, 8. September 1513. James IV. unterliegt dem Earl of Surrey bei seinem Invasionsversuch in England.
Freyr:	'Der Herr'. Nordischer Fruchtbarkeits- und Reichtumsgott. In der Sage Ahnherr der Ynglinger-Dynastie und damit der MacDonalds und MacLeods.
Fyvie:	siehe Aberdeen.
Galley:	Schiffstyp, den nordischen Drachenbooten vergleichbar.
Galloglasses (gälisch):	'fremde Krieger'; auf den Hebriden beheimatete iro-skandinavische Krieger.

Ghillies: Ursprgl. Bezeichnung für einfache Clansman, später Wildhüter, Schütze

Glencoe: Massaker, 13. 02. 1692. Regierungssoldaten töten 38 MacDonalds of Glencoe.

Glenlivat: Schlacht, 1594. Die Gordons besiegen mit Hilfe der Camerons und der Hays die königlichen Streitkräfte.

Glenshiel: Schlacht, 10. Juni 1719. Niederlage der Jakobiten im Aufstand von 1719.

Glorious Revolution: William of Orange entthront 1688/89 James II.

Halidon Hill: Schlacht, 19. Juli 1333. Die Schotten unter Sir Archibald Douglas unterliegen einer englischen Armee unter Edward III.

Harlaw: Schlacht, 1411. Highlander um die MacDonalds werden von Lowlandern beim Vormarsch zur Küste gestoppt.

Highland-Charge: Typische Kampfesweise der Highlander in Form einer Frontalattacke.

Highland Clearances: Vertreibung der Pächter (Crofter) aus den Highlands im 19. Jahrhundert

Highland Gentleman: Angehöriger der engeren Familie eines Clanchiefs.

Highland-Line: Trennungslinie zwischen Highlands und Lowlands.

Hobilars: Berittene Infanterie.

Home Office: Das britische Innenministerium.

Home Rule: Selbstverwaltung von Teilen des britischen Reiches (Irland, Schottland).

Homildon Hill: Schlacht, 14. Sept. 1402. Die Engländer unter Percy 'Hotspur' und seinem Vater, dem Earl of Northumberland, besiegen die Schotten unter Sir Archibald Douglas.

Independent Companies: Im Regierungsauftrag aufgestellte Truppen loyaler Clanchiefs zur Befriedung der Highlands.

Inverlochy: Schlacht, 1645. Montrose besiegt die Convenanter unter Argyll.

Jakobiten: Anhänger der 1688 entthronten Dynastie Stuart.

J.-aufstände: Erhebungen der ? Jakobiten, insbesondere 1715, 1719 und 1745.

Killiecrankie: Schlacht, 27. Juli 1689. Jakobiten unter Dundee besiegen eine Regierungsarmee unter Mackay.

Kilsyth: Schlacht, 15. August 1645. Sieg Montroses über die Convenanter

Laird: Gälisches Synonym für Lord.

Lochaber: Landschaft im Westen Schottlands bei Fort William, Kernland des Clans Cameron.

Lochaberaxt: Langstielige Streitaxt, in etwa einer Hellebarde vergleichbar.

Lord: siehe Laird.

Lord Lyon King of Arms: Das Amt des obersten schottischen Heraldikers.

Lord of the Isles: Oberhaupt des semiautonomen Herrschaftsbereichs der MacDonalds bis zum Ende des 15. Jahrhunderts.

Loudon Hill: Schlacht, 10. Mai 1307. Robert the Bruce siegt über englische Truppen.

Lyon Court: schottische Institution für heraldische und genealogische Fragen.

Men-at-arms: Etwa: schwerbewaffneter Fußsoldat oder zu Fuß kämpfender Ritter.

Methven: Schlacht, 20. Juni 1306. Eine englische Streitmacht unter Aymer de Valence (dem Earl of Pembroke) besiegt König Robert the Bruce.

Moray: Landschaft in den Highlands, Badenoch benachbart.

Motte: Normannische Hügelburg.

Myton: Schlacht, 20. September 1319. Sieg der schottischen Invasionsarmee über englische Milizen.

New Model Army: Armee des englischen Parlaments im englischen Bürgerkrieg.

Otterburn: Schlacht, 15. August 1388. Nächtliches Gefecht zwischen den Douglases und den Percies.

Pass of Brander: Schlacht, 1309. Robert the Bruce besiegt die MacDougalls.

Philiphaugh: Schlacht, 13. September 1645. Niederlage Montroses gegen die Convenanter unter Leslie.

Pinkie Cleugh: Schlacht, 10. September 1547. Niederlage der Schotten gg. die Engländer

Prestonpans: Schlacht, 21. September 1745. Jakobiten siegen über Regierungstruppen.

Privy Concil: Eine Art 'Geheimer Staatsrat'.

Raid: Streifzug, Überfall, Kommandounternehmen.

Rosenkriege: Bezeichnung für die blutigen dynastischen Auseinandersetzungen 1455-88 zwischen den Plantagenet-Seitenlinien Lancester (rote Wappen-Rose) und York (weiße Rose seit 1485 im Wappen) um die englische Königskrone

Saratoga: Schlacht, 18. Oktober 1777. Amerikanische Truppen erringen im Unabhängigkeitskrieg einen Sieg über englische Truppen unter General Burgoyne.

Sauchieburn: Schlacht, 18. Juni 1488. James IV. Stuart besiegt seinen Vater James III.

Schiltron: Formation speertragender schottischer Infanterie, etwa einem Fähnlein deutscher Landsknechte vergleichbar.

Seneschals of the Isles: Hofamt während der Zeit des 'Lordship of the Isles'.

Sgian Dubh:	Kleiner, oft verdeckt getragener Dolch.
Sheriffmuir:	Schlacht, 13. November 1715. Strategische Niederlage der Jakobiten unter dem Earl of Mar.
Siebenjähriger Krieg:	Bezeichnung für den 3. Schlesischen Krieg und die gleichzeitigen Auseinandersetzungen der Briten und Franzosen in den Kolonien (1756-1763).
Sloop:	Kanonenboot, Kriegsschifftyp, der kleiner als eine Fregatte war.
Stirling Bridge:	Schlacht, 1297. Sieg Wallaces über die Engländer.
Tacksman:	Verwandte eines Clanchiefs, Angehörige von Nebenlinien oder andere Vasallen. Teil der (siehe) Highland Gentleman.
Targe:	Rundschild.
Thor:	Auch Donar. Der große germanische Wettergott mit dem Attribut des Hammers Mjölnir. Sein heiliger Baum war die Eiche, er war eine der populärsten Gottheiten bei den Germanen.
Tippermuir:	Schlacht, 1644. Montroses erster Sieg über die Convenanter.
Traigh Ghruineard:	Schlacht, 1598, zwischen den MacDonalds und den MacLeans.
Yellow Ford:	Schlacht, 14. August 1598. Englische Regierungstruppen werden von aufständischen irischen Adligen und schottischen Söldnern geschlagen.
Zeit der Überfälle:	Epoche der Clankriege nach dem Ende des 'Lordship of the Isles', besonders nach dem Tod Donald Dubh MacDonalds 1545.

Karte 1: Schlachten im 13. und 14. Jahrhundert

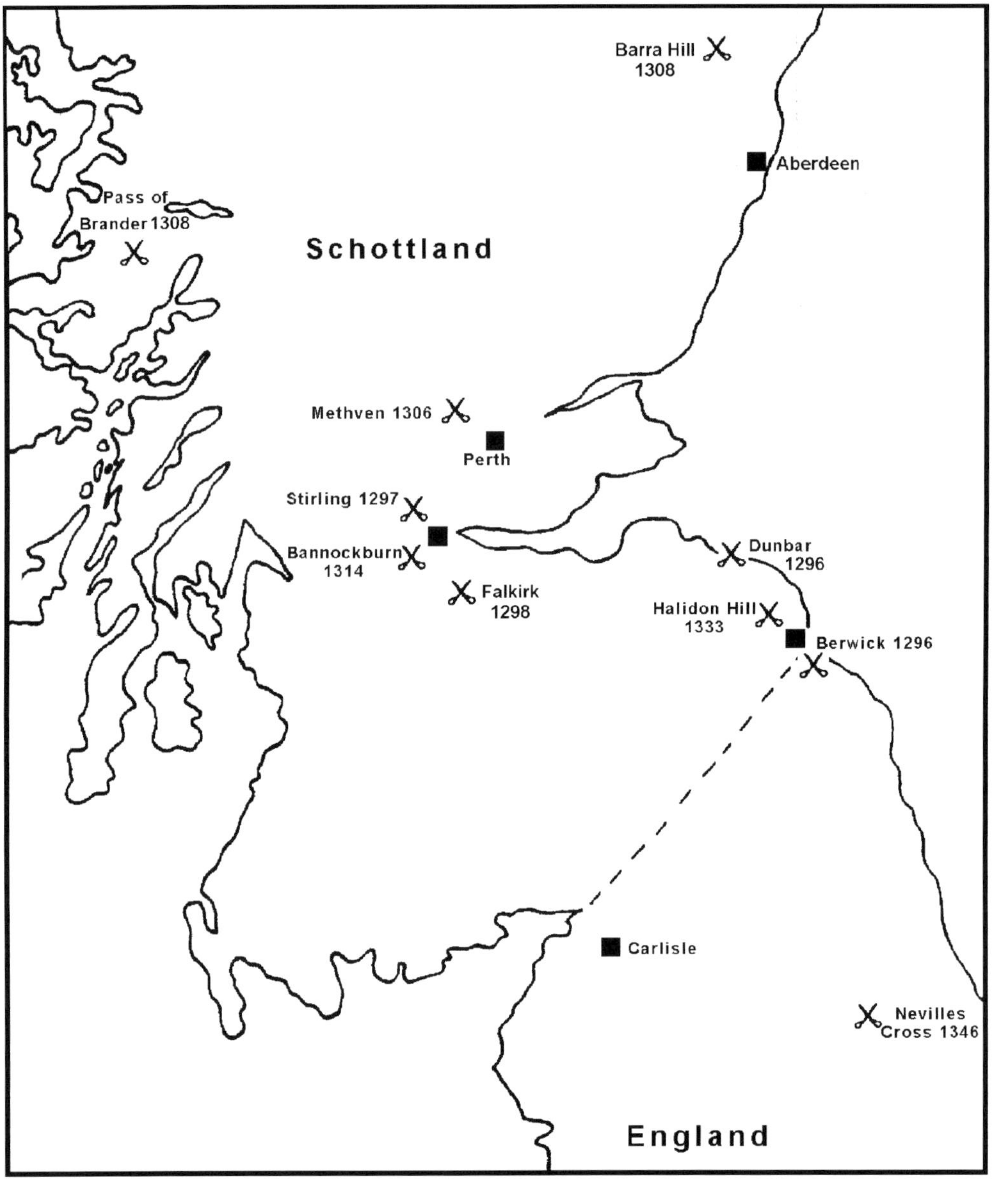

Karte 2: Die Königreiche Schottland und England um 1525

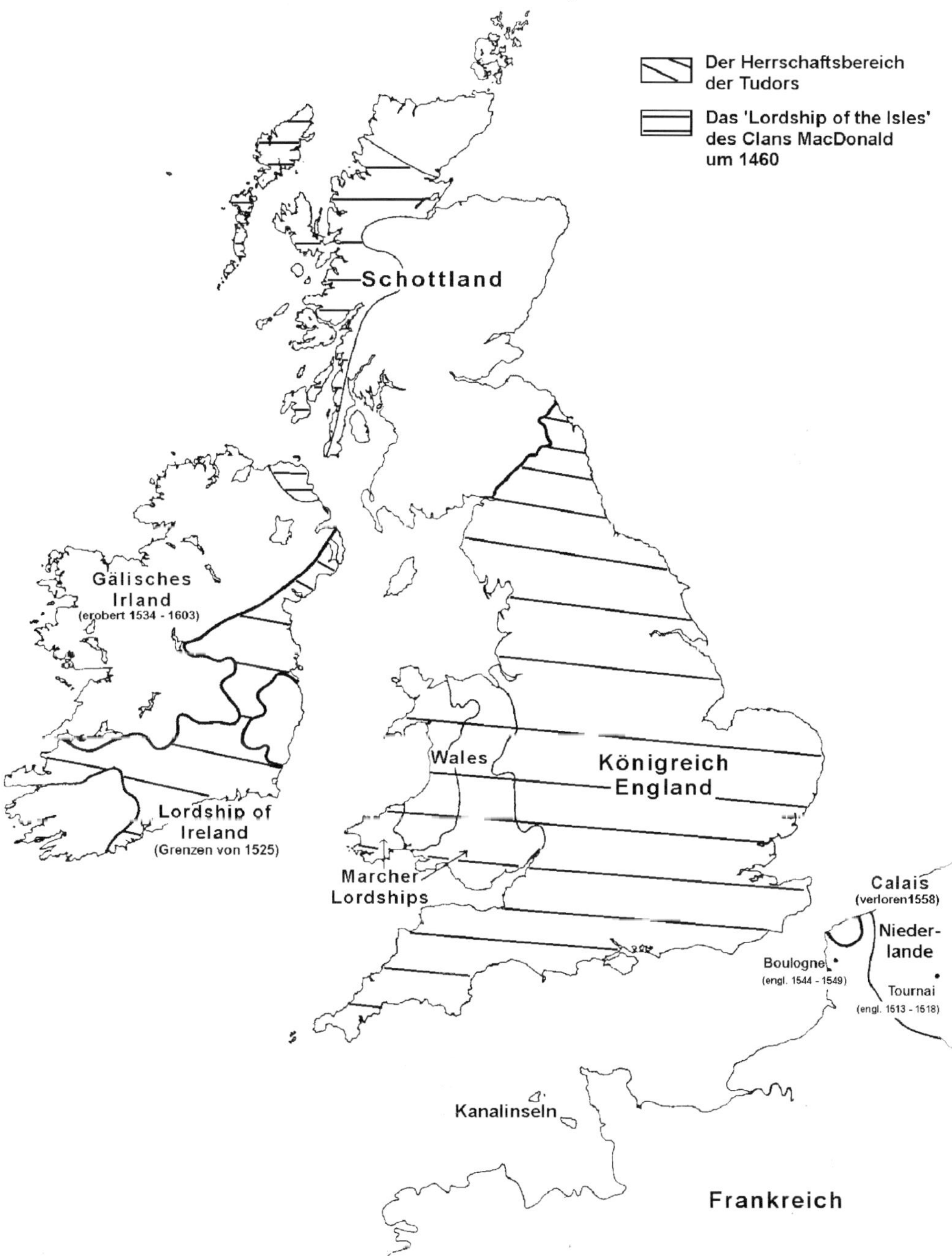

Karte 3: Die Rebellionen von 1689 - 1745/46

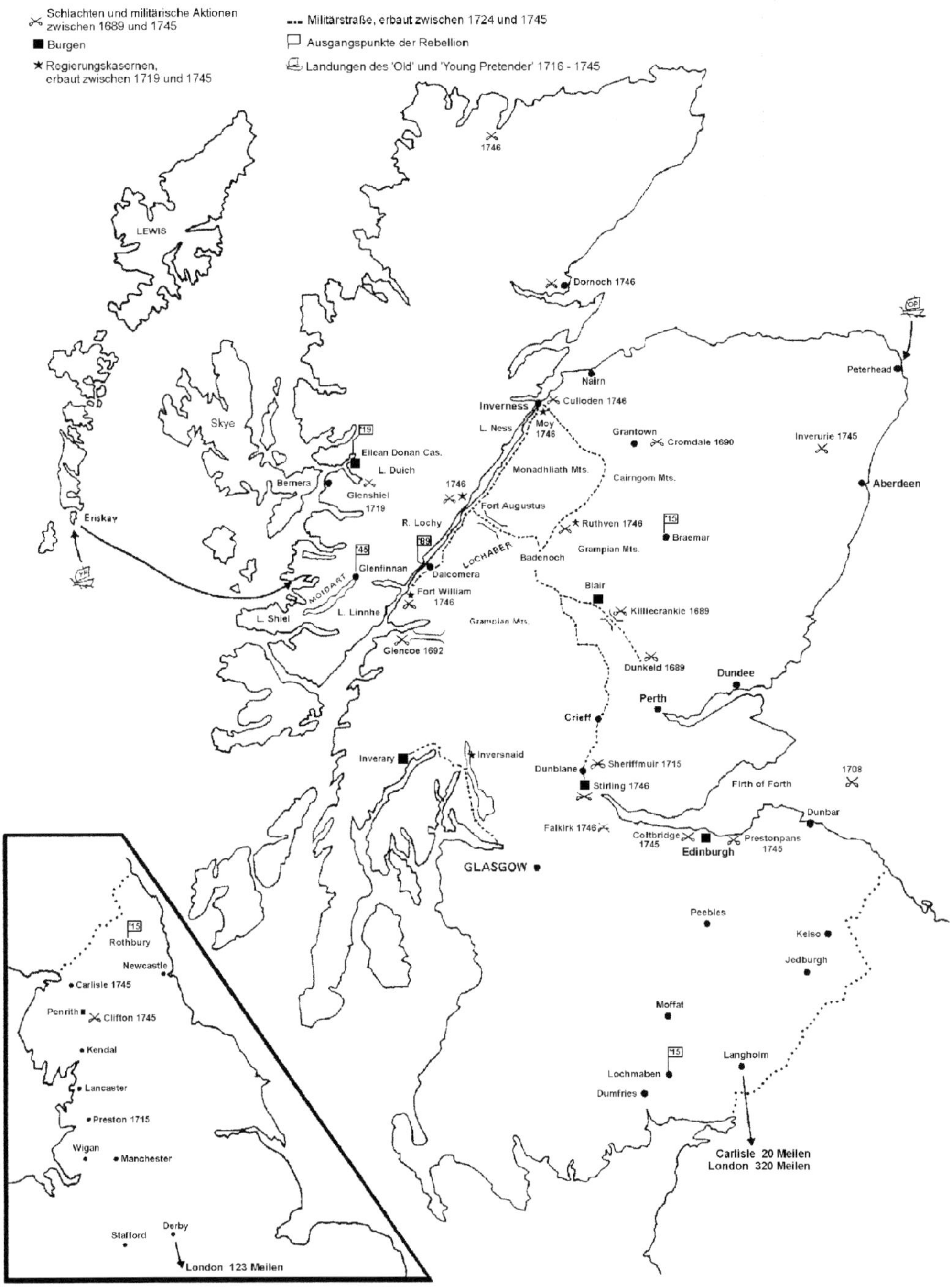

Literatur zum Weiterlesen

Barthorp, Michael/ Embleton, G.A.:	The Jacobite Rebellions, 1689-1745, London 1982 (Men-at-arms, Bd. 118)
Baynes, John:	The Jacibite Rising of 1715, London 1970
Backett, James C.:	Geschichte Irlands, Stuttgart 1982
Delderfield, Eric, R.:	Kings and Queens of England and Great Britain, Newton Abbot 1990
Dhont, Jan:	Das frühe Mittelalter, Frankfurt/M. 1968 (Fischer Weltgeschichte Bd. 10)
Downing, Taylor/ Millman, Maggie:	Civil War, London 1992
Duncan, A.A.M.:	The Edinburgh History of Scotland, Bd. 1: Scotland - the Making of the Kingdom, Edinburgh 1975
Dunnett, Alastair/ Dunnett, Dorothy:	The Scottish Highlands, Edinburgh 1997
Feachem, Richard:	Guide to Prehistoric Scotland, London 1977
Ferguson, William:	Scotland, 1689 to the Present, London 1968
Fry, Plantagenet Somerset:	Castles of Britain and Ireland, London 1996
Fulton, Alexander:	Scotland and her Tartans, The romantic heritage of the Scottish clans and families, London 1992
Guest, Keen/ Guest, Denise:	British Battles, The frontlines of history in Colour photographs, London 1996
Heath, Ian/ Sque, David:	The Irish wars, 1485-1603, London 1993 (Men-at-arms Bd. 256)
Hopkins, Paul:	Glencoe and the End of the Highland War, Edinburgh 1986
Johnstone, Chevalier de:	Memoires of the rebellion, Stratford-upon-Avon 1993
Kluxen, Kurt:	Geschichte Englands, Von den Anfängen b. z. Gegenwart, Stuttgart 1985
Köllmann, Obieglo, Jablonski:	Die Blumen des Waldes sind abgemäht, Aufstieg und Untergang von James IV., in: Zeitschrift Anno Domini 01/1998
Linklater, Eric:	The Prince in the Heater, St. Albans 1976

MacDonald, Angus/
MacDonald, Patricia: The Highland and Islands of Scotland, London 1991

MacDonald, Micheil: The Clans of Scotland, The History and Landscape of the Scottisch Clans, London 1991

MacKinnon,Charles: Die Clans-wer und was waren sie?, in: Mitchell, Ian/Pinzing, Jerg (Hg.): Schottland, Ein Reisebuch, Hamburg 1988

Maclean, Fitzroy: Schottische Clangeschichten, Augsburg 1998

Montcreiffe, Sir Iain: The Highland Clans, London 1961

Morill, John (Hg.): The Oxford illustrated history of Tudor & Stuart Britain, London 1996

Palmer, Martin/
Palmer, Nigel: Sacred Britain, A Guide to Sacred Sites and Pilgrim Routes of England, Scotland and Wales, London 1997

Parker, G. (Hg.): The Cambridge illustrated history of Warface, London 1995

Prebble, John: The Highland Clearances, London 1963
ders.: Glencoe, London 1966
ders.: The Lion in the North, 1000 years of Scotland history, London 1971
ders.: Mutiny: Highland Regiments in Revolt, London 1975

Regan, Geoffrey: The Guinness Book of Military Blunders, Enfield 1991

Reid, Stuart: The Campains of Montrose, Edinburgh 1990

Reid, Stuart/
Chappell, Paul: King George´s Army, 1740-1793, 3 Bände, London 1995/96 (men-at-arms, Bände 285, 289, 292)

Reid, Stuart/
McBride, Angus: Highland Clansman, 1689-1746, London 1997 (Warrior series Bd. 21)

Reid, William: Buch der Waffen, Von der Steinzeit b. z. Gegenwart, Düsseldorf 1979

Rothero, Christ.: The Scottisch & Welsh wars 1250-1400, London 1984 (Men-at-arms 151)

Schmidt-Liebich, J.: Daten der englischen Geschichte, München 1977

Schreiber, Herm.: Die Geschichte Schottlands, Augsburg 1994

Stevenson David: Highland Warrior: Alasdair MacCholla a. t. Civil Wars, Edinburgh 1994

Tincey, Michael/
Embleton, G.A.: The British Army, 1660-1704, London 1994 (Men-at-arms Band 267)